니까야로 읽는 금강경
Vajracchedikā Prajñāpāramitā Sūtra

NAMO BHAGAVATYAI ĀRYA PRAJÑĀPĀRAMITĀYAI

지복(至福)의 거룩한 반야바라밀에 절합니다.

니까야로 읽는 금강경

이중표 역해

민족사

머리말

불교의 진리는 4성제(四聖諦)이다. 고성제(苦聖諦)는 괴로운 현실의 자각을 의미하고, 고집성제(苦集聖諦)는 괴로운 현실의 원인을 의미하며, 고멸성제(苦滅聖諦)는 괴로움의 원인이 소멸하면 괴로움도 소멸한다는 사실을 의미하고, 고멸도성제(苦滅道聖諦)는 괴로움의 원인을 소멸하여 괴로움을 없애는 방법을 의미한다. 따라서 괴로움이 없는 곳에는 불교가 존재할 필요가 없다. 그러나 괴로움이 있는 곳에는 무엇보다도 필요한 것이 불교다.

현대사회는 그 어느 시대보다 괴로움이 많은 시대다. 특히 오늘의 대한민국은 세계에서 가장 괴로운 곳이다. 자살률이 세계 1위인 나라, 청소년 행복지수가 가장 낮은 나라, 출산율이 가장 낮은 나라가 대한민국이다. 조선시대에 조선에 왔던 외국인들은 우리나라를 '조용한 아침의 나라'라고 불렀다. 그리고 인근의 여러 나라에서는 예로부터 우리나라를 '동방예의지국'이라고 했다. 예(禮)를 숭상하고, 자신을 잘 제어하여 남들과 다투지 않고 평화롭게 사는 나라, 이것이 본래 우리나라의 모습이었다. 그런데 지금은 세계에서 가장 시끄러운 나라가 되었고, 가장 염치없는 사람들이 사는 곳이 되었고, 가장 고통스러운 땅이 되었다.

왜 우리나라가 이 지경이 되었는가? 우리의 근대사는 수난의 역사였다. 일제강점기를 거치고, 남북분단과 한국전쟁, 그리고 군부 쿠데타와 군부독재를 거치면서 우리의 삶과 전통은 무참하게 파괴되었다. 여기에 서구의 개인주의 사상과 자본주의 경제가 무분별적으로 흘러들어와 경제발전과 부의 성취가 가장 큰 가치로 자리잡게 되었다.

이러한 혼란기에 서구 문물을 등에 업고 이 땅에 들어온 기독교는 "부자가 천국에 가는 것은 낙타가 바늘구멍을 통과하는 것보다 어렵다."는 예수의 가르침이 "교회에 가서 예수를 믿어야 부자가 된다."는 가르침으로 변질되었고, 정화(淨化)라는 명분의 분쟁에 휩쓸려 갈피를 잡지 못하던 불교는 중생의 교화보다는 개인의 성불, 승려의 부와 명예와 권력을 추구하는 현실이 되었다. 개인적인 욕망의 성취와 재물의 소유가 승속을 막론하고 가장 큰 가치가 된 것이다. 모든 사람들이 경제를 가장 중요한 문제로 인식하고 있으며, 재물만 소유하면 행복할 수 있다고 믿고 있는 것이다.

우리나라를 세계에서 가장 고통스러운 나라로 만든 원인은 가난이 아니라 개인적인 욕망의 추구와 끝없이 재물을 소유하고자 하는 탐욕이다. 따라서 우리에게 진정으로 필요한 것은 경제발전이 아니라 불교다. 그런데 불교가 제 역할을 하지 못하고 있다. 한국불교를 대표하는 조계종의 종지는 '직지인심(直指人心) 견성성불(見性成佛) 전법도생(傳法度生)'이고, 소의경전은 『금강경(金剛經)』과 전등법어(傳燈法語)'이다. 조계종은 『금강경』과 전등법어에 의지하여 직지인심하고 견성성불하여 전법도생하는 것을 추구하는 종단인 것이다. 이 종지에 따라 많은 사찰에서 수많은 불자들이 『금강경』을 독송하고, 수많은 수행자들이 전등법어(傳燈法語)에 의지하여 간화선(看話禪)에 몰입한다. 그런데 직지인심 견성성불이 안 된다. 그러니 전법도생에 나설 수가 없다.

1990년대 전후에 이러한 현실에 답답함을 느낀 수행자들이 다른 나라로 구법의 길을 떠났다. 그동안 소승불교라고 얕잡아보던 남방불교에 눈을 돌린 것이다. 그들은 미얀마, 태국 등지에서 남방 상좌부 전통의 위빠사나 수행을 익히고 돌아온다. 이들을 통해 소승경전으로 홀대받던 『아함경』이 새롭게 주목을 받게 된다. 그리고 남방불교에서 전해진 **니까야**(Nikāya)와 **아비달마** 논서(論書)들이 번역 소개된다. 이들은 대승불교를 비판한다. 대승불교는 부처님의 진정한 가르침이 아니라는 것이다.

오늘의 한국불교는 이렇게 새로운 논쟁에 빠져 있다. 과연 대승불교는 불교가 아닐까? 대승경전들이 석가모니 부처님의 직설이 아니라는 것은 널리 알려진 사실이다. 그러나 대승불교는 부처님의 직설이 아니기 때문에 불교가 아니라고 비판하는 것은 문제가 있다. 현재 남방불교에서 의지하고 있는 **아비달마** 논서들도 부처님의 직설이 아니다. 그리고 현재 남방불교의 수행법은 **니까야**에 의거한 수행법이 아니라 **붓다고사**의 『청정도론(淸淨道論)』에 의거한 수행법이다. 따라서 같은 논리에 따르면 남방불교도 불교가 아니다. 그렇기 때문에 그것이 불교인가 아닌가는 그 내용을 가지고 판단해야 할 문제이지, 부처님의 직설 여부로 판단할 문제가 아니다.

대승불교의 부정은 우리나라를 포함하는 동북아시아의 대승불교

전통에 대한 부정이다. 우리는 1700여 년의 불교역사를 가지고 있는데, 그것이 불교가 아니란 말인가? 만약 대승불교가 부처님의 진정한 가르침이 아니라면, 아무리 오랜 역사 속에서 신봉되었다 할지라도 동북아시아불교는 부정되어 마땅하다. 그러나 대승불교가 불교가 아니라는 비판은 섣부른 단견이다. 그 내용을 깊이 살펴보면 아비달마불교가 오히려 진정한 부처님의 가르침에서 멀어진 것이고, 대승불교가 진정한 부처님의 가르침을 계승하고 있음을 알 수 있다. 우리는 이러한 사실을 초기대승경전인 『금강경』을 **니까야(Nikāya)**를 통해 해석함으로써 확인할 수 있다. 『금강경』은 현재 한국불교를 대표하는 조계종의 소의경전이다. 따라서 『금강경』의 정통성이 확인된다면 조계종의 정통성도 확보될 것이다. 그리고 『금강경』의 바른 이해를 통해서 조계종의 종지를 바르게 실현할 수 있는 길이 열릴 것이다.

이 책은 2016년 1월 11일부터 29일까지, 3주에 걸쳐 각 주마다 월요일에서 금요일까지 5일씩 광주, 서울, 구례에서 **〈니까야(Nikāya)로 읽는 금강경〉**이라는 이름으로 강의한 강의안을 보충하여 정리한 것이다. 한글번역은 범본(梵本)의 번역이다. 우리나라에는 구마라집(鳩摩羅什) 삼장(三藏)의 한역본(漢譯本)이 널리 유통되고 있기 때문에, 범본(梵本)과 한역본을 대조할 수 있도록 범본의 문장과 그에 상응하는 구마라집 삼장의 한역을 병기(倂記)하였다. 범본은 George Allen & Unwin LTD에서 1958년에 간행된 *Buddhist Wisdom Books*에 실린 *The Diamond Sutra*(Edward Conze 역해)에서 로마자로 표기한 범어(梵語) 본문을 취했다. 단락의 구분은 전통적인 한역본의 구분에 따라 32분(分)으로 하였다.

차례

금강경 해제

1) 경의 이름

『금강경』의 내용을 이야기하기 전에 『금강경』이 어떤 경전인지 살펴보기로 하자. 이 경의 이름은 범어(梵語)로 **Vajracchedikā-prajñāpāramitā-sūtra**이다. '**Vajra**'는 번개와 벼락, 또는 번개와 벼락의 신인 제석천(帝釋天)이 들고 다니는 무기로서 금강저(金剛杵)로 한역(漢譯)되는데, 『금강경』에서는 '金剛'으로 한역되었다. 'chedikā'는 '끊는, 절단하는'의 의미를 지닌 말이다. '**prajñā**'는 반야, 즉 통찰지(通察智)를 의미하고, '**pāramitā**'는 '피안(彼岸)으로 간다'는 의미이며, '**sūtra**'는 경(經)을 의미한다. 따라서 경의 제목을 범어 그대로 번역한다면 '金剛杵能斷般若波羅蜜多經'이 된다. 현존하는 한역본(漢譯本)은 6인(人)이 번역한 7종(種)이 있는데, 시대와 역자에 따라 경의 이름을 다르게 번역하고 있다. 현존하는 『금강경』의 역자와 한역 경명(經名)을 역출(譯出)된 순서대로 열거하면 다음과 같다.

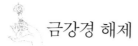

1) 요진 구마라집 삼장(姚秦 鳩摩羅什 三藏): 金剛般若波羅蜜經(405년경)

2) 원위 보리유지 삼장(元魏 菩提流支 三藏): 金剛般若波羅蜜經(510년경)

3) 원위 유지 삼장(元魏 留支 三藏): 金剛般若波羅蜜經(550년경)

4) 진 진제 삼장(陳 眞諦 三藏): 金剛般若波羅蜜經(550년경)

5) 수 급다 삼장(隋 笈多 三藏): 金剛能斷般若波羅蜜經(610년경)

6) 당 현장 삼장(唐 玄奘 三藏): 大般若經第九會能斷金剛分(650년경)

7) 당 의정 삼장(唐 義淨 三藏): 佛說能斷金剛般若波羅蜜多經(700년경)

2)의 번역자인 보리유지 삼장은 북인도 출신으로서 본명은 'Bodhiruci'이다. 중국에서 이를 '菩提流支' '菩提留支' '留支' 등으로 음사(音寫)하여 불렀다. 그는 508년에 북위(北魏)의 낙양(洛陽)에 와서, 영녕사(永寧寺)에 머물면서 역경(譯經)에 종사했다. 3)의 저자로 전해지고 있는 원위 유지 삼장(元魏 留支 三藏)은 원위 보리유지 삼장(元魏 菩提流支 三藏)과 동일인이다. 그런데 동일인의 번역으로 전해지는 2)와 3)은 번역어와 내용이 전혀 다르다. 그리고 3)과 4)는 번역자는 다르게 전해지고 있지만 내용은 동일하다. 따라서 원위 유지 삼장(元魏 留支 三藏)의 번역으로 전해지고 있는 3)은 진제 삼장의 번역이 와전된 것이라고 할 수 있다. 아무튼 1)에서 4)까지는 '金剛般若波羅蜜經'이라는 동일한 명칭으로 번역했고, 이후에는 **'chedikā'**의 의미를 살려서 '能斷'을 넣어 번역했음을 알 수 있다.

자세한 내용을 여기에서 다 밝힐 수는 없지만, 여러 번역본의 내용을 비교해 보면 뒤로 갈수록 범본(梵本)에 충실한 번역이 이루어지고 있다는 것을 알 수 있다. 특히 주목되는 것은 남북조 시대와 중국이 통일된 수나라 이후의 경명과 번역의 내용이 크게 다르다는 것이다.

남북조 시대의 번역 1), 2), 3), 4)는 모두 구마라집 삼장의 번역을 따라 '金剛般若波羅蜜經'을 경명으로 취하고 있지만, 수나라 이후의 번역 5), 6), 7)에는 경명에 'chedikā'의 의미를 살려서 '능단(能斷)'이 들어간다. 그리고 **「제2 선현기청분(善現起請分)」**의 번역에 1), 2), 3), 4)에서는 '發阿耨多羅三藐三菩提心'이 있지만, 5), 6), 7)에는 '發阿耨多羅三藐三菩提心'이 보이지 않고 다음과 같이 그 자리에 '菩薩乘'이 들어간다.

1) 世尊 善男子 善女人 **發阿耨多羅三藐三菩提心** 應云何住 云何降伏其心
2) 世尊 云何菩薩大乘中 **發阿耨多羅三藐三菩提心** 應云何住 云何修行 云何降伏其心
3) 世尊 若善男子 善女人 **發阿耨多羅三藐三菩提心** 行菩薩乘 云何應住 云何修行 云何發起菩薩心
4) 世尊 若善男子 善女人 **發阿耨多羅三藐三菩提心** 行菩薩乘 云何應住 云何修行 云何發起菩薩心
5) 彼云何 世尊 **菩薩乘發行**住應 云何修行應 云何心降伏應
6) 世尊 諸有**發趣菩薩乘者** 應云何住 云何修行 云何攝伏其心
7) 世尊 若有**發趣菩薩乘者** 云何應住 云何修行 云何攝伏其心

1)에서 구마라집 삼장이 發阿耨多羅三藐三菩提心으로 번역한 부분의 범본(梵本) 원문은 **'bodhisattvayāna-samprasthitena'**로서 '보살승으로 함께 나아가는'의 의미이다. 이것을 2)에서는 菩薩大乘中 發阿耨多羅三藐三菩提心으로 번역하고, 3), 4)에서는 發阿耨多羅三藐三

菩提心 行菩薩乘으로 번역하여 구마라집 삼장의 번역을 따르면서 원본의 의미를 살리고 있다. 그런데 5), 6), 7)은 구마라집 삼장의 번역을 무시하고, '菩薩乘發行', '發趣菩薩乘'으로 번역하여 범본(梵本)을 충실하게 따르고 있다.

구마라집 삼장이 『금강경』을 역출(譯出)했지만 그 후에 계속해서 다른 번역이 이루어지고 있다는 것은, 첫째로 『금강경』이 중요한 경전으로 인식되고 있었다는 것을 의미하고, 둘째로 이후의 번역자들이 구마라집 삼장의 번역에 만족하지 못했음을 의미한다. 그리고 계속해서 이전의 번역에 불만을 느꼈기 때문에 새로운 번역이 이어졌다고 할 수 있다. 그런데 우리나라에서 유통되고 있는 『금강경』은 구마라집 삼장의 번역이다. 우리는 원본의 의미에서 가장 멀리 벗어난 『금강경』을 보고 있는 것이다.

이 경의 이름을 'Vajracchedikā'라고 한 까닭은 무엇일까? 대부분 'Vajra'를 '금강(金剛)'으로 번역한 구마라집 삼장의 번역에 따라서 무엇이든지 부수어버리는 가장 단단한 '금강석(金剛石)'으로 이해한다. 혹자는 제석천의 '금강저'나 '벼락'을 의미한다고 본다. 그러나 'Vajra'는 '금강석'이나 '제석천의 금강저'를 의미하는 것이 아니라, '금강역사(金剛力士)의 금강저'를 의미한다. 'Vajra', 즉 금강저는 『맛지마 니까야』 **35. 「쌋짜까에게 설하신 작은 경(Cūḷasaccaka-sutta)」**에 나온다.

> 한쪽에 앉은 **쌋짜까 니간타뿟따**가 세존께 말했습니다.
> "만약에 **고따마** 존자께서 나의 질문에 대답을 해 주신다면, **고따마** 존자에게 어떤 점에 대하여 여쭙고 싶습니다."

"**악기웨싸나**여, 주저하지 말고 질문하시오."
"**고따마** 존자께서는 제자들을 어떻게 가르치며, **고따마** 존자의 제자들에게 주로 어떤 내용을 가르치십니까?"
"**악기웨싸나**여, 나는 다음과 같이 제자들을 가르치고, 제자들에게 주로 다음과 같은 내용을 가르치오.
'비구들이여, 형색(色)은 무상(無常)하다. 느끼는 마음(受)은 무상하다. 생각하는 마음(想)은 무상하다. 조작하는 행위(行)들은 무상하다. 분별하는 마음(識)은 무상하다. 비구들이여, 형색(色)은 자아(自我)가 아니다. 느끼는 마음(受)은 자아가 아니다. 생각하는 마음(想)은 자아가 아니다. 조작하는 행위(行)들은 자아가 아니다. 분별하는 마음(識)은 자아가 아니다. 일체의 조작하는 행위(行)들은 무상(無常)하다(諸行無常). 일체의 법은 자아가 아니다.(諸法無我)'
악기웨싸나여, 나는 이와 같이 제자들을 가르치고, 주로 이와 같은 내용을 제자들에게 가르치오."
〈중략〉
"**고따마** 존자여, 저는 '형색은 나의 자아다. 느끼는 마음은 나의 자아다. 생각하는 마음은 나의 자아다. 조작하는 행위들은 나의 자아다. 분별하는 마음은 나의 자아다.'라고 이야기합니다."
〈중략〉
"**악기웨싸나**여, 어떻게 생각하나요. 그대는 '형색은 나의 자아다.'라고 말했는데, 그 형색(色)에 대하여 '내 형색은 이렇게 되어라! 내 형색은 이렇게 되지 마라!'라고 할 수 있는 힘이 그대에게 있나요?"
세존께서 이렇게 말씀하시자, **쌋짜까 니간타뿟따**는 침묵했습니다. 다시 물었지만, **쌋짜까 니간타뿟따**는 침묵했습니다. 그러자 세존께서 **쌋짜까 니간타뿟따**에게 말씀하셨습니다.

“**악기웨싸나**여, 어서 대답하시오! 지금 그대에게는 침묵하고 있을 시간이 없소. **악기웨싸나**여, 누구든 여래(如來)가 같은 물음을 세 번을 물어도 대답을 하지 않는 사람은 머리가 일곱 조각으로 쪼개질 것이오.”

그때 **금강저(金剛杵)를 손에 든 야차(夜叉)가 붉은 화염에 휩싸인 작열하는 무쇠 금강저를 들고 쌋짜까 니간타뿟따** 머리 위의 공중에 서서, ‘만약에 **쌋짜까 니간타뿟따**가 세존께서 **세 번을 물어도 대답하지 않으면 내가 머리를 일곱 조각으로 쪼개버리겠다.**’라고 생각하고 있었습니다. 그 금강저를 손에 든 야차를 세존도 보고 **쌋짜까 니간타뿟따**도 보았습니다. **쌋짜까 니간타뿟따**는 무서워서 온몸의 털이 곤두서는 두려움을 느끼고, 세존께 피난처를 구하고, 세존께 도피처를 구하고, 세존께 의지처를 구하여, 세존께 말했습니다.

“**고따마** 존자께서는 저에게 물으십시오. 제가 대답하겠습니다.”

“**악기웨싸나**여, 어떻게 생각하나요. 그대는 ‘형색은 나의 자아다.’라고 말했는데, 그 형색에 대하여 ‘나의 형색은 이렇게 되어라! 나의 형색은 이렇게 되지 마라!’라고 할 수 있는 힘이 그대에게 있나요?”

“**고따마** 존자여, 그렇지 않습니다.”

“**악기웨싸나**여, 잘 생각하시오. **악기웨싸나**여, 잘 생각하고 대답하시오. 그대의 말은 앞뒤가 맞지를 않소. **악기웨싸나**여, 어떻게 생각하나요. 그대는 ‘느끼는 마음(受), 생각하는 마음(想), 조작하는 행위(行)들, 분별하는 마음(識)은 나의 자아다.’라고 말했는데, 그 느끼는 마음(受), 생각하는 마음(想), 조작하는 행위(行)들, 분별하는 마음(識)에 대하여 ‘나의 느끼는 마음(受), 생각하는 마음(想), 조작하는 행위(行)들, 분별하는 마음(識)은 이렇게 되어라! 나의 느끼는 마음(受), 생각하는 마음(想), 조작하는 행위(行)들, 분별하는 마음(識)은 이렇게 되지 마라!’라고 할 수 있는 힘이 그대에게 있나요?”

“**고따마** 존자여, 그렇지 않습니다.”

“**악기웨싸나**여, 잘 생각하시오. **악기웨싸나**여, 잘 생각하고 대답하시오. 그대의 말은 앞뒤가 맞지를 않소. **악기웨싸나**여, 어떻게 생각하나요. 형색(色)은 지속(持續)하나요, 지속하지 않고 무상(無常)한가요?”

“**고따마** 존자여, 무상합니다.”

“그렇다면, 무상한 것은 괴로운 것인가요, 즐거운 것인가요?”

“**고따마** 존자여, 괴로운 것입니다.”

“그렇다면, 무상하고, 괴롭고, 변화하는 법(法)에 대하여 ‘이것은 나의 것이다. 이것이 나다. 이것은 나의 자아다.’라고 생각하는 것이 과연 올바른가요?”

“**고따마** 존자여, 그렇지 않습니다.”

“**악기웨싸나**여, 어떻게 생각하나요. 느끼는 마음, 생각하는 마음, 조작하는 행위, 분별하는 마음은 지속하나요, 지속하지 않고 무상한가요?”

“**고따마** 존자여, 무상(無常)합니다.”

“그렇다면, 무상한 것은 괴로운 것인가요, 즐거운 것인가요?”

“**고따마** 존자여, 괴로운 것입니다.”

“그렇다면 무상하고, 괴롭고, 변화하는 법에 대하여 ‘이것은 나의 것이다. 이것이 나다. 이것은 나의 자아다.’라고 생각하는 것이 과연 올바른가요?”

“**고따마** 존자여, 그렇지 않습니다.”

“**악기웨싸나**여, 어떻게 생각하나요. 괴로움에 오염되고, 괴로움을 겪고, 괴로움을 탐닉하는 사람이, 괴로운 것에 대하여, ‘이것은 나의 것이다. 이것이 나다. 이것은 나의 자아다.’라고 생각한다면, 그 사람이 과연 스스로 괴로움을 이해하거나 괴로움을 소멸하고 살아갈 수 있을까요?”

“**고따마** 존자여, 어찌 그럴 수 있겠습니까? **고따마** 존자여, 그럴 수 없습니다."[1]

『금강경』에서 역설하는 것은 '아상(我想)을 없애야 한다.'는 것이다. 이 경에서 야차가 손에 든 붉은 화염에 휩싸인 작열하는 무쇠 금강저는 외도(外道) **쌋짜까 니간타뿟따**의 사견(邪見)을 깨부수는 무기다. 그렇다면 금강저가 깨부수려는 사견은 어떤 것인가? 그것은 형색(色)을 지닌 몸과 느끼는 마음(受), 생각하는 마음(想), 조작하는 행위(行), 분별하는 마음(識)을 자아(自我)라고 생각하는, 즉 5온(五蘊)을 자아라고 생각하는 아상이다. 'Vajracchedikā'는 이와 같은 아상을 깨부수는 야차의 금강저(金剛杵)를 의미한다. 이 경에서 화염에 휩싸인 작열하는 무쇠 금강저를 든 야차는 불법(佛法)을 수호하는 집금강신(執金剛神), 즉 금강역사(金剛力士)가 된다.

『금강경』의 'Vajracchedikā'라는 경명(經名)은 이와 같이 『맛지마 니까야』 **35. 「쌋짜까에게 설하신 작은 경(Cūḷasaccaka-sutta)」**에서 유래한다고 생각된다. 『금강경』에서는 금강저(金剛杵; Vajra)가 반야(般若; prajñā)를 상징한다. 외도의 사견을 깨부수는 금강저와 같이 반야가 5온을 자아라고 생각하는 아상을 끊어버린다는 것이다. 그렇다면 반야는 무엇이기에 5온을 자아라고 생각하는 아상을 끊을 수 있을까? 반야는 통찰하는 지혜, 즉 통찰지(通察智)이다. 우리가 자아라고 생각하고 있는 5온을 통찰하여 그것이 무상(無常)하고, 괴롭고, 변화하는 현상(法)이라는 것을 알고 '이것은 나의 소유가 아니다. 이것은 내가 아니다. 이

1 이중표 역해, 『정선 맛지마 니까야(상)』(광주: 전남대학교출판부; 2016), pp. 252~257.

것은 나의 자아가 아니다.'라고 판단하는 것이 통찰지이다. 이렇게 통찰지로 5온이 자아가 아니라는 것을 통찰함으로써 아상을 끊어버리고 자아라는 망상(妄想)에서 해탈하는 것이 부처님께서 가르치신 열반(涅槃)이다. 열반은 바른 통찰지로 5온을 통찰하여 무아(無我)를 자각함으로써 성취된다. 반야바라밀(般若波羅蜜), 즉 '**prajñāpāramitā**'는 이와 같이 '통찰지로 피안(열반)에 도달한다.'는 뜻이다.

이상이 '**Vajracchedikā-prajñāpāramitā**'의 의미이다. 『금강경』은 금강역사의 금강저가 외도의 사견을 깨부수듯, 반야로 5온을 자아라고 생각하는 아상을 끊어 열반의 저 언덕에 도달하도록 하는 가르침이다.

2) 『금강경』은 어떤 경인가?

대승경전 가운데 반야부(般若部)는 가장 일찍 성립된 경전인데, 『금강경』은 반야부에 속하는 초기 대승경전이다. 『금강경』에는 대승(大乘; **Mahāyāna**)이라는 말이 나오지 않는다. 이것은 이 경이 대승불교가 **아비달마**불교를 소승(小乘; **Hīnayāna**)이라고 비난하면서 자신들을 대승이라고 부르기 이전에 성립된 것임을 보여준다. 따라서 『금강경』은 반야부 경전 가운데서도 가장 빠른 시기에 성립된 경이라는 것을 알 수 있다.

우리는 대승불교운동의 초기에 형성된 반야부 경전과 『금강경』을 통해서 왜 대승불교운동이 일어났으며, 대승불교가 무엇을 추구했는지를 알 수 있다. 반야부 경전이란 반야바라밀(般若波羅蜜; **prajñāpāramitā**)을 설하는 경전을 말한다. 어떤 사람들은 반야바라밀을 '지혜의 완성'

이라고 이야기하는데, 그보다는 '통찰하는 지혜(般若)로 저 언덕(涅槃)에 간다'로 보는 것이 옳다. 왜냐하면 반야부 경전은 '지혜의 완성'을 목표로 설해진 것이 아니라, '열반은 반야(般若), 즉 통찰하는 지혜를 통해 성취된다'는 것을 주장하는 경전이기 때문이다. 이것을 상징하는 것이 반야용선(般若龍船)이다. 반야는 괴로운 이 언덕(生死)에서 행복한 저 언덕(涅槃)으로 건네주는 배와 같은 것이다.

그렇다면 왜 초기의 대승불교운동가들은 반야바라밀을 주장했을까? 『맛지마 니까야』 **22. 「독사의 비유 경(Alagaddūpama-sutta)」**에 다음과 같은 말씀이 있다.

> 비구들이여, 비유하면, 길을 가던 어떤 나그네가 이쪽 언덕은 무섭고 위험하고, 저쪽 언덕은 안전하고 위험이 없는 범람하는 큰 강을 만났는데, 이 언덕(此岸)에서 저 언덕(彼岸)으로 갈 수 있도록 강을 건네줄 배가 없었다오. 그는 이렇게 생각했다오.
>
> '이 큰 강은 이쪽 언덕은 무섭고 위험하고, 저쪽 언덕은 안전하고 위험이 없다. 그런데 이 언덕에서 저 언덕으로 갈 수 있도록 강을 건네줄 배가 없구나. 나는 풀, 나무토막, 나뭇가지, 나뭇잎을 모아 뗏목을 엮은 다음, 그 뗏목에 의지하여 손과 발을 힘껏 저어서 안전하게 저 언덕으로 올라가야겠다.'
>
> 비구들이여, 그래서 그 사람은 풀, 나무토막, 나뭇가지, 나뭇잎을 모아 뗏목을 엮은 다음, 그 뗏목에 의지하여 손과 발을 힘껏 저어서 안전하게 저 언덕으로 올라갔다오. 그런데 강을 건너 저 언덕에 올라간 사람이 이런 생각을 했다고 합시다.
>
> '이 뗏목은 나에게 많은 도움이 되었다. 나는 이 뗏목에 의지하여 안전

한 언덕으로 올라왔다. 그러니 나는 이 뗏목을 머리에 이거나, 어깨에 지고 갈 길을 가야겠다.'
비구들이여, 어떻게 생각하는가? 그 사람이 그 뗏목에 대하여 이렇게 하는 것이 마땅한 일인가?"
"아닙니다. 세존이시여!"
"비구들이여, 그렇다면 그 사람이 그 뗏목에 대하여 어떻게 하는 것이 마땅한 일인가? 비구들이여, 이제 강을 건너 저 언덕에 올라간 사람이 이런 생각을 했다고 합시다.
'이 뗏목은 나에게 많은 도움이 되었다. 나는 이 뗏목에 의지하여 안전한 언덕으로 올라왔다. 나는 이 뗏목을 땅 위에 올려놓거나 물에 띄워놓고 갈 길을 가야겠다.'
비구들이여, 그 사람이 뗏목에 대하여 이렇게 하는 것이 마땅한 일이 아닌가?
비구들이여, 나는 이와 같이 뗏목의 비유, 즉 뗏목은 강을 건너기 위한 것이지 붙잡기 위한 것이 아니라는 설법을 했다오. 비구들이여, 그대들은 뗏목의 비유를 이해하여 마땅히 가르침(法)들도 버려야 하거늘, 하물며 가르침이 아닌 것(非法)들은 말해 무엇 하겠는가?[2]

「벌유경(筏喩經; 뗏목의 비유 경)」으로도 불리는 이 경에서 부처님은 열반을 저 언덕에 비유하고, 부처님의 가르침을 뗏목에 비유하고 있다. 그렇다면 우리를 열반으로 건네주는 뗏목과 같은 가르침은 무엇일까? 부처님은 열반으로 가는 길을 8정도(八正道)라고 가르치셨다. 8정도는 계(戒)·정(定)·혜(慧) 3학(三學)에 포함된다. 『맛지마 니까야』

2 위의 책, pp. 167~169.

44. **「교리문답 작은 경(Cūḷavedalla-sutta)」**에는 다음과 같은 말씀이 있다.

> **위싸카** 존자여, 세 가지 온(蘊)에 성자(聖者)의 8정도가 포함됩니다.
> **위싸카** 존자여, 정어(正語)와 정업(正業)과 정명(正命)은 계온(戒蘊)에 포함되고, 정정진(正精進)과 정념(正念)과 정정(正定)은 정온(定蘊)에 포함되고, 정견(正見)과 정사유(正思惟)는 혜온(慧蘊)에 포함됩니다.[3]

이와 같이 8정도가 계 · 정 · 혜 3학에 포함된다면, 이 가운데 무엇이 열반으로 가는 배와 같은 역할을 하는 것일까? 불교를 수행하는 사람들 가운데 '열반은 깊은 삼매를 통해서 성취된다'고 생각하는 사람들이 많다. 그런데 열반을 성취하는 과정을 『맛지마 니까야』 111. **「차제경(次第經; Anupada-sutta)」**에서는 다음과 같이 이야기한다.

> 비구들이여, **싸리뿟따**는 보름 동안 연속하여 관찰되는 법(法)을 관찰했다오. 비구들이여, **싸리뿟따**가 관찰한 연속하여 관찰되는 법은 다음과 같다오.
> 비구들이여, **싸리뿟따**는 감각적 쾌락에 대한 욕망을 멀리하고, 착하지 않은 법을 멀리하고, 사유하고 숙고하여, 멀어짐에서 생긴 기쁨과 즐거움이 있는 첫 번째 선정(初禪)에 도달하여 머물렀다오. 이 첫 번째 선정(禪定)에서 여러 법들이 즉 사유, 숙고, 기쁨, 즐거움, 마음집중, 촉(觸), 느낌(受), 생각(想), 의도(思), 욕망, 확신, 정진(精進), 주의집중(念), 평정(捨), 작의(作意), 이러한 법들이 그에게 연속하여 나타났다오. 그에게 이러한 법들이 분명하게 나타나 분명하게 머물다가 분명하게 소멸되어 갔다오.

---

3 위의 책, p. 368.

그는 이와 같이 통찰하여 알았다오.

'이와 같이 지금 나에게 여러 법들이 없다가 나타났고, 있다가 없어졌다.'

그는 그 법들에 집착하지 않고, 빠져들지 않고, 의존하지 않고, 묶이지 않고, 자유롭게 속박에서 벗어나 해탈한 마음에 머물렀다오.

그는 '이보다 위의 출리(出離)가[4] 있다'라고 통찰하여 알았다오. 그는 더 닦아야 할 것이 있다고 생각했다오.

비구들이여, **싸리뿟따**는 그 후에 두 번째 선정(第二禪), 세 번째 선정(第三禪), 네 번째 선정(第四禪)에 차례로 도달하여 머물렀다오.[5]

그는 이와 같이 통찰하여 알았다오.

'이와 같이 지금 나에게 여러 법들이 없다가 나타났고, 있다가 없어졌다.'

그는 그 법들에 집착하지 않고, 빠져들지 않고, 의존하지 않고, 묶이지 않고, 자유롭게, 속박에서 벗어나, 해탈한 마음에 머물렀다오.

그는 '이보다 위의 출리가 있다'라고 통찰하여 알았다오. 그는 더 닦아야 할 것이 있다고 생각했다오.

비구들이여, 그 후 다시 **싸리뿟따**는 차례로 공무변처(空無邊處), 식무변처(識無邊處), 무소유처(無所有處), 비유상비무상처(非有想非無想處)에 도달하여 머물렀다오.[6]

그는 주의집중이 있는 상태에서 그 선정에서 나왔다오. 그는 주의집중이 있는 상태에서 그 선정으로부터 나와서 이전의 사라지고 변해버린

---

4 'uttariṃ nissaraṇaṃ'의 번역. 수행의 완성이 아니기 때문에 벗어나야 한다는 의미.

5 각각의 선정을 얻어 그곳에서 벗어나는 과정은 동일한 내용이기 때문에 생략하여 번역함.

6 무색계(無色界) 4처(四處)에 도달하여 벗어나는 과정은 동일한 내용이기 때문에 생략하여 번역함.

그 법들을 생각했다오.
'이와 같이 지금 나에게 여러 법들이 없다가 나타났고, 있다가 없어졌다.'
그는 그 법들에 집착하지 않고, 빠져들지 않고, 의존하지 않고, 묶이지 않고, 자유롭게, 속박에서 벗어나, 해탈한 마음에 머물렀다오.
그는 '이보다 위의 출리(出離)가 있다'라고 통찰하여 알았다오. 그는 더 닦아야 할 것이 있다고 생각했다오.
비구들이여, 그 후 다시 싸리뿟따는 일체의 비유상비무상처에 대한 관념을 초월함으로써 상수멸(想受滅)에 도달하여 머물렀다오. 그리고 통찰지(般若)로 통찰하자, 번뇌(漏)들이 멸진(滅盡)했다오.
그는 주의집중이 있는 상태에서 그 선정으로부터 나왔다오. 그가 주의집중이 있는 상태에서 그 선정으로부터 나와서, 이전의 사라지고 변해버린 그 법들을 생각했다오.
'이와 같이 지금 나에게 여러 법들이 없다가 나타났고, 있다가 없어졌다.'
그는 그 법들에 집착하지 않고, 빠져들지 않고, 의존하지 않고, 묶이지 않고, 자유롭게 속박에서 벗어나 해탈한 마음에 머물렀다오.
그는 '이보다 위의 출리는 없다'라고 통찰하여 알았다오. 그는 더 닦아야 할 것이 없다고 생각했다오.
비구들이여, 만약 어떤 사람을 '거룩한 계(戒)에서 자재(自在)와 피안(彼岸)을 얻고, 거룩한 정(定)에서 자재와 피안을 얻고, 거룩한 통찰지(般若)에서 자재와 피안을 얻고, 거룩한 해탈(解脫)에서 자재와 해탈을 얻은 사람이다.'라고 진정으로 이야기할 수 있다면, **싸리뿟따**가 진실로 그런 사람이라오.[7]

7 이중표 역해, 『정선 맛지마 니까야 (하)』(광주: 전남대학교출판부; 2016), pp. 279~286.

이 경은 **싸리뿟따**가 계 · 정 · 혜 3학을 닦아 열반에 도달하는 과정을 9차제정(九次第定)으로 이야기하고 있다. 감각적 쾌락에 대한 욕망을 멀리하고 불선법(不善法)을 멀리하는 것이 계의 실천이다. 초선(初禪)은 계를 실천하여 도달하는 선정이다. 이후 제2선(第二禪)에서 비유상비무상처(非有想非無想處)까지는 선정 수행이다. 그런데 계와 정의 수행에 항상 반야, 즉 통찰지가 작용한다. 불교의 계와 정에는 항상 혜가 수반한다. 그리고 마지막에는 정에서 나와 반야, 즉 통찰지로 통찰함으로써 모든 번뇌가 소멸한다. 이 경은 열반은 선정 속에서 이루어지는 것이 아니라 선정에서 나와 반야로 통찰함으로써 성취된다는 것을 이야기하고 있다.

반야부 경전들이 주장하는 것은 바로 이것이다. 열반은 깊은 선정 속에 머무는 것이 아니라, 통찰지로 통찰하여 머물지 않고 벗어남으로써 성취된다는 것이다. 그렇다면 왜 초기 대승불교운동가들은 이러한 반야바라밀을 주장했을까? 그것은 당시의 **아비달마**불교가 선정 속에서 열반을 구하고 있었기 때문이다. 현실을 피하여 선정 속에 빠져 있지 말고, 현실을 직시하고 지혜로 통찰하여 현실의 문제를 해결하는 것이 진정한 불교이고 열반이라는 것이 초기 대승불교운동가들의 주장이며, 『금강경』은 이러한 대승불교운동가들에 의해 초기에 성립된 경이다.

제1장

『금강경』의 취지

1.『금강경』이 설해진 인연

제1 법회인유분(法會因由分)

Evaṃ mayā śrutam ekasmin samaye Bhagavāñ Śrāvastyāṃ viharati sma Jetavane 'nāthapiṇḍadasya-ārāme mahatā bhikṣu-saṃghena sārddham ardhatrayodaśabhir bhikṣuśataiḥ (sambahulaiś ca bodhisattvair mahāsattvaiḥ). atha khalu Bhagavān pūrvāhṇa-kāla-samaye nivāsya pātracīvaram ādāya Śrāvastīṃ mahā-nagarīṃ piṇḍāya prāviśat. atha khalu Bhagavāñ Śrāvastīṃ mahā-nagarīṃ piṇḍāya caritvā kṛta-bhakta-kṛtyaḥ paścādbhakta-piṇḍapāta-pratikrāntaḥ pātra-cīvaraṃ pratiśāmya pādau prakṣālya nyaṣīdat prajñapta eva-āsane paryaṅkam ābhujya ṛjuṃ kāyaṃ praṇidhāya, pratimukhīṃ smṛtim upasthāpya. atha khalu sambahulā bhikṣavo yena Bhagavāṃs tenopasaṃkraman upasaṃkramya Bhagavataḥ pādau śirobhir abhivandya Bhagavantaṃ trispradakṣiṇīkṛtyaikānte nyaṣīdan.

如是我聞 一時 佛在舍衛國祇樹給孤獨園 與大比丘衆千二百五十人俱 爾時 世尊 食時 著衣持鉢 入舍衛大城乞食 於其城中 次第乞已 還至本處 飯食訖 收衣鉢 洗足已 敷座而坐

이와 같이 나는 들었습니다. 한때 세존께서는 사위국(舍衛國; Śrāvastī)의 기수급고독원(祇樹給孤獨園; Jetavana 'nāthapiṇḍadasya-ārāma)에서 1250명의 큰 비구승가(比丘僧伽)와 (그리고 많은 보살들, 마하살들과)[8] 함께 계셨습니다. 그때 세존께서는 식사 때가 되자 옷을 입고 법복과 발우를 들고 밥을 빌기 위하여 사위대성(舍衛大城)에 들어가셨습니다. 세존께서는 사위대성에서 밥을 빌어 식사를 하시고, 탁발(托鉢)에서 돌아와 옷과 발우를 자리에 놓고 발을 씻으신 후에 마련된 자리에 앉아서, 결가부좌(結跏趺坐)를 하고, 몸을 곧추 세우고, 대면(對面)하고[9] 주의집중(smṛti)[10]을 하셨습니다. 그러자 많은 비구들이 세존에게 다가와서 두 발에 머리를 조아려 예배하고, 세존을 오른쪽으로 세 번 돌고, 한쪽에 앉았습니다.

모든 불경은 "나는 이렇게 들었습니다."로 시작된다. 그리고 부처님이 계셨던 장소와 함께 했던 대중을 언급한다. 그런데

8 모든 한역(漢譯)에는 '비구들'만 나올 뿐, '보살들, 마하살들'은 나오지 않는다. 'sambahulaiś ca bodhisattvair mahāsattvaiḥ'는 『금강경』이 유통되는 과정에 후대에 삽입된 것으로 보인다.

9 'pratimukhīṃ'의 번역. 대중들을 상대로 얼굴을 마주하고 앉는 것을 의미함.

10 빨리(Pāli)어의 'sati'에 상응하는 범어(梵語) 'smṛti'는 한역에서 념(念)으로 번역된다. 최근에 '마음챙김' 등으로 번역하는데, 필자는 '주의집중'으로 번역한다.

장소와 대중이 근본경전과 대승경전에 차이가 있다. 근본경전에서 부처님이 계신 장소는 인도에 실재하는 곳이고, 대중은 실제로 함께 했던 인물들이다. 이와는 달리 대승경전에서는 장소가 인간계에 한정되지 않고 천상이나 다른 세계로 확장되며, 대중도 당시의 인물들 이외의 수많은 천신(天神)과 보살(菩薩)들이 등장한다. 그런데 『금강경』은 근본경전과 동일한 형태를 취하고 있다. 이것은 『금강경』이 초기의 대승경전이라는 것을 보여준다.

대승불교가 출현한 시기는 정확하게 알려져 있지 않다. 학자들은 **아쇼카** 왕(B.C. 268~232 재위)의 석주에 새겨진 법칙(法勅)에 대승불교에 대한 언급이 없고, 서기 170년경에 지루가참(支婁迦讖)이 중국에서 『도행반야경(道行般若經)』을 번역했기 때문에 인도에서 기원전 1세기 무렵에 대승불교가 출현했을 것으로 추정하고 있다.

그렇다면 왜 이 시기에 대승불교가 출현했을까?

아쇼카 왕은 B.C. 3세기에 최초로 인도를 통일한 왕이다. 그는 처음에는 **브라만**교도였으나 수많은 전쟁을 통해 통일제국을 건설한 후에 불교로 개종한다. 그리고 불교에서 이상으로 여기는 제왕인 전륜성왕을 자처하며 불법으로 나라를 다스린다. 이때 **아쇼카** 왕이 전법사를 외국으로 보내서 불교가 세계화되었으며, 그의 아들이 출가하여 스리랑카에 불법을 전했다는 것은 널리 알려진 사실이다. 그는 불교를 옹호하면서 사찰에 많은 토지를 하사했다. 사찰이 부유해지자 승려들의 걸식 수행은 형식적인 것이 되었고, 경제적으로 윤택해진 승려들은 승원에 머물며 불교에 대한 이론을 만들어 논쟁을 일삼았다. 이것이 소위 **아비달마**불교이다. 이러한 논쟁의 결과 불교는 여러 부파(18~20개 부파)로 분열하게 되었기 때문에 이 시기의 불교를 부파불교라고 부른다. 대승불교운동은 이러한 부파불교에 대한 반성이라고 생각된다. 우리는 이러한 사실을 『금강경』을 통해 추측할 수 있다.

제2 선현기청분(善現起請分)

Tena khalu punaḥ samayena-āyuṣmān Subhūtis tasyām eva parṣadi samnipatito 'bhūt saṃniṣaṇṇaḥ. atha khalv āyuṣmān Subhūtir utthāya-āsanād, ekāṃsam uttarāsaṅgaṃ kṛtvā, dakṣiṇaṃ jānu-maṇḍalaṃ pṛthivyāṃ pratiṣṭhāpya, yena Bhagavāṃs tena-añjaliṃ praṇamya Bhagavantam etad avocat:
āścaryaṃ Bhagavan parama-āścaryaṃ Sugata, yāvad eva Tathāgatena arhatā samyaksambuddhena bodhisattvā mahāsattvā anuparigṛhītāḥ parameṇa anugraheṇa. āścaryaṃ Bhagavan yāvad eva Tathāgatena arhatā samyaksambuddhena bodhisattvā mahāsattvāḥ parīnditāḥ paramayā parīndanayā. tat kathaṃ Bhagavan bodhisattvayāna-samprasthitena kulaputreṇa vā kuladuhitrā vā sthātavyaṃ kathaṃ pratipattavyaṃ kathaṃ cittaṃ pragrahītavyam?
evam ukte Bhagavān āyuṣmantaṃ Subhūtim etad avocat:
sādhu sādhu Subhūte evam etad yathā vadasi anuparigṛhītās Tathāgatena bodhisattvā mahāsattvāḥ parameṇa-anugraheṇa. parīnditās Tathāgatena bodhisattvā mahāsattvāḥ paramayā parīndanayā. tena hi Subhūte śṛṇu sādhu ca suṣṭhu ca

manasikuru, bhāṣiṣye 'haṃ te yathā bodhisattva-yāna-saṃprasthitena sthātavyaṃ yathā prati- pattavyaṃ yathā cittaṃ pragrahītavyam.
evaṃ Bhagavann ity āyuṣmān Subhūtir Bhagavataḥ pratyaśrauṣīt.

時 長老須菩提 在大衆中 即從座起 偏袒右肩 右膝著地 合掌恭敬而白佛言 希有 世尊 如來善護念諸菩薩 善付囑諸菩薩 世尊 善男子 善女人 發阿耨多羅三藐三菩提心 應云何住 云何降伏其心 佛言 善哉 善哉 須菩提 如汝所說 如來善護念諸菩薩 善付囑諸菩薩 汝今諦聽 當為汝說 善男子 善女人 發阿耨多羅三藐三菩提心 應如是住 如是降伏其心 唯然 世尊 願樂欲聞

그때 그 옆에 앉아 있던 장로 수보리가 대중 가운데서 일어나 한쪽 상의(上衣)를 걷어 올리고 오른쪽 무릎을 땅에 대고 합장 공경한 후에 세존께 사뢰었습니다.
"희유한 일입니다. 세존이시여! 더없이 희유한 일입니다. 선서(善逝)시여! 여래(如來) 아라한(阿羅漢) 등정각(等正覺)께서 가장 마음에 두고 있는 것은 보살(깨달음을 구하는 중생)들, 마하살(큰 원을 세운 중생)들이군요! 희유한 일입니다. 세존이시여! 보살들, 마하살들이 여래 아라한 등정각으로부터 가장 중요한 부촉(付囑)을 받았군요! 세존이시여! 보살승으로 함께 나아가는 선남자(善男子)와 선여인(善女人)은 어떻게 머물고, 어떻게 실천하고, 어떻게 마음을 다잡아야 합니까?"
이와 같이 말씀드리자, 세존께서 수보리 존자에게 이렇게 말씀하셨습니다.
"옳습니다. 옳습니다. 수보리여, 그대의 말씀과 같이 여래는 보살들, 마하살들을 마음에 두고, 보살들, 마하살들에게 가르침을 부촉한답니다. 그대는 이제 잘 듣고, 잘 기억하고, 생각해 보도록 하세요. 내가 그대에게 보살승으로 함께 나아가는 선남자와 선여인은 어떻게 머물고, 어떻게 실천하고, 어떻게 마음을 다잡아야 하는지를 이야기하겠습니다."

"세존이시여, 그렇게 하겠습니다."라고 수보리 존자는 세존께 말씀드렸습니다.

'선현기청분(善現起請分)'으로 불리는 이 부분은 수보리 존자가 부처님께 법문을 청하는 부분으로서 『금강경』의 취지를 엿볼 수 있는 매우 중요한 부분이다. 선현(善現)은 범어 **'Subhūti'**의 의역(意譯)이고, 수보리(須菩提)는 음역(音譯)이다. 범어 **'su'**는 '좋다'는 의미이고, **'bhūti'**는 '나타나 존재하는'이라는 의미이기 때문에 '선현'이라고 번역한 것이다.

그런데 구마라집(鳩摩羅什) 삼장이 **'發阿耨多羅三藐三菩提心(발아뇩다라삼먁삼보리심)'**이라고 번역한 부분이 범본(梵本)에는 **'bodhisattvayāna-samprasthitena(보살승으로 함께 나아가는)'**으로 되어 있다. 현장(玄奘) 삼장과 의정(義淨) 삼장의 번역본에 **'發趣菩薩乘者(발취보살승자)'**로 되어 있는 것을 보면, 구마라집 삼장이 임의로 이와 같이 번역한 것으로 생각된다. 구마라집 삼장의 번역은 잘못된 것이라고 할 수는 없지만, 보살승(菩薩乘)으로 함께 나아가는 것을 목적으로 하는 『금강경』의 취지를 흐리고 있다. 『금강경』이 구마라집 삼장의 번역 이후에 여러 차례 다시 역출된 것은 이와 같은 임의적인 번역이 『금강경』의 본래의 취지를 흐리게 했기 때문이라고 생각된다.

그렇다면 왜 구마라집 삼장은 **'보살승으로 함께 나아가는'**을 **'아뇩다라삼먁삼보리심(阿耨多羅三藐三菩提心)을 일으킨'**으로 번역했을까? 구마라집 삼장이 『금강경』을 번역할 당시의 중국의 상황은 인도와는 달랐다. 『금강경』은 인도에서 불교계가 논쟁으로 인해 분열된 상황에서 논쟁을 그치고 합심하여 보살의 길로 함께 나아갈 것을 촉구하기 위해 만들어졌다. 따라서 **'보살승으로 함께 나아가는'** 길을 제시하는 것이 『금강경』의 취지였다. 그런데 구마라집 삼장이 『금강경』을 번역할 당시의 중국은 아직 불교가 제자리를 잡지 못하던 시기이다. 중국에서 불교가 체계적으로 연구될 수 있었던 것은 구마라집 삼장이 많은 불경을 번역하여 가르쳤기 때문이다. 그 당시의 중국 불교계는 논쟁이나 분열이 없었기 때문에 논쟁과 분열을 종식하고 보살의 길로 함께 나아갈 것을 이야기할 상황이 아니었다. 그 당시에 중국인들에게 필요한 것은 불교의 깨달음이었다. 구마라집 삼장은 『금강경』을 통해 당시의 중국인들에게 불교의 무아(無我)를 깨닫게 하고자 했을 것이다. 따라서 구마라집 삼장이 번역한 『금강경』은 아상을 버리고 무아를 체득할 것을 강조하게 된 것으로 생각된다.

그러나 인도에서 『금강경』을 만든 사람들의 취지는 불교의 목적이 **아비달마**불교에서 추구하는 개인의 성취, 즉 아라한이 아니라 중생구제를 위하여 함께 가는 삶, 즉 보살승에 있다는 것을 천명하는 것이었다. 수보리 존자가 희유한 일이라고 감탄하는 것은 이와 같이 여래가 마음에 두고 있는 것은 아라한들이 아니라 보살들, 즉 깨달음을 향해서 함께 나아가는 사람들이라는 사실이다. 그리고 부처님의 가르침을 세상에 전할 사명을 받은 사람들은 보살들이라는 사실이다.

수보리 존자는 무엇을 보고 이러한 사실을 깨달았을까? 이 물음의 답은 **제1 법회인유분**(法會因由分)에 있다. 부처님께서는 식사 때가 되면 언제나 비구승가와 함께 맨발로 마을에 가서 일곱 집을 차례로 들러 밥을 빌었으며, 식사를 마치신 후에는 승원으로 돌아와서 옷과 발우를 수습하신 후에 발을 씻고 자리를 깔고 앉아 명상을 하시거나 설법을 하셨다. 이것이 부처님의 일상이다. 부처님께서는 평생을 이렇게 사셨다. 부처님께서는 왜 이렇게 사셨을까? 한 끼의 밥을 구하기 위해서 일곱 집을 들러서 밥을 빌었을까? 신발을 구할 수 없어서 맨발로 다니셨을까? 식사를 마치신 후에는 무슨 생각을 하며 앉아 계셨을까? 부처님께서 비구들에게 하신 설법의 내용은 무엇인가?

우리는 『맛지마 니까야』 **85. 「보디 왕자에게 설하신 경(Bodhirāja kumāra-sutta)」**에서 그 답을 찾을 수 있다. 박가(Bhagga; 跋祇) 국의 **보디**(Bodhi) 왕자는 화려한 궁전을 완공하고 부처님을 초대한다. 그는 아무도 밟지 않은 계단에 하얀 융단을 깔고 부처님께 맨 처음으로 오르시기를 청한다. 부처님은 융단 앞에서 걸음을 멈추신다. **보디** 왕자는 거듭하여 청하지만 부처님은 침묵으로 일관하신다. 이를 본 **아난다** 존자가 **보디** 왕자에게 다음과 같이 말한다.

> 왕자여, 융단을 거두십시오.
> 세존께서는 융단을 밟지 않으십니다.
> 여래는 가장 낮은 사람을 바라봅니다.[11]

---

11 이중표 역해, 『정선 맛지마 니까야 (하)』(광주: 전남대학교출판부; 2016), p. 157.

부처님은 이런 분이셨다. 항상 가장 낮은 사람을 바라보며 사신 분이다. 왕자의 화려한 궁전에 초대를 받아 가셨지만, 그분의 마음에는 낮고 천한 사람들이 자리 잡고 있었다. 『금강경』에서 수보리 존자는 이것을 깨달은 것이다. 바꾸어 말하면, 『금강경』은 우리에게 부처님의 일상에서 부처님의 이런 뜻을 보라고 수보리 존자의 입을 빌려 이야기하고 있는 것이다. 부처님께서 맨발인 것은, 신발을 구하지 못해서가 아니라, 신발이 없어서 맨발로 다니는 사람들과 함께하기 위함이다. 일곱 집을 차례로 들리시는 것은, 주린 배를 채우기 위해서가 아니라, 그들의 삶을 살피시기 위함이다. 돌아와서 식사를 마치고 명상 속에서 생각하시는 것은 어떻게 하면 중생들이 고통스러운 삶에서 벗어나 행복하게 살 수 있는가이다. 부처님께서 가르치시는 가르침은 중생들이 고통에서 벗어나는 길이다. 부처님은 우리에게 그 길을 함께 가도록 가르쳤고, 그 가르침을 부촉하신 것이다. 시인 박노해는 버마에서 탁발하는 스님들을 보고 다음과 같은 글을 썼다.

> 이른 아침 맨발의 스님들은 찬 이슬을 밟으며 밥 동냥을 나간다.
> 일곱 집을 돌아도 밥그릇이 차지 않으면 가만히 돌아와 이렇게 모자란 밥을 씹으며 가난한 민중의 배고픔을 함께 느낀다.
>
> 〈구도자의 밥〉[12]

부처님의 일상은 이러했다. 부처님은 우리에게 이 길을 가르치고 몸소 보여주셨다. 『맛지마 니까야』 **38. 「갈망하는 마음의 소멸에 대한**

---

12 박노해, 『다른길』(서울: 느린 걸음; 2014), p. 233.

큰 경(Mahātaṇhāsaṅkhaya-sutta)」에서 부처님은 비구들에게 다음과 같이 말씀하셨다.

> 비구들이여, 날개 달린 새가 어디를 날아가더라도 깃털을 달고 날아가듯이, 이와 같이 비구들이여, 비구는 몸을 보호하는 법복(法服)과 배를 채우는 음식을 담는 발우로 만족하며, 어디를 가더라도 법복과 발우를 지니고 간다오.[13]

부처님께서 비구들에게 허용한 소유물은 법복(法服)과 발우였다. 이 두 가지만 있으면 깃털 달린 새처럼 어디라도 갈 수 있을 것이니, 이렇게 새처럼 거리낌 없이 세상을 돌아다니면서 민중들의 괴로움을 함께 느끼며 그들을 구원하라는 것이 부처님의 가르침이었다.

그런데 과연 **아비달마**불교는 그 길을 가고 있었는가? 『금강경』이 성립될 당시에 경제적으로 윤택해진 승려들은, 발우와 가사를 들고 걸식하면서 세상을 돌아다니며 부처님의 가르침을 펴는 일보다는, 사원 속에 머물면서 불교를 이론화하고, 선정 수행을 통해 자신이 아라한이 되려고 했다. 이론화된 불교는 분쟁을 낳았고, 선정을 통해 성취하려는 아라한에 대해서는 저마다 견해가 달랐다. '아라한이 무엇인가?' 하는 문제로 다투고, 서로 다른 이론으로 논쟁하는 가운데, 불교는 여러 부파로 분열하였다.

"부유한 승원에 앉아서 이론을 만들어 논쟁하고, 자신이 깊은 선정에 들어 아라한을 성취했다고 자랑하는 것이 진정한 부처님의 가르침

---

13 이중표 역해, 『정선 맛지마 니까야 (상)』(광주: 전남대학교출판부; 2016), p. 310.

인가?"라고 『금강경』은 수보리 존자를 통해 이렇게 반문하고 있는 것이다. 아울러 **"우리는 이제 부처님의 가르침으로 돌아가 부처님의 가르침을 따르고, 부처님께서 부촉하신 길을 가야 한다. 그렇다면 부처님께서 가르치고 부촉하신 그 길, 즉 보살의 길(菩薩乘)을 함께 가려는 사람들은 어떻게 해야 할까?"** 하는 것이 『금강경』의 주제다.

불교는 이론이 아니다. 『맛지마 니까야』 **18.「꿀 덩어리 경(Madhupiṇḍika-sutta)」**에서 부처님께서는 "나는 천신(天神)과 **마라(Māra)**[14]와 **브라만(Brahman; 梵天)**을 포함하는 세간(世間)과 사문과 바라문과 왕과 사람들을 포함하는 인간 가운데서 누구와도 다투지 않고 세간에 머무는 가르침을 이야기한다."[15]라고 말씀하신다.

우리는 왜 다른 사람들과 다투는 것일까? 이 경에서는 다음과 같이 이야기한다.

> 시각활동(眼) 내지 마음활동(意)과 지각되는 대상(法)들을 의지하여 분별하는 마음(意識)이 생긴다. 셋의 만남이 경험(觸)이다. 경험을 의지하여 느낌(受)이 생기며, 느낀 것을 개념화하고(yaṃ vedeti taṃ sañjānāti), 개념화한 것을 논리적으로 사유하고, 논리적으로 사유한 것으로 관념적인 이론(戱論)을 만들고, 관념적인 이론을 만들기 때문에 과거 · 미래 · 현재의 마음으로 분별하는 법들에서 사람에 대한 관념적인 이론과 관념(想)과 명칭이 만들어져서 통용된다.[16]

14 죽음의 신.
15 앞의 책, p. 134.
16 위의 책, pp. 138~139.

우리는 지각활동을 통해 느낀 것을 개념적으로 인식하여, 즉 **'sañjānāti'**하여 논리적으로 사유함으로써 관념적인 이론(戱論)을 만든다는 것이다. 우리의 경험은 각자의 욕구에서 비롯된 것이기 때문에 개별적이고 차별적이다. 그런데 이것을 개념적으로 인식하여 논리적으로 사유함으로써 통용되는 명칭과 개념을 만든다. 그리고 이것으로 관념적인 이론을 만든다. 모든 이론은 관념적인 개념을 통해 이루어지므로, 관념적인 이론을 가진 사람들은 동일한 개념을 사용하지만, 그 개념이 품고 있는 내용은 각자의 욕구에 따른 경험이기 때문에 동일하지 않다. 여기에서 논쟁이 발생한다. 모든 논쟁은 이와 같은 관념적인 이론의 대립이며. 관념적인 이론은 말장난일 뿐이다. 이런 의미에서 나는 한역(漢譯)에서 '희론(戱論)'으로 번역한 **'papañca'**를 '관념적인 이론(戱論)'으로 번역했다.

부처님께서는 모든 이론이 관념적인 말장난(戱論)이라는 것을 깨닫고, 관념적인 이론에서 벗어나 체험적으로 인식하여 있는 그대로 보고 다투지 않고 살아가는 법, 즉 **'abhijānāti'**하며 사는 법을 가르쳤다. 부처님께서 깨달으시고 가르치신 연기(緣起)는 **'abhijānāti'**하여 체험적으로 깨달은 진리다. 연기는 다른 사상과 논쟁하는 관념적인 이론이 아니라, 모든 논쟁을 종식하고 참된 삶을 살아가는 법을 보여주는 실천적인 가르침인 것이다. 용수(龍樹)가 『중론(中論)』의 〈귀경게(歸敬偈)〉에서 "부처님은 생멸(生滅), 거래(去來), 일이(一異), 단상(斷常) 등 모든 모순 대립을 떠난 연기를 설하여 희론을 적멸(寂滅)했다."라고 한 것은 이것을 이야기한 것이다. 이와 같이 부처님의 가르침은 희론을 벗어난 무쟁(無諍)의 가르침이다. 그런데 **아비달마**불교는 이론을 만들어 논쟁을 일삼고 있었다.

『금강경』에서 수보리를 주인공으로 내세운 것은 부처님의 무쟁의 가르침을 역행하는 **아비달마**불교의 논쟁과 분열을 비판하기 위해서이다. 『맛지마 니까야』 **139.「무쟁분별경**(無諍分別經; Araṇavibhaṅga-sutta)」에서 부처님께서는 "비구들이여, 선남자 **수부띠**(Subhūti; 수보리)는 무쟁(無諍)의 길을 가는 사람이다."[17]라고 칭찬하셨다. 수보리 존자는 반야부 경전에 가장 많이 등장한다. 그리고 반야부 경전의 사상은 공사상(空思想)으로 알려져 있다. 그래서 동북아시아 전통에서는 수보리 존자를 부처님의 제자 가운데 공(空)을 가장 잘 이해하신 분, 즉 해공제일(解空第一)이라고 칭한다. 그러나 초기경전에서 수보리 존자는 해공제일이 아니라 무쟁 수행자로 불리고 있다. 이것은 반야부 경전에서 강조하는 것은 공이 아니라 무쟁이라는 것을 보여준다. 특히 『금강경』에 공(空)이라는 단어가 단 한 번도 나오지 않는다. 이것은 『금강경』이 공을 강조하는 경이 아니라는 것을 보여주는 것이다.

『금강경』은 무쟁의 길을 가는 수보리 존자를 내세워, 이론을 만들어 논쟁과 분열을 일삼는 **아비달마**불교를 향해서, 개인적인 열반을 추구하면서 논쟁에 빠져 있는 **아비달마**불교는 불교의 정통이 아님을 선언한다. 부처님께서 진정으로 마음에 두신 것은 개인적인 열반을 추구하는 **아비달마**불교가 아니라, 중생구제의 큰 원을 세워 부처님과 같은 깨달음의 길을 가려고 하는 보살마하살이며, 부처님께서 후세에 가르침을 펴도록 당부하신 사람들은 **아비달마**불교인들이 아니라 보

17 이중표 역해, 『정선 맛지마 니까야 (하)』(광주: 전남대학교출판부; 2016), p. 398.

살마하살들이라고 선언하고 있는 것이다.

이와 같이 『금강경』은 수보리의 질문을 통해서 『금강경』의 취지를 밝히고 있다. 부처님께서 보살들에게 부처님의 가르침을 부촉하셨다는 것을 자각하고, 그 부촉을 받들어서 보살의 길로 함께 나아가려는 사람들은 **"어떻게 살고, 어떻게 실천하고, 어떻게 마음을 다잡아야 할까?"** 이것을 밝히는 것이 『금강경』의 취지이다.

2. 보살의 서원(誓願)

제3 대승정종분(大乘正宗分)

Bhagavān etad avocat: iha Subhūte bodhisattva-yāna-saṃprasthitena evaṃ cittam utpādayitavyam: yāvantaḥ Subhūte sattvāḥ sattvadhātau sattva-saṃgraheṇa saṃgṛhītā aṇḍa-jā vā jarāyu-jā vā saṃsveda-jā vaupapādukā vā, rūpiṇo vā arūpiṇo vā saṃjñino vā asaṃjñino vā naiva saṃjñino na-asaṃjñino vā, yāvan kaścit sattvadhātu-prajñapya-mānaḥ prajñapyate, te ca mayā sarve 'nupadhiśeṣe nirvāṇa-dhātau parinirvāpayitavyāḥ. evam aparimāṇan api sattvān parinirvāpaya na kaścit sattvaḥ parinirvāpito bhavati. tat kasya hetoḥ? sacet Subhūte bodhisattvasya sattva-saṃjñā pravarteta, na sa bodhisattva iti vaktavyaḥ. tat kasya hetoḥ? na sa Subhūte bodhisattvo vaktavyo yasya-ātma-saṃjñā pravarteta, sattva-saṃjñā vā jīva-saṃjñā vā pudgala-saṃjñā vā pravarteta.

佛告須菩提 諸菩薩摩訶薩 應如是降伏其心 所有一切衆生之類 若卵生 若胎生 若濕生 若化生 若有色 若無色 若有想 若無想 若非有想非無想 我皆令入無餘涅槃而滅度之 如是滅度無量無數無邊衆生 實無衆生得滅度者 何以故 須菩提 若菩薩 有我相 人相 衆生相 壽者相 即非菩薩

세존께서 수보리에게 말씀하셨습니다.

“보살승으로 함께 나아가는 사람들은 이와 같이 마음을 일으켜야 합니다. 수보리여, ‘난생(卵生)이든, 태생(胎生)이든, 습생(濕生)이든 화생(化生)이든, 형색을 지닌 중생이든, 형색이 없는 중생이든, 생각이 있는 중생이든, 생각이 없는 중생이든, 생각이 있는 것도 아니고 없는 것도 아닌 중생이든, 중생계(衆生界)에 무리지어 있는, 중생계에 속하는 모든 부류의 중생들을 내가 모두 무여열반계(無餘涅槃界)에 들도록 하겠다. 하지만 이와 같이 헤아릴 수 없는 중생들을 열반에 들게 하여도, 사실은 어떤 중생도 열반에 들어간 중생은 없다.’라는 마음을 일으켜야 합니다. 왜나하면, 수보리여, 아상·인상·중생상·수자상이 생긴 사람은 보살이라고 말할 수 없기 때문입니다.”

대승정종분(大乘正宗分)으로 불리는 이 부분은 수보리 존자의 물음에 대한 부처님의 답변이다. 대승정종(大乘正宗)이란 대승의 근본 취지(趣旨)라는 뜻인데, 옛 어른들은 이 부분을 『금강경』의 근본 취지로 보고 이렇게 이름붙인 것이다. 부처님의 답변의 형식으로 내보이는 『금강경』의 취지는 두 부분으로 되어 있다.

첫째, "보살은 일체중생을 무여열반에 들게 하여 모두 제도하겠다는 마음을 일으켜야 한다."

구마라집 삼장이 '응여시항복기심(應如是降伏其心; 마땅히 이와 같이 그 마음을 항복받아야 한다.)'으로 번역한 부분의 범어(梵語)는 **'evaṃ cittam upādayitavyam'**이다. 이것을 번역하면 '이와 같이 마음을 일으켜야 한다.'이다. 이 부분은 부처님께서 가르치신 불교의 취지가 **아비달마**불교에서 지향하는 아라한, 즉 개인적인 성취가 아니라 모두 함께 깨우쳐서 일체중생을 열반으로 이끄는 삶, 즉 보살승에 있다는 것을 천명한 것이다.

둘째, "이와 같이 헤아릴 수 없고, 셀 수 없고, 가없는 중생을 제도하여도 사실은 어떤 중생도 열반에 들어간 중생은 없다. 왜냐하면 보살에게 아상·인상·중생상·수자상이 생긴다면 그는 보살이라고 말할 수 없기 때문이다."

구마라집 삼장이 '아상·인상·중생상·수자상으로 번역한 단어의 범어(梵語)는 **'ātma-saṃjñā sattva-saṃjñā jīva-saṃjñā pudgala-saṃjñā'**이다. **'saṃjñā'**는 '관념, 생각'을 의미하는 말로서 일반적으로 '想'으로 번역하는데, 구마라집 삼장은 '相'으로 번역하고 있다. 아무튼 '아상·인상·중생상·수자상'은 **'ātma-saṃjñā sattva-saṃjñā jīva-saṃjñā pudgala-saṃjñā'**의 번역어이다.

그렇다면 **'ātma-saṃjñā sattva-saṃjñā jīva-saṃjñā pudgala-saṃjñā'**는 구체적으로 어떤 것인가?

『잡아함경』(306)에 다음과 같은 내용이 있다.

시각활동(眼)과 형색(色)을 의지하여 시각으로 분별하는 마음(眼識)이 생긴다오. 이들 셋이 만나는 것이 경험(觸)이라오. 경험과 함께 느끼는 마음(受), 생각하는 마음(想), 의도하는 마음(思)이 생긴다오. 이 네 가지 무색음(無色陰)과 시각활동(眼)과 형색(色), 이것들을 사람(人)이라고 부르고, 이것들에서 사람이라는 관념(想)을 만들고, 중생(衆生), 나라(那羅), 마토사(摩兔闍), 마나바(摩那婆), 사부(士夫), 복가라(福伽羅), 기바(耆婆), 선두(禪頭)라는 관념(想)을 만든다오.

그리고 이와 같이 말한다오. "내가 눈으로 형색을 보고, 내가 귀로 소리를 듣고, 내가 코로 냄새를 맡고, 내가 혀로 맛을 보고, 내가 몸으로 촉감을 느끼고, 내가 마음으로 사물(法)을 분별한다." 그것은 언어적인 표현(施設)이라오.

그리고 이와 같이 말한다오. "이 존자는 이름은 이러하고, 성은 이러한데, 이렇게 먹고, 이렇게 고락을 받고, 이렇게 장수하고, 이렇게 오래 살고, 수명(壽命)은 이러했다." 비구여, 이것은 관념(想)이고, 이것은 기억(誌)이고, 이것은 언설(言說)이라오. 이 모든 것들은 무상(無常)하고, 유위(有爲)이며, 의도(思)와 소원(願)을 인연으로 생긴 것이라오. 무상(無常)하고, 유위(有爲)이며, 의욕(思)과 소원(願)을 인연으로 생긴 것, 그것이 곧 괴로움이라오.

그리고 다시 그 괴로움이 생기고, 또다시 괴로움이 머물고, 또다시 괴로움이 사라지고, (이와 같이) 또다시 괴로움이 거듭하여 나타나 생기는 일체가 모두 괴로움이라오. 만약에 그 괴로움을 남김없이 끊고, 남김없이 토하고, 욕탐을 떠나고(離欲), 없애고, 그쳐서 다른 괴로움이 상속하지 않고 출생하지 않으면, 이것이 적멸(寂滅)이고, 이것이 승묘(勝妙)이며, 남은 것을 모두 버리고, 모든 갈망하는 마음(愛)이 다하고, 탐욕이 없고, 멸진한 열반이라고 한다오. 〈청각활동(耳), 후각활동(鼻), 미각활동(舌), 촉각활동

〔身〕, 마음활동〔意〕도 마찬가지라오.〉

眼色緣生眼識 三事和合觸 觸俱生受想思 此四無色陰 眼色 此等法名為人 於斯等法作人想 衆生, 那羅, 摩免闍, 摩那婆, 士夫, 福伽羅, 耆婆, 禪頭 又如是說 我眼見色 我耳聞聲 我鼻嗅香 我舌嘗味 我身覺觸 我意識法 彼施設 又如是言說 是尊者如是名 如是生 如是姓如是食 如是受苦樂 如是長壽 如是久住 如是壽分齊 比丘 是則為想是則為誌 是則言說 此諸法皆悉無常 有為 思願緣生 若無常 有為思願緣生者 彼則是苦 又復彼苦生 亦苦住 亦苦滅 亦苦數數出生 一切皆苦 若復彼苦無餘斷 吐盡 離欲 滅 息沒 餘苦更不相續 不出生是則寂滅 是則勝妙 所謂捨一切有餘 一切愛盡 無欲 滅盡 涅槃 <耳, 鼻, 舌, 身觸緣生身識 三事和合觸 觸俱生受想思 此四是無色陰 身根是色陰 此名為人 如上說 乃至滅盡 涅槃 緣意法生意識 三事和合觸 觸俱生受想思 此四無色陰 四大 士夫所依 此等法名為人 如上廣說 乃至滅盡 涅槃>[18]

이 경에서는 우리가 자아라고 생각하는 5온의 실상을 이야기하고 있다. 우리는 형색을 지닌 몸〔色〕을 자아라고 생각하고, 느끼는 마음〔受〕, 생각하는 마음〔想〕, 행동하려는 의지〔行〕, 분별하는 마음〔識〕을 자아라고 생각한다. 다시 말해서 중생들은 형색을 지닌 몸 속에 느끼고, 생각하고, 의도하고, 인식하는 마음이 들어 있다고 생각하며, 이것을 자아라고 부르며 살아간다. 그러나 이러한 우리의 자아는 보고, 듣고, 냄새 맡고, 맛보고, 접촉하고, 생각하는 삶 속에서 형성된 분별하는 마음〔識〕으로 대상을 경험함으로써〔觸〕 발생한 관념들일 뿐, 실재하는

18 대정장 2, P. 87c.

자아가 아니다. 그런데 우리는 이것들에 대하여 자아라는 관념을 일으키고 있다. 이것이 아상이다.

부처님께서는 5온을 자아로 취하고 있는 우리의 생각, 즉 아상이 무명(無明)에서 비롯된 망상(妄想)이라는 것을 깨달아 가르치셨다. 부처님께서는 5온을 자아로 생각하는 망상(我想)에 사로잡혀서 살아가는 삶은 괴롭다는 사실(苦聖諦)과 무명에 휩싸여 5온을 자아로 취하여 살아가는 중생들의 고통스러운 삶의 과정(苦集聖諦) 그리고 이러한 사실을 자각하면 5온을 자아로 생각하는 망상(我想)에 사로잡혀서 살아가는 삶에서 벗어날 수 있다는 사실(苦滅聖諦)과 5온을 자아로 생각하는 망상을 버리고 살아가는 길(苦滅道聖諦)을 깨달아 가르치신 것이다. 불교에서 소멸해야 할 괴로움은 5온을 자아로 생각하는 망상, 즉 아상이다. 이 경은 이러한 아상이 남김없이 사라진 것을 열반이라고 이야기하고 있다.

이 경에 아상을 중심으로 다양한 단어들이 나오는데, 이것을『금강경』과 비교하면 '인상(人相)'은 '사람(福伽羅; **pudgala**)'을 의미하고, 중생상(衆生相)은 '중생(衆生; **sattva**)'을 의미하고, 수자상(壽者相)은 '수명(壽命, 耆婆; **jīva**)을 의미한다. 금강경에서 이야기하는 4상(四相)은『잡아함경』(306)의 내용을 이야기한 것이다. 아상을 지닌 사람은, 자기는 인간으로서(人想) 생사윤회하는 중생이며(衆生想), 일정한 수명을 가지고(壽者想) 태어나서 살다가 늙어 죽는다고 생각한다. 이것이 4상, 즉 아상·인상·중생상·수자상이다. 이렇게 아상·인상·중생상·수자상을 가지고 있기 때문에, 시각(視覺)활동을 할 때는 '자아'가 눈을 통해서 밖의 사물을 본다고 생각하고, 청각활동을 할 때는 '자아'가 귀를 통해서 외부의 소리를 듣는다고 생각한다. 그리고 이러한 '자아'에 대하여 이름을 지어 부르고, 그 이름을 지닌 사람이 얼마 동안 수명을 의지하여 살다가 죽는다고 생각한다. 이것이 중생들의 생각이다. 그리고 중생들로 하여금 이러한 생각에서 벗어나게 하는 것이 중생들을 무여열반에 들게 하는 것이다.

아상을 갖는다는 것, 이것이 불교에서 말하는 괴로움이다. 그래서 불교수행은 아상을 버리는 일이다. 아상이 망상이라는 것을 깨달아서 아상을 버리는 것이 열반일 뿐, 중생들이 생사를 벗어나서 들어가야 할 열반의 세계가 따로 있는 것은 아니다. 따라서 수많은 중생들을 무여열반에 들게 하여도, 열반에 든 중생은 하나도 없는 것이다.

중생들은 나라는 존재, 즉 자아가 공간과 시간으로 이루어진 세계 속에 몸을 받아서 태어나 늙어 죽는다고 생각한다. '세계는 공간적으로 유한할까, 무한할까?', '세계는 시간적으로 유한할까, 무한할까?', '우리의 생명은 살아 있는 육신을 의미하는 것일까, 육신 속에 살고 있는 생명이 따로 있는 것일까?', '생사를 극복한 여래는 사후(死後)에도 존재할 수 있을까, 그렇지 않을까?' 하는 문제들은 이러한 생각에서 비롯된 것들이다. '태어나서 죽는 존재가 있고, 그 존재가 태어나서 죽어갈 세계가 있다고 생각하기 때문에, 그 세계는 유한한가, 무한한가? 자아는 죽은 뒤에도 존재하는가, 존재하지 않는가?' 이러한 모순 대립하는 문제에 봉착하게 된다.

왜 이런 모순이 생기는 것일까? 모든 논쟁은 모순 가운데 하나를 취할 때 발생한다. 우리는 여기에서 모순된 견해를 취하지 않는 부처님의 위대한 침묵, 즉 무기(無記)를 살펴보아야 한다. 『맛지마 니까야』

72. 「악기왓차곳따에게 설하신 경(Aggivacchagotta-sutta)」에서 부처님은 모순된 견해를 취하지 않는 이유를 다음과 같이 말씀하신다.

한때 세존께서는 싸왓티의 제따와나 아나타삔디까 승원(僧園)에 머무시었습니다.
그때 편력수행자 왓차곳따(Vacchagotta)가 세존을 찾아왔습니다. 그는 세존께 정중히 인사를 하고, 공손한 인사말을 나눈 후에 한쪽에 앉았습니다. 한쪽에 앉은 편력수행자 왓차곳따가 세존께 말씀드렸습니다.
"고따마 존자여, '세계는 상주(常住)한다. 실로 이것이 진실이고 다른 것은 거짓이다.' 이것이 고따마 존자의 사변(思辨)에 의한 견해[19]입니까?"
"왓차여, 나에게는 그런 사변에 의한 견해가 없다오."
"고따마 존자여, 그렇다면 '세계는 상주하지 않는다. 실로 이것이 진실이고 다른 것은 거짓이다.' 이것이 고따마 존자의 사변에 의한 견해입니까?"
"왓차여, 나에게는 그런 사변에 의한 견해가 없다오."
〈'세계는 끝이 있는가 없는가?' '생명과 육신은 같은 것인가 서로 다른 것인가?' '여래는 사후(死後)에 존재하는가 존재하지 않는가, 존재하기도 하고 존재하지 않기도 하는가, 존재하지도 않고 존재하지 않지도 않는가?'의 문제에 대하여 같은 문답이 이어짐.〉
"고따마 존자여, 고따마 존자는 제 질문을 받고, 모든 질문에 '왓차여, 나에게는 그런 사변에 의한 견해가 없다.'라고 말씀하셨습니다. 고따마 존자는 어떤 위험을 간파하고 있기에 이와 같이 이 모든 견해들을 멀리하십니까?"

19 'diṭṭhigata'의 번역. 'diṭṭhi'는 '견해'를 의미하고, 'gata'는 '도달한'의 의미이다. 이것은 '추론을 통해 도달한 견해'를 의미한다.

"왓차여, '세계는 상주한다.'는 사변에 의한 견해는 (소통할 수 없는) 밀림 같은 견해이며, (실천할 수 없는) 황야 같은 견해이며, (우리의 삶을 불안하게 하는) 요동치는 견해이며, 분쟁을 일으키는 편견이며, 속박하는 견해로서, 괴로움을 수반하고, 곤혹스러움을 수반하고, 불안을 수반하고, 고뇌를 수반한다오. 그리고 염리(厭離), 이욕(離欲), 멸진(滅盡), 적정(寂靜), 체험적 지혜(勝智), 정각(正覺), 열반으로 이끌지 않는다오. 사변에 의한 다른 견해들도 마찬가지라오.[20] 왓차여, 나는 이러한 위험을 간파하고 있기 때문에 이와 같이 모든 사변에 의한 견해들을 멀리한다오."
"그렇다면, 고따마 존자에게는 어떤 사변(思辨)에 의한 견해가 있습니까?"
"왓차여, 여래에게는 '사변에 의한 견해' 바로 그것이 제거되었다오. 왓차여, 여래가 본 것은 이런 것이오. '형색(色)은 이러하다', '형색은 이렇게 모인다(集)', '형색은 이렇게 사라진다(滅)', '느끼는 마음(受)은 이러하다', '느끼는 마음은 이렇게 모인다(集)', '느끼는 마음은 이렇게 사라진다(滅)', '생각하는 마음(想)은 이러하다', '생각하는 마음은 이렇게 모인다(集)', '생각하는 마음은 이렇게 사라진다(滅)', '조작하는 행위(行)들은 이러하다', '조작하는 행위들은 이렇게 모인다', '조작하는 행위들은 이렇게 사라진다', '분별하는 마음(識)은 이러하다', '분별하는 마음은 이렇게 모인다', '분별하는 마음은 이렇게 사라진다' 그래서 '여래는 모든 환상과 모든 혼란과 나라는 생각, 내 것이라는 생각을 일으키는 잠재하는 모든 아만(我慢)을 파괴하고, 소멸하고, 단념하고, 포기하고, 집착을 버리고, 해탈했다.'라고 나는 말한다오."
"고따마 존자여, 이와 같이 마음이 해탈한 비구는 어디에 가서 태어납니까?"

---

20 중복되는 문장을 생략함.

"왓차여, '가서 태어난다.'는 말은 적합하지 않다오."

"고따마 존자여, 그렇다면 가서 태어나지 않습니까?"

"왓차여, '가서 태어나지 않는다.'는 말도 적합하지 않다오."

〈중략〉

"고따마 존자여, 고따마 존자께서는 제가 묻는 모든 질문에 대하여, 그 질문들이 모두 적합하지 않다고 말씀하셨습니다. 저는 이 점에 대하여 알 수가 없고, 이 점에 대하여 당혹스럽습니다. 이전에 고따마 존자와의 대화를 통해 저에게 있었던 신뢰마저 지금 사라졌습니다."

"왓차여, 그대가 알 수 없는 것은 당연하고, 당혹스러운 것은 당연하오. 〈중략〉 왓차여, 그렇다면, 여기에서 내가 물을 것이니 그대는 적당한 대답을 하도록 하시오. 왓차여, 어떻게 생각하는가? 만약 그대 앞에서 불이 타고 있다면, 그대는 '이 불이 내 앞에서 타고 있다.'라고 알 수 있겠는가?"

"고따마 존자여, 만약 내 앞에서 불이 타고 있다면, 저는 '이 불이 내 앞에서 타고 있다.'라고 알 수 있습니다."

"왓차여, 그런데 만약 '그대 앞에서 타고 있는 이 불은 무엇을 의지하여 타고 있는가?'라고 묻는다면, 왓차여, 그대는 어떻게 대답하겠는가?"

"고따마 존자여, 만약 저에게 그렇게 묻는다면, 저는 '내 앞에서 타고 있는 이 불은 풀이나 장작 같은 연료를 의지하여 타고 있다.'[21]라고 대답할 것입니다."

왓차여, 만약 그대 앞에서 그 불이 꺼진다면, 그대는 '이 불이 내 앞에서 꺼졌다.'라고 알 수 있겠는가?"

---

21 'yo me ayaṃ purato aggi jalati ayaṃ aggi tiṇakatthupādānaṃ paṭicca jalati'의 번역. 타는 불이 의지하는 '연료'와 12연기의 '有'가 의지하는 '取'가 다같이 'upādāna'라는 점에 유의할 필요가 있다. 이것은 불이 연료에 의지하여 타듯이, 우리는 '取'에 의지하여 36.5°로 타는 불꽃과 같은 존재〔有〕라는 것을 암시하고 있다.

"고따마 존자여, 만약 내 앞에서 그 불이 꺼진다면, 저는 '이 불이 내 앞에서 꺼졌다.'라고 알 수 있습니다."

"왓차여, 그런데 만약 '그대 앞에서 꺼진 그 불은 여기에서 어느 방향으로 갔는가? 동쪽인가, 서쪽인가, 남쪽인가, 북쪽인가?'라고 묻는다면, 왓차여, 그대는 어떻게 대답하겠는가?"

"고따마 존자여, 그 질문은 적합하지 않습니다. 고따마 존자여, 풀이나 장작 같은 연료를 의지하여 탔던 그 불은 다른 연료가 공급되지 않고 연료가 없어서 꺼져버렸다고 생각됩니다."

"왓차여, 이와 같이 여래를 형색(色)이라는 개념으로 규정하여 묘사한다면, 여래에게 그 (개념으로 규정된) 형색은 제거되고, 근절되고, 단절되고, 없어진, 미래에는 발생하지 않는 법이라오. 왓차여, **여래는 형색이라는 개념에서 벗어났기 때문에,**[22] **헤아릴 수 없고, 측량할 수 없고, 이해하기 어렵다오.** 비유하면, 큰 바다가 '(사라져서 다른 곳에) 가서 태어난다.'는 말도 적합하지 않고, '가서 태어나지 않는다.'는 말도 적합하지 않고, '가서 태어나기도 하고, 가서 태어나지 않기도 한다.'는 말도 적합하지 않고, '가서 태어나지도 않고, 가서 태어나지 않지도 않는다.'는 말도 적합하지 않는 것과 같다오. 느끼는 마음(受), 생각하는 마음(想), 조작하는 행위(行)들, 분별하는 마음(識)도 마찬가지라오.[23] 여래를 분별하는 마음(識)이라는 개념으로 규정하여 묘사한다면, 여래에게는 그 (개념으로 규정된) 분별하는 마음은 제거되고, 근절되고, 단절되고, 없어진, 미래에는 다시 발생하지 않는 법이라오. 왓차여, 여래는 분별하는 마음이라는 개념에서 벗어났기 때문에, 헤아릴 수 없고, 측량할 수 없고, 이해하기 어렵다오. 비유하면, 큰 바다가 '(사라져서 다른 곳에) 가서 태어난다.'는 말도 적합하지

22 'rūpasaṅkhāvimutta'의 번역.

23 중복되는 내용을 생략함.

않고, '가서 태어나지 않는다.'는 말도 적합하지 않고, '가서 태어나기도 하고, 가서 태어나지 않기도 한다.'는 말도 적합하지 않고, '가서 태어나지도 않고, 가서 태어나지 않지도 않는다.'는 말도 적합하지 않는 것과 같다오."[24]

『중아함경(中阿含經)』의 「전유경(箭喩經)」에 상응하는 『맛지마 니까야』 **63. 「말룽꺄에게 설하신 작은 경(Cūḷa-Māluṅkya-sutta)」**에서는 이런 물음들에 대하여 독화살과 같은 사견(邪見)이라고 비판하는데,[25] 이 경에서는 이 물음들이 왜 부당한 물음인지를 '불의 비유'를 통해 명확하게 밝히고 있다. 없던 불이 생겼을 때, '이 불이 어디서 왔는가?'라고 묻거나, 타던 불이 꺼졌을 때, '이 불이 어디로 갔을까?'라고 묻는 것이 부당한 물음이듯이, '우리는 태어나기 전에 어디에 있었으며, 죽은 후에는 어디로 가는 것일까?'라고 묻는 것은 어리석은 질문이라는 것이다.

연료에 의지하여 타고 있는 불과 같이, 우리의 몸은 섭취한 음식(團食)에 의지하여 36.5℃로 타고 있는 불꽃이고, 우리의 마음은 경험이라는 음식(觸食)과 의지(意志)와 생각이라는 음식(意思食)과 분별이라는 음식(識食)에 의지하여 타고 있는 불꽃이다.[26] 『맛지마 니까야』 **9. 「정견경(正見經; Sammādiṭṭhi-sutta)」**에서는 우리의 이러한 모습을 다음과 같이 이야기한다.

24 이중표 역해, 『정선 맛지마 니까야 (하)』(광주: 전남대학교출판부; 2016), pp. 39~45.
25 이중표 역해, 『정선 맛지마 니까야 (상)』(광주: 전남대학교출판부; 2016), pp. 449~450 참조.
26 단식(團食), 촉식(觸食), 의사식(意思食), 식식(識食)은 4식(食)이라고 불리는 것으로서 우리의 자아의식이 성장하는 데 음식과 같은 역할을 하는 것을 의미한다.

존자들이여, 이미 존재하는 중생들을 (중생의 상태에) 머물게 하고, 생겨나는 중생들을 (생겨나도록) 돕는 네 가지 음식이 있습니다. 네 가지는 어떤 것들인가? 거칠거나 미세한 단식(團食; kabaḷiṃkāra āhāra), 둘째는 촉식(觸食; phassa āhāra), 셋째는 의사식(意思食; manosañcetanā āhāra), 넷째는 식식(識食; viññāṇa āhāra)입니다. 갈망하는 마음(愛)이 쌓이면(愛集) 음식이 쌓이고(食集), 갈망하는 마음이 소멸하면(愛滅) 음식이 소멸(食滅)합니다. 거룩한 8정도(八正道), 즉 정견(正見)·정사유(正思惟)·정어(正語)·정업(正業)·정명(正命)·정정진(正精進)·정념(正念)·정정(正定)이 음식의 소멸에 이르는 길(食滅道)입니다.
존자들이여, 성인의 제자는 이와 같이 음식(食)을 알고, 음식의 쌓임(食集)을 알고, 음식의 소멸(食滅)을 알고, 음식의 소멸에 이르는 길(食滅道)을 알기 때문에, 어떤 경우에도 무의식적인 탐욕(貪睡眠)을 버리고, 무의식적인 분노(瞋睡眠)를 없앤 후에, '내가 있다.'라고 하는 무의식적인 아견(我見)과 아만(我慢)을 제거한 다음, 무명(無明)을 버리고 명지(明智)를 드러내어, 지금, 여기에서 괴로움을 끝냅니다. 존자들이여, 이런 점에서 '성인의 제자는 정견이 있으며, 견해가 바르기 때문에 가르침(法)에 대하여 흔들리지 않는 확신을 갖고 그 바른 가르침(正法)을 성취한다.'라고 하는 것입니다.[27]

우리는 '지금, 여기'에 연기하고 있을 뿐, 시간과 공간 속에서 과거·현재·미래를 관통하여 윤회하는 자아는 없다. 애초부터 태어나서 늙어 죽는 존재는 없다. 이러한 우리의 모습을 무아(無我)라고 말한다. 이와 같은 사실을 알지 못하는 것이 무명이고, 이러한 생각으로 사는

27 이중표 역해, 『정선 맛지마 니까야 (상)』(광주: 전남대학교출판부; 2016), pp. 73~74.

사람이 중생이다. 중생들은 네 가지 음식을 취하여 자아라는 망상을 만들고 키우며 살아간다. 그래서 중생들은 생사(生死) 윤회(輪廻)라는 망상에서 벗어나지 못한다. 생사는 중생들이 자아라는 망상을 고집할 때 나타나는 착각이다. 따라서 아상을 버리면 생사 윤회는 사라진다. 보살이 중생을 생사의 이 언덕에서 열반의 저 언덕으로 제도한다고 하지만, 본래 생사가 없기 때문에 제도할 중생도 없다. 그러나 중생들은 본래 자신이 생사가 없는 삶을 살고 있다는 것을 알지 못하고, 자아의 망상에 사로잡혀서 꿈꾸듯이 생사의 고통을 받고 있다. 보살이 중생을 제도한다는 것은, 실제로 제도할 중생이 있어서 제도하는 것이 아니라, 본래 제도할 것이 없는 중생을 꿈에서 깨어나게 할 뿐이다. 그러므로 모든 중생을 제도하지만 실제로 구제를 받은 중생은 있을 수 없다.

3. 육조(六祖) 혜능(慧能)의 돈오돈수(頓悟頓修)

육조(六祖) 혜능(慧能)은 『금강경』을 듣고 깨달았다고 한다. 그리고 그가 깨달은 것은 돈오돈수(頓悟頓修)의 돈법(頓法)이라고 한다. 그렇다면 육조 혜능이 『금강경』에서 깨달았다고 하는 돈법이란 어떤 것일까? 지금까지 이야기한 『금강경』의 취지가 육조 혜능이 말하는 돈법이다.

『육조단경(六祖壇經)』의 가르침의 근본은 정혜일체(定慧一體), 정혜즉등(定慧卽等)이다. 다시 말해서 **'누구나 본래부터 가지고 있는 보리반야(菩提般若)의 지혜'**를 깨닫기 위해서는 선정과 지혜를 수행해야 하는데, 그 선정과 지혜를 하나(一體)로 보고 동시에 수행해야 한다는 것이다.

> 선지식아, 나의 이 법문은 정혜(定慧)를 근본으로 하나니, 무엇보다도 지혜와 선정(禪定)이 각별한 것이라고 미혹한 말을 해서는 안 된다. 선정과 지혜는 체(體)가 하나요, 둘이 아니다. 즉정(卽定; 禪定에 든 마음)은 지혜의

체요, 즉혜(卽慧; 지혜로운 마음)는 선정의 용(用)이다. 지혜로울 때 그 지혜로운 마음에 선정이 있고, 선정에 들어 있을 때, 그 선정에 들어 있는 마음에 지혜가 있다. 선지식아, 이 말은 선정과 지혜가 함께 한다는 뜻이다. 도를 배우는 사람은 먼저 선정에 들어야 지혜가 일어난다거나, 먼저 지혜로워야 선정이 나타난다거나 하여 선정과 지혜를 각각 별도로 있다고 말해서는 안 된다.

善知識 我此法門 以定慧爲本 第一勿迷言定慧別 定慧體不一不二 卽定是慧體 卽慧是定用 卽慧之時定在慧 卽定之時慧在定 善知識 此義卽是定慧等 學道之人作意 莫言先定發慧 先慧發定 定慧各別[28]

육조 혜능의 돈법(頓法)을 이해하기 위해서는 먼저 체용(體用)의 의미를 알아야 한다. 체용은 실체론적(實體論的) 개념이 아니다. 실체론에서는 사물을 실체(實體)와 속성(屬性)으로 구분한다. '불은 연료를 태우는 성질을 가지고 있다.'라고 본다면 이는 불을 실체론으로 이해한 것이다. 불이라는 실체가 연료를 태우는 성질을 그 속성으로 소유하고 있다고 본 것이다. 따라서 이러한 불은 연료를 태우지 않아도 그 자체로 존재하는 실체다. 이와는 대조적으로 '연료가 타는 것이 불이다.'라고 본다면 이는 불을 체용론(體用論)으로 이해한 것이다. 즉 연료가 타는 것은 불의 용(用)이고, 연료를 태우면서 나타나는 불은 체(體)다. 따라서 실체론의 관점에서 보면 실체와 속성은 각기 다른 것으로서, 실체가 속성을 소유하고 있는 관계이지만, 체용론의 관점에서 보면 체(體)와 용(用)은 하나로서, 동전의 양면과 같은 관계

28 정성본 역주, 『돈황본 육조단경』(서울: 한국선문화연구원; 2003), p. 79. 필자 역.

에 있다.

용수(龍樹)는 『중론(中論)』 제10. 「관연가연품(觀燃可燃品)」에서 다음과 같이 실체론을 비판한다.

> 만약 불타오름(*indhana*; kindling, lighting)이 곧 불(*agni*)이라면
> 행위자와 행위는 동일한 것이리라(若燃是可燃 作作者則一).
> 만일 불이 불타오름과 다른 것이라면,
> 불타오름 없이도 불은 존재하리라(若燃異可燃 離可燃有燃).[29]

이것은 행위자와 행위를 실체시하여 둘로 나누고, 이 양자(兩者)를 동일한 것으로 보느냐, 다른 것으로 보느냐를 논하는 것의 부당함을 불의 비유로 이야기한 것이다. 우리는 어떤 행위에는 그 행위를 하는 행위자가 존재한다고 생각한다. 행위를 하기 전부터 존재하던 행위자가 어떤 시점에 행위를 하고, 어떤 시점에 행위를 끝내며, 그 행위를 시작하기 전부터 행위를 끝낸 후까지 동일한 행위자가 존재한다고 생각한다. 즉 행위자를 실체시하는 것이다.

여기에서 제기되는 문제가 행위와 행위자의 관계이다. 행위자를 실체시하는 관점에서는 행위자를 행위와 동일시할 수 없다. 왜냐하면 행위는 계속해서 **'변화하는 과정(無常)'**임에 반하여 행위자는 그 과정을 통과하는 **불변의 실체(我)**이기 때문이다.

우리는 '갑돌이가 어느 날 태어나서 70년 동안 살다가 죽었다.'는

---

29 가연(可燃)으로 한역된 indhana를 연료(燃料)로 번역하는 경우가 있는데, 여기에서는 행위자와 그 행위자의 행위를 agni와 indhana에 비유한 것이기 때문에 agni는 '불'로 indhana는 '불타오름'으로 번역하는 것이 더 좋다고 생각된다.

말을 하면서 이 말 속에서 아무런 문제도 느끼지 않는다. 여기에서 갑돌이는 태어나서 죽을 때까지 동일한 존재로 간주된다. 즉 실체(我)로 간주된다. 그는 태어나서 죽을 때까지 변함없는 갑돌이다. 이러한 갑돌이는 태어나는 존재(生)이며, 늙고 병드는 존재(老病)이며, 죽는 존재(死)이다. 갑돌이는 살아 있는 동안만 동일한 존재가 아니라 태어나기 전(前生)에도 동일한 존재이고, 죽은 후(來生)에도 동일한 존재이다. 왜냐하면 갑돌이가 태어나기 위해서는 태어나는 갑돌이가 존재해야 하고, 죽기 위해서는 죽은 갑돌이가 존재해야 하기 때문이다.

그러나 실제의 갑돌이는 태어나서 죽을 때까지 한 번도 동일한 존재인 적이 없다. 태어나는 순간부터 죽을 때까지 끊임없이 변화하고 있는 것(無常)이 갑돌이의 참모습(眞我)이다. 따라서 동일한 존재, 즉 불변의 실체로서의 갑돌이는 없는 존재(無我)이다. 태어나는 갑돌이는 존재할 수 없다. 왜냐하면 태어나는 갑돌이는 태어나기 전에 이미 존재하고 있으므로 태어날 필요가 없기 때문이다. 갑돌이는 존재해도 태어날 수 없고, 존재하지 않아도 태어날 수 없다. 죽는 갑돌이도 존재할 수 없다. 존재하는 갑돌이는 존재하기 때문에 죽을 수 없고, 존재하지 않는 갑돌이는 존재하지 않기 때문에 죽을 수 없다. 따라서 갑돌이가 존재하든 존재하지 않든 죽는 갑돌이는 존재할 수 없다. 그런데도 우리는 "갑돌이가 태어나서 죽었다."는 말을 아무런 의심 없이 사용한다. 우리는 실체론에 빠져서 모순된 생각을 하고 있는 것이다.

부처님이 말씀하시는 무명(無明)은 이와 같은 실체론적인 모순된 생각이며, 이와 같은 무명이 '우리는 어디에서 와서 어디로 가는 존재일까?'라는 문제의 발단이며 생사윤회의 뿌리라는 것을 보여주는 것이 부처님께서 깨달아 가르치신 십이연기(十二緣起)이다.

우리의 참모습은 삶을 살아가는 행위자가 아니라, 삶의 과정 그 자체라고 부처님은 가르쳤다. 『잡아함경』(335)에서는 다음과 같이 이야기한다.

> 비구들이여, 안(眼)은 생길 때 오는 곳이 없고 멸할 때 가는 곳이 없다. 이와 같이 안(眼)은 부실하게 생기며 생긴 후에는 모두 사라지나니, **업보(業報)는 있으나 작자(作者)는 없다.**
> 諸比丘 眼生時無有來處 滅時無有去處 如是 眼不實而生 生已盡滅 有業報而無作者.[30]

부처님은 이 경의 이름을 '제일의공경(第一義空經)'이라고 불렀다. 불교의 '공(空)'은 '업보(業報)' 즉 삶의 과정은 있으나 그 과정을 통과하는 실체로서의 작자(作者)는 없다는 것을 의미한다. 작자, 즉 행위자가 없기 때문에 행위자와 행위를 나누어 동일한가, 다른가를 논하는 것은 무의미하다.

체용론(體用論)은 이러한 관점에서 사물을 설명하는 방식이다. 불이 타는 과정을 떠나 불이라고 부를 수 있는 대상은 없다. 그리고 불이라고 부르는 대상을 떠나 불이 타는 과정이 존재하는 것은 아니다. 불이 타는 현상을 명사적(名詞的)으로 파악하면 '불(體)'이고, 동사적(動詞的)으로 파악하면 '불타오름(用)'이다. 따라서 이 양자는 한 몸이며, 항상 함께 있다.

30 대정장 2, p. 9c.

정혜일체(定慧一體), 정혜즉등(定慧卽等)은 이러한 입장에서 선정과 지혜를 파악한 것이다. 불을 떠나 불타오름이 없고, 불타오름을 떠나 불이 없듯이, 선정 없이 지혜 없고, 지혜 없이 선정 없다. 『육조단경(六祖壇經)』에서는 이러한 관점을 다음과 같은 비유로 설명한다.

> 선정과 지혜는 비유하면 무엇과 같은가? 등과 빛의 관계와 같다. 등이 있으면 빛이 있고, 등이 없으면 빛이 없다. 등은 빛의 체(體)이고, 빛은 등의 용(用)이다. 이름은 둘이지만 체(體)는 둘로 나누어지지 않는다. 이 선정과 지혜도 이와 같다.
> 定慧猶如何等 如燈光 有燈卽有光 無燈卽無光 燈是光之體 光是燈之用 名卽有二 體無兩段 此定慧法 亦復如是.[31]

그렇다면 『육조단경』에서는 왜 정혜일체, 정혜즉등을 강조하는 것일까? 전술한 바와 같이 정혜(定慧)를 둘로 보는 것은 실체론에 근거한 것이다. 수행자가 선정을 닦아 지혜를 얻어 성불하게 된다는 생각은 실체론적인 것으로서, 수행자와 그 수행자가 행해야 할 선정과 지혜, 그리고 그 수행을 통해 얻을 결과(菩提)를 별개의 것으로 분리한다. 여기에서 선정과 지혜는 깨달음(菩提)을 얻는 수단으로 간주되며, 이 수단의 선후관계가 문제된다. 선정을 통해 지혜가 나오는가, 지혜를 통해 선정에 들게 되는가? 즉 깨달음이라는 결과는 지혜라는 수단에 의해 성취되는가, 선정이라는 수단에 의해 성취되는가의 문제가 발생한다.

---

31 정성본 역주, 『돈황본 육조단경』(서울: 한국선문화연구원; 2003), p. 90. 필자 역.

『육조단경』은 이러한 논쟁을 어리석은 사람들이 승부심(勝負心)을 끊지 못해 생기는 것으로서 법집(法執)과 아집(我執), 즉 실체론을 떠나지 못한 결과라고 비판한다. 이러한 논쟁은 자아(我)와 세계(法)가 서로 무관하게 분리하여 실재한다는 생각을 가지고 수행하기 때문에 나타난 논쟁이라는 것이다(自悟修行 不在口諍 若諍先後 卽是迷人 不斷勝負 却生我法 不離四相).[32]

실체론과 체용론의 관점을 대립시켜 그 차이를 극명하게 드러낸 것이 『육조단경』에 나오는 신수(神秀)와 혜능의 게송이다. 홍인(弘忍)이 대중에게 각자의 깨달은 경지를 보이라고 이르자, 신수는 다음과 같은 게송을 제시한다.

> 몸은 깨달음을 이루는 나무이고, 마음은 밝은 거울과 같다네.
> 수시로 부지런히 털어내서 때와 먼지가 끼지 않도록 해야 한다네.
> 身是菩提樹 心如明鏡臺 時時勤拂拭 莫使有塵埃.[33]

이것이 실제로 신수가 지은 게송인지는 알 수 없다. 홍인의 제자들 가운데 가장 훌륭한 제자로 인정받던 신수가 이런 게송을 지었으리라고는 생각되지 않는다. 이것은 혜능의 제자들이 혜능을 신수보다 우위에 두려는 의도에서 조작한 것이라고 보는 것이 옳을 것이다. 그러나 이 게송은 단지 신수를 폄하하려는 의도만을 지닌 것이 아니라, 불교에 대한 실체론적인 이해를 표현한 것이다.

---

32 앞의 책, p. 79.
33 위의 책, p. 54. 필자 역.

이 게송에 의하면 불교의 깨달음은 몸을 닦아서 얻어야 할 수행의 결과물이다. 따라서 몸은 깨달음(菩提)의 열매를 맺는 나무와 같은 것이다. 마음은 본래 밝은 거울과 같아서 실상(實相)을 있는 그대로 인식할 수 있다. 그런데 먼지 같은 번뇌가 그것을 방해하고 있다. 그러므로 부지런히 우리의 마음에서 번뇌를 털어내야 한다. 이와 같은 이해에는 몸과 마음, 깨달음과 수행, 인식되는 대상과 인식하는 마음, 번뇌와 깨달음이 각기 별개의 사물로 존재한다.

이러한 실체론(實體論)은 언어를 진실한 것으로 보는 관점이다. 우리는 '비가 내린다.'라는 말을 사용한다. 실체론은 이때 '비'라는 언어에 상응하는 실체가 있다고 본다. 그러나 '비'는 물방울이 떨어져 내릴 때 그 현상을 지칭하는 언어일 뿐, '비'라는 실체가 '내리는 일'을 하고 있는 것은 아니다. 체용론으로 이야기하면, '비'는 '체(體)'이고, '내리는 일'은 '용(用)'이다. 즉 명사적으로 표현하면 '비'이고 동사적으로 표현하면 '내리다'일 뿐, 체와 용은 둘이 아니다. 체용론에서 보면, 언어는 그 언어에 상응하는 실체가 없기 때문에 진실한 것이 아니라 허망한 것이다. 그런데 실체론은 허망한 언어를 진실이라고 생각한다. 그래서 모순된 언어를 내세워 대립한다.

모든 사상적 대립은 언어를 진실이라고 보는 실체론에 의해서 생긴다. 부처님은 이러한 모순 대립을 허망한 언어의 유희, 즉 희론(戱論)이라고 평가한다. 그리고 허망한 언어를 떠나 중도(中道)에서 있는 그대로, 즉 실상(實相)을 보아야 한다고 가르친다. 『잡아함경』(301)에서는 다음과 같이 이야기한다.

세간(世間)은 유(有)와 무(無) 두 가지에 의지한다. 유와 무는 경험한 것(所觸)을 취한 것이다. 경험한 것을 취하기 때문에 유에 의지하거나 무에 의지한다. 만약에 취함이 없다면 마음이 경계에 묶여 경계를 취하지 않고, 경계에 머물지 않고, '자아'를 꾸며내지도 않고, 고(苦)가 생기면 생기는 것에 대하여, 소멸하면 소멸하는 것에 대하여 의혹이 없이 다른 사람을 의지하지 않고 능히 알 수가 있다. 이것을 정견(正見)이라고 하며, 이것이 여래가 시설하는 정견이다. 그 이유는 무엇인가? 세간의 집(集)을 있는 그대로 알고 보면 세간의 무는 있지 않고, 세간의 멸(滅)을 있는 그대로 보고 알고 보면 세간의 유는 있지 않다. 이것을 모순대립(二邊)을 떠나 중도(中道)에서 설한다고 한다.

世間有二種依 若有 若無 爲取所觸 取所觸故 或依有 或依無 若無此取者 心境繫著使不取 不住 不計我 苦生而生 苦滅而滅 於彼不疑不惑 不由於他而自知 是名正見 是名如來所施設正見 所以者何 世間集如實正知見 若世間無者不有 世間滅如實正知見 若世間有者無有 是名離於二邊 說於中道.[34]

중도(中道)는 언어에 의해 야기된 모든 모순 대립을 떠난 입장이다. 즉 언어도단(言語道斷)이 중도다. 선가(禪家)에서 이야기하는 불립문자(不立文字)는 바로 이러한 언어도단의 중도를 의미한다. 부처님께서 당시의 사상적 대립에 대하여 침묵한 것은 이러한 중도를 드러낸 것이다. 영혼은 존재하는가, 존재하지 않는가? 사후의 세계가 있는가, 없는가? 여래는 열반한 후에도 존재하는가, 존재하지 않는가? 이런 의문들은 모두가 언어를 실체시하여 나타난 모순대립, 즉 유(有)와 무

34 대정장 2, p. 85c.

(無) 2변(二邊)에 의지하여 나타난 허망한 말장난이다. 반야는 이러한 말장난을 쉬고, 허망한 개념화 작용을 그치게 한다. 이러한 반야가 곧 중도다. 부처님께서는 이러한 중도에서 우리에게 연기법이라고 하는 진실을 가르쳤다.

체용론(體用論)에 토대를 둔 정혜일체(定慧一體), 정혜즉등(定慧卽等)의 관점에서 보면, 수행자와 선정과 지혜는 분리되지 않는다. 선정과 지혜를 닦을 때 그를 수행자라고 부른다(有業報). 그러나 선정과 지혜를 수행하는 행위자로서의 수행자는 없다(無作者). 신수(神秀)의 게송을 반박하는 혜능의 게송은 이것을 드러낸 것이다.

> 깨달음은 본래 나무에서 열리는 열매 같은 것이 아니라네.
> 사물을 인식하는 마음도 거울처럼 있는 것이 아니라네.
> 불성(佛性)은 항상 청정하거늘(본래 한 물건도 없는데)[35]
> 어느 곳에 때와 먼지가 있다는 말인가?
> 菩提本無樹 明鏡亦無臺
> 佛性常淸淨(本來無一物) 何處有塵埃(何處惹塵埃)[36]

언어를 실체시하는 실체론(實體論)을 벗어나서, 언어가 지시하는 실체는 단 하나도 없다는 본래무일물(本來無一物), 즉 무아(無我)를 깨달아 살아갈 것을 강조한 것이 혜능의 체용론이며 정혜일체(定慧一體), 정혜즉등(定慧卽等)이다. 돈황본에는 불성상청정(佛性常淸淨)으로 되어

35 여타의 유통본(流通本)에는 '佛性常淸淨'이 '本來無一物'로 '何處有塵埃'는 '何處惹塵埃'로 되어 있다.

36 정성본 역주, 『돈황본 육조단경』(서울: 한국선문화연구원; 2003), p. 54. 필자 역.

있지만, 여타의 유통분(流通分)에는 본래무일물로 되어 있다. 그러나 본래무일물과 불성상청정은 의미가 다르지 않다. 본래무일물은 모든 존재현상의 공성(空性)을 이야기한 것이고, 그 공성을 불성(佛性)이라고 부르기 때문에, 불성상청정은 공성에 언어적 분별에 의한 망상이 붙을 수 없음을 이야기한 것이다. 따라서 본래무일물이기 때문에 때와 먼지가 낄 수 없다는 말과 불성상청정하므로 때와 먼지가 있을 수 없다는 말은 같은 의미이다.

혜능이 이야기하는 선정은 언어적 분별을 떠난 공성, 즉 불성에 마음이 머무는 것을 의미하고, 지혜는 언어적 분별을 떠나 모든 사물의 공성을 통찰하는 것을 의미한다. 이것이 혜능이 말하는 정혜일체, 정혜즉등의 돈법(頓法), 즉 돈오돈수다.

> 선지식아, 법(法)은 돈법(頓法)과 점법(漸法)이 없으나 사람은 영리할 때와 우둔할 때가 있어서, 미혹할 때는 점진적으로 노력하여 계합(契合)해 가지만, 깨달은 사람은 돈수(頓修)한다.
>
> 善知識 法無頓漸 人有利鈍 迷卽漸勤(契) 悟人頓修.[37]

부처님의 가르침(法)은 공성을 이야기한 것이기 때문에 돈오(頓悟)해야 할 대상(頓法)도 없고, 점진적인 수행을 통해 깨달아야 할 대상(漸法)도 없다. 그렇지만 미혹한 상태에서 모든 존재현상이 공성이라는 사실을 깨닫기 위해서는 점진적인 이해의 과정을 거치지 않을 수 없다. 그러나 공성을 깨닫는 데는 시간이 걸리는 것이 아니다. 모든 존

37 앞의 책, p. 95. 필자 역.

재현상이 공성이라는 사실의 깨달음은 돈오일 수밖에 없다. 그리고 돈오하면, 즉 모든 존재현상이 공성이고, 나의 참모습이 업보일 뿐 자아는 없다는 것을 깨달으면, 그 깨달음에 따라서 무아(無我)의 삶을 살 수밖에 없다. 이것을 돈수(頓修)라고 한다.

돈수는 깨달은 사람의 삶이다. 무아를 깨달은 사람은 아상 없이 살아간다. 이와 같은 무아와 공의 깨달음은 모름지기 실천하는 것이지 개념적으로 사유하는(口念) 것이 아니다.

> 이 법은 모름지기 실천하는 것일 뿐, 개념적으로 사유하는(口念) 데 있지 않다. 개념적으로 사유만 하고 실천하지 않으면 허깨비나 요술 같지만, 수행하는 자는 법신(法身)과 부처와 같다.
> 此法須行 不在口念 口念不行 如幻如化 修行者 法身與佛等也.[38]

법신과 부처는 수행을 통해서 얻는 결과가 아니라 무아의 삶, 즉 아상 없이 수행하는 사람을 의미한다. 아상 없이 수행하는 사람이 곧 법신이고 부처인 것이다. 돈수는 이와 같이 삶과 사람이 분리되지 않는다는 것을 깨닫고 살아가는 삶을 의미한다. 삶과 사람은 본래 분리되지 않는다. 이러한 사실 자체에 돈오(頓悟)할 내용이나 점수(漸修)할 내용은 없다. 그러나 그 사실을 알지 못할 때는 그것을 알기 위해 점진적인 과정(漸修)을 밟을 수밖에 없다. 하지만 그 사실을 깨달았다면 삶과 사람이 분리되지 않는 깨달은 삶을 살면(頓修) 그만이다. 이러한 삶, 즉 정혜일체(定慧一體), 정혜즉등(定慧卽等)으로 살아가는 삶이 돈수

---

38 앞의 책, p. 151. 필자 역.

(頓修)다.

『육조단경』에서 강조하는 것은, 개념화에 의한 말장난을 그치고, 연기하는 실상을 깨달아 살아가는 돈수의 삶이다.

미혹한 사람은 개념적으로 사유(口念)하고 지혜로운 사람은 마음으로 통찰(心行)한다. 개념적으로 사유할 때 망념(妄念)이 있나니, 망념이 있으면 진실로 있는 것이 아니다. 개념적으로 사유를 할 때마다 성찰한다면, 이것을 진실로 있다(眞有)고 하는 것이다. 이 법을 깨닫는 것이 반야법을 깨닫는 것이고, 반야행을 닦는 것이다. 닦지 않으면 범부이고, 일념으로 수행하면 법신과 같은 부처다.
선지식아, 번뇌(煩惱)가 곧 보리(菩提)이니 이전에 언어적인 개념에 미혹하여 살아갈 때는 범부지만, 이후에 언어적 개념을 깨닫고 살아가면 곧 부처다.
선지식아, 마하반야바라밀이 가장 중요하고, 최상이고 제일이다. 머묾도 없고, 감도 없고, 옴도 없다. 삼세의 모든 부처님들은 이 가운데서 나오셨다. 큰 지혜로 저 언덕에 가고자 한다면, 5온이라고 하는 번뇌를 타파하는 것이 가장 중요하고, 최상이고, 제일이다. 최상승법(最上乘法)을 찬탄하고 수행하면 반드시 성불하여 오고 가고 머묾이 없나니, 이것이 선정(禪定)과 지혜(智慧)가 함께 하여 일체법(一切法)에 물들지 않는 것이다. 삼세의 모든 부처님들은 이 가운데서 나오시어 삼독(三毒) 가운데서 그것을 변화하여 계정혜(戒定慧)로 만든다.
迷人口念 智者心行 當念時有妄 有妄卽非眞有 念念若行 是名眞有 悟此法者 悟般若法 修般若行 不修卽凡 一念修行 法身等佛 善知識 卽煩惱是菩提 前念迷卽凡 後念悟卽佛 善知識 摩訶般若波羅蜜 最尊最上第一 無住無去無來 三世諸佛從中出 將大智慧到彼岸 打破

五陰煩惱塵勞 最尊最上第一 讚最上乘修行 定成佛 無去無住無往來 是定慧等 不染一切法 三世諸佛從中出 變三毒爲戒定慧.[39]

여기에서 구념(口念)이란 언어에 의한 개념적 사유를 의미하고, 심행(心行)은 무아(無我)와 공의 실상, 즉 진실을 여실하게 통찰하는 반야행(般若行)을 의미한다. 우리는 개념적으로 언어를 사용하여 인식하고 사유하며 살아간다. 그러나 언어적인 개념을 가지고 인식할 때, 그 개념에 상응하는 외부의 존재는 참으로 있는 것이 아니다. 그렇다고 해서 언어적인 개념을 사용하지 않고 살아갈 수는 없다.

그렇기 때문에 언어적인 개념을 사용할 때마다 그 언어가 지시하는 대상을 통찰해야 한다. 이렇게 통찰하면 언어가 지시하는 대상이 무아이고 공임을 깨닫게 된다. 이렇게 깨달은 무아와 공이 참으로 있는 것이다. 이것을 깨닫는 것이 반야법을 깨닫는 것이고, 반야행을 닦는 것이다. 중생과 부처의 차이는 반야행을 닦는가, 닦지 않는가에 있다. 닦으면 부처이고 닦지 않으면 중생일 뿐, 중생이 반야행을 닦고 나서, 그 후에 부처가 되는 것이 아니다. 언어적인 개념으로 살아가는 삶 속에서 반야로 통찰하지 않으면 번뇌가 일어나고, 반야로 통찰하면 언어적 개념에 상응하는 실체가 없다는 깨달음(菩提)이 생긴다. 따라서 반야로 통찰하느냐, 통찰하지 않느냐의 차이가 있을 뿐, 번뇌를 떠나서 보리(菩提)가 따로 있는 것이 아니다.

이와 같은 반야행은 무상(無相), 무념(無念), 무주(無住)의 선정에서 행해진다. 즉 반야는 선정과 일체(一體)로서 항상 함께(卽等) 한다. 이

39 앞의 책, pp. 158~159. 필자 역.

것이 혜능이 말하는 돈오돈수(頓悟頓修)다. 정혜일체(定慧一體), 정혜즉등(定慧卽等)의 반야행은 오염된 세간(煩惱)을 떠나는 것이 아니라, 그곳에 있으면서 물들지 않는 것(菩提)이며, 바로 그 오염된 것(貪瞋癡 三毒) 속에서 청정한 것(戒定慧 三學)을 만드는 삶이다. 3독(三毒)이 곧 3학이며, 번뇌가 곧 보리이기 때문에, 깨닫고 실천할 뿐 점차로 수행하여 얻을 것이 없다. 그래서 돈법(頓法)이라고 부른다.

이것이 부처님의 바른 가르침(正法)이다. 그런데 **아비달마**불교에서는 연기설을 분석적으로 개념화하고 이론화하여 고도의 정교성과 복잡성을 갖춘 이론을 만들었다. 난해하고 정교하고 복잡한 언어와 논리를 지닌 **아비달마**의 교리는 전체적으로 연기설에 대한 후대의 견해들에 영향을 끼쳤다. 그리고 그것이 발전하는 가운데 부처님의 가르침을 왜곡했다.

초기경전들은 현상들의 무상(無常)과 상호작용은 강조했지만, 현상들의 존재론적 본질을 분석하려고 하지는 않았다. **아비달마** 학자들은 상호작용하고 있는 요소들, 즉 제법(諸法, dharmas)의 고유한 특성을 확정하려고 시도했다. **아비달마** 학자들이 생각한 **달마**(法)는 경험의 심리-물리적 구성단위, 즉 기계의 부속품처럼 분해될 수 있는 세속적 실재의 근본 요소를 의미한다. 그래서 **달마**(法)들은 구별되고, 나열되고, 분류되었으며, 그것들의 성질과 수와 지속성에 대한 정교한 이론들이 수립되었다. 그 이론들은 **달마**를 분리된 실체로, 즉 '궁극적으로 실재하는 실체'로 실체화했다.[40]

40 조애너 메이시, 『불교와 일반시스템이론』, 이중표 역(서울: 불교시대사; 2004), p. 111.

또 하나 **아비달마**가 변형시킨 것은 열반(nibbāna)과 허공(akaśa)이라고 하는 조건이 없이 존재하는 실재, 즉 무위법(無爲法)이 존재한다는 가정이다. 이것은 무위(無爲; asaṇkhata)라고 하는 용어의 사용에 변화가 나타났음을 의미한다. 초기경전에서 유위(有爲; saṇkhata)는 '결합되어 만들어진', '복합된', '조작된'을 의미한다. 그 말은 '조건에 의한'이라는 의미가 아니므로, 그 반대말인 '열반'에 적용되는 무위도 '조건에 의하지 않는'을 의미하는 것이 아니라 '조작되지 않은'을 의미한다. 실로 초기경전에서 조건에 의하지 않는 것, 즉 연기법의 영역에서 벗어나 있는 것으로 간주되는 것은 아무것도 없다. 해탈도 초기경전에서 인과율에서 벗어난 것으로 이야기되지 않는다. 그것은 오히려 인과율을 사용해서, 즉 조건성에 의거해서 성취된다.[41]

이러한 무위법의 의미의 변화는 실체론적 견해로의 변천의 관점에서 이해될 수 있는데, 거기에서 열반은 인과의 영역에서 완전히 벗어난 것일 수밖에 없다고 생각되었으며, 또한 조건이 없는 것으로 가정되었다. 이러한 움직임은 열반을 형이상학적 절대자와 동등시하려고 하는 해석을 부추겼다. 그것은 또한 구원을 우리가 살고 있는 현실 세계와는 다른 차원으로 옮겨놓는 결과를 가져왔다.[42]

반야부 경전들은 이러한 **아비달마**의 왜곡을 시정하기 위해 출현한다. 『금강경』 **제7 무득무설분**(無得無說分)에서는 다음과 같이 이야기한다.

---

41 앞의 책, p. 113.

42 위의 책, p. 114.

"수보리여, 어떻게 생각하나요. 여래가 체험하여 깨달은 '아뇩다라삼먁삼보리(無上正等正覺)'라는 어떤 법이 있고, 여래가 가르친 어떤 법이 있을까요?"

수보리가 말씀드렸습니다.

"제가 부처님께서 말씀하신 의미를 이해한 바로는 여래가 체험하여 깨달으신 '아뇩다라삼먁삼보리'라는 어떤 법도 없고, 여래가 가르치신 어떤 법도 없습니다. 왜냐하면, 여래가 체험하여 깨달아 가르치신 법은 (개념으로) 파악할 수 없고, 표현할 수 없으며, 그것은 법도 아니고 비법(非法)도 아니기 때문입니다. 그 까닭은 무엇인가? 성인(聖人)은 무위(無爲)에서 출현하기 때문입니다."

이와 같이 『금강경』은 **아비달마**불교에 의해 실체화되고 왜곡된 불교를 바로잡기 위한 것이었다. **아비달마**불교에서는 열반을 현실과 별개의 것으로 보고, 생사(生死)와 열반을 구분하였다. 생사의 세계와 열반의 세계는 전혀 다른 차원의 세계라고 본 것이다. 따라서 생사는 버려야 할 그 무엇이고, 열반은 구하여 얻어야 할 그 무엇이며, 아라한은 생사를 버리고 열반을 얻은 자였다. 『금강경』은 이러한 생사와 열반의 실체론적 구분을 강하게 비판하며, 이러한 입장은 그대로 중관사상(中觀思想)에 반영된다. 용수는 『중론』에서 다음과 같이 말한다.

Tathāgato yat svabhāvas tat svabhāvam idaṃ jagat

Tathāgato niḥsvabhāvo niḥsvabhāvam idaṃ jagat

如來所有性 卽是世間性 如來無有性 世間亦無性

여래(如來)의 자성(自性)이 중생(衆生)의 자성이다.

여래는 자성이 없으므로 중생도 자성이 없다.

〈『중론(中論)』 제22 「관여래품(觀如來品)」 16게〉

na saṃsārasya nirvāṇāt kiṃcid asti viśeṣaṇaṃ

na nirvāṇasya saṃsārāt kiṃcid asti viśeṣaṇaṃ

涅槃與世間 無有少分別 世間與涅槃 亦無少分別

열반은 윤회와 어떤 차이도 없다.

윤회는 열반과 어떤 차이도 없다.

〈『중론(中論)』 제25 「관열반품(觀涅槃品)」 19게〉

불교의 수행은 생사(生死)의 세계를 떠나 열반의 세계를 구하는 것이 아니다. 진실을 바로 보지 못하고 살아가면 그것이 생사이고, 진실을 바로 보고 살아가면 그것이 열반이다. 번뇌(煩惱)가 곧 보리(菩提)임을 강조하는 육조 혜능의 돈법(頓法)은 이러한 반야, 중관사상의 취지를 그대로 잇고 있다. 육조 혜능도 자신의 가르침이 『금강경』의 가르침이라는 것을 밝히고 있다.

선지식아, 심오한 법계(法界)에 깨쳐 들어가 반야삼매(般若三昧)에 들어가고자 한다면, 모름지기 반야바라밀행을 닦아야 한다. 금강반야바라밀경 한 권만 지니면 곧 견성하여 반야삼매에 들어갈 수 있다.

善知識 若欲入甚深法界 入般若三昧者 直須修般若波羅蜜行 但持金剛般若波羅蜜經一卷 卽得見性 入般若三昧.[43]

43 정성본 역주, 『돈황본 육조단경』(서울: 한국선문화연구원; 2003), p. 166. 필자 역.

이상에서 살펴본 바와 같이 육조 혜능은 불교의 핵심을 『금강경』의 반야사상으로 파악하고, 그것을 수행의 근본으로 삼고 있다. 이러한 육조 혜능의 돈법(頓法)은 교외별전(教外別傳)으로 전해진 이심전심(以心傳心)의 비전(秘傳)이 아니라, 초기의 근본경전과 반야경, 그리고 『중론(中論)』의 가르침을 충실하게 계승하고 있다. 선가(禪家)에서 이야기하는 불립문자(不立文字)는 불경(佛經)을 무시해도 된다는 말이 아니라 언어적인 관념체계에 빠져들지 말라는 의미이며, 직지인심(直指人心) 견성성불(見性成佛)은 우리의 마음이 염념상속(念念相續)하여 무주(無住)이므로 자아 없는 마음의 실상을 보고 무념(無念) 무상(無相)으로 살아가는 것이 곧 성불이며 부처임을 이야기한 것이다.

따라서 불립문자 교외별전을 주장하면서 직지인심 견성성불의 가풍을 내세워 간경(看經)이나 여타의 수행을 무시하고 수치로 여기는 것은 결코 육조 혜능의 가르침이 아니다. 돈오돈수(頓悟頓修)는 깨치면 할 일 없이 되는 수행의 끝이 아니다. 깨친 사람은 깨친 삶을 살게 된다는 것이 돈수의 의미이며, 번뇌와 보리는 둘이 아니기 때문에 번뇌를 없앤 후에 그와는 다른 깨달음을 얻는 것이 아니라는 것이 돈오의 의미이다. 다시 말해서 번뇌하는 마음이 사라진 후에 깨달은 마음(菩提)이 생기는 것이 아니라, 번뇌의 마음과 보리의 마음이 한 몸(一體)이며, 이것이 혜능이 이야기하는 '우리가 본래부터 구족하고 있는 보리 반야의 지혜'이다. 그리고 이것을 깨닫는 것이 육조 혜능의 정혜일체(定慧一體), 정혜즉등(定慧卽等)을 근본으로 하는 돈오돈수다.

대승정종분(大乘正宗分)의 **"중생계에 속하는 모든 부류의 중생들을 내가 모두 무여열반에 들도록 하겠다. 하지만 이와 같이 헤아릴 수 없**

는 중생들을 무여열반에 들게 하여도, 사실은 어떤 중생도 무여열반에 들어간 중생은 없다. 왜냐하면, 수보리여, 아상·인상·중생상·수자상이 생긴 사람은 보살이라고 불릴 수 없기 때문이다."라는 말씀 속에 혜능이 이야기하는 돈법(頓法)이 함축되어 있다.

무아를 깨달아 아상을 없앤 보살은, 아상을 버리지 못하고 생사 윤회의 고통 속에서 살아가는 중생들을 외면하지 않고, '중생들이 모두 아상을 버리고 열반을 성취하도록 하겠다.'는 원을 세워야 한다. 그래서 많은 중생들이 아상을 버리고 열반을 성취하지만, 실제로 열반에 들어간 중생은 없다. 왜냐하면, 실제로 생사를 겪고 있는 중생도 없고, 얻어야 할 열반도 없기 때문이다. 생사와 열반은 아상 때문에 시설된 방편일 뿐이다. 따라서 아상을 버린 사람은 '내가 어떤 중생을 생사에서 벗어나 열반으로 들어가게 했다.'라고 생각할 수가 없다.

직지인심(直指人心)이란 우리의 마음〔人心〕이 무상(無常)하게 연기하고 있다는 것을 곧바로 통찰하는 것을 의미하고, 견성성불(見性成佛)이란 마음의 본성이 공이며 무아라는 사실을 깨달아 부처의 삶을 이루는 것을 의미한다. 그리고 부처의 삶은 아상이 모든 괴로움의 뿌리라는 것을 가르쳐 중생으로 하여금 아상을 버리게 하는 것이다. 이것이 전법도생(傳法度生)이다. 이러한 직지인심, 견성성불, 전법도생은 점차(漸次)의 순서 없이 동시에 이루어진다는 것이 육조 혜능의 돈법(頓法)이다.

이와 같이 대승정종분에는 『금강경』을 소의경전으로 하여 육조 혜능의 돈법을 계승한 조계종의 종지가 함축되어 있다. 우리가 자아로 취하고 있는 5온에 자아라고 할 만한 것이 없다는 것을 반야로 통찰하는 것이 직지인심이고, 아상·인상·중생상·수자상이 없어진 것이 견성이다. 일체중생들로 하여금 아상을 버리고 열반에 들게 하는 것이 부처의 삶을 이루는 성불이며, 본래 생사가 없기 때문에 실로 열반에 들어갈 중생도 없고, 중생이 들어갈 열반의 세계도 없다는 진리를 전하는 것이 전법도생이다. 직지인심, 견성성불, 전법도생에 선후의 순서가 있는 것이 아니다. 먼저 직지인심하여 견성성불한 후에 전법도생하는 것이 아니라, 직지인심하면 전법도생하지 않을 수 없고, 전법도생하는 삶이 곧 성불한 사람의 삶이다. 이것이 육조 혜능의 돈오돈수(頓悟頓修)이다.

제2장

보살의 길

1. 다툼이 없는 보살의 길

제4 묘행무주분(妙行無住分)

Api tu khalu punaḥ Subhūte bodhisattvena na vastupratiṣṭhitena dānaṃ dātavyam, na kvacit pratiṣṭhitena dānaṃ dātavyam, na rūpa-pratiṣṭhitena dānaṃ dātavyam, na śabda-gandha-rasa-spraṣṭavya-dharmeṣu pratiṣṭhitena dānaṃ dātavyam. evaṃ hi Subhūte bodhisattvena mahāsattvena dānaṃ dātavyam yathā na nimitta-saṃjñāyām api pratitiṣṭhet. tat kasya hetoḥ? yaḥ Subhūte 'pratiṣṭhito dānaṃ dadāti, tasya Subhūte puṇya-skandhasya na sukaraṃ pramāṇam udgrahītum. tat kiṃ manyase Subhūte sukaraṃ pūrvasyāṃ diśy ākāśasya pramāṇam udgrahītum?

Subhūtir āha: no hīdaṃ Bhagavān.

Bhagavān āha: evaṃ dakṣiṇa-paścima-uttara-āsvadha-ūrdhvaṃ digvidikṣu samantād daśasu dikṣu sukaram ākāśasya pramāṇam

udgrahītum?
Subhūtir āha: no hīdaṃ Bhagavān
Bhagavān āha: evam eva Subhūte yo bodhisattvo 'pratiṣṭhito dānaṃ dadāti, tasya Subhūte puṇya-skandhasya na sukaraṃ pramāṇam udgrahītum. evaṃ hi Subhūte bodhisattva-yāna-samprasthitena dānam dātavyaṃ yathā na nimitta-saṃjñāyām api pratitiṣṭhet.

復次 須菩提 菩薩於法 應無所住 行於布施 所謂不住色布施 不住聲香味觸法布施 須菩提 菩薩應如是布施 不住於相 何以故 若菩薩不住相布施 其福德不可思量 須菩提 於意云何 東方虛空可思量不 不也 世尊 須菩提 南西北方四維上下虛空可思量不 不也 世尊 須菩提 菩薩無住相布施 福德亦復如是不可思量 須菩提 菩薩但應如所教住

"수보리여, 그러므로 이제 보살은 지각대상(法)에 머물러 보시를 행해서는 안 됩니다. 형상(色)에 머물러 보시를 행해서는 안 되며, 소리(聲), 냄새(香), 맛(味), 촉감(觸), 지각대상(法)에 머물러 보시를 행해서는 안 됩니다. 수보리여, 보살은 실로 이와 같이 모습에 대한 관념에 머물지 않는 보시를 행해야 합니다. 왜냐하면, 머물지 않고 보시를 행하는 사람은 그 복덩어리(福德; puṇyaskandha)가 헤아릴 수 없기 때문입니다. 수보리여, 그대는 어떻게 생각하나요. 동방(東方)의 허공을 헤아릴 수 있을까요?"
"헤아릴 수 없습니다. 세존이시여!"
"수보리여, 남방(南方), 서방(西方), 북방(北方), 사유(四維), 상하(上下)의 허공을 헤아릴 수 있을까요?"
"헤아릴 수 없습니다. 세존이시여!"

"수보리여, 머물지 않고 보시를 행하는 보살의 복덩어리도 이와 같이 헤아릴 수가 없답니다. 수보리여, 보살승으로 함께 나아가는 사람은 실로 이와 같이 모습에 대한 관념에 머물지 않는 보시를 행해야 합니다."

부주어상(不住於相)의 '상(相)'은 『금강경』에서 매우 중요한 개념이다. 구마라집 삼장은 부주어상의 '상'과 아상(我相), 인상(人相), 중생상(衆生相), 수자상(壽者相)의 상을 구별하지 않고 같은 말로 번역했는데, 범본(梵本)에 의하면 4상(四相)의 '상(相)'은 **'saṃjñā'**이고, 부주어상의 '상'은 **'nimitta-saṃjñā'**이다. 현장(玄奘) 삼장은 이것을 구별하여 4상(四相)의 '상(相)'은 '상(想)'으로 부주어상의 '상(相)'은 '상상(相想)'으로 번역했다.

그리고 "**bodhisattvayāna-samprasthitena dānaṃ dātavyaṃ yathā na nimittasaṃjñāyām api pratitiṣṭtet(보살승으로 함께 나아가는 사람은 실로 이와 같이 모습에 대한 관념에 머물지 않는 보시를 행해야 한다).**"를 구마라집 삼장은 **'菩薩但應如所教住'**로 번역하고, 현장 삼장은 **'菩薩如是如不住相想應行布施'**로 번역함으로써 **'보살승으로 함께 나아가는 자'**의 의미를 생략하고 있다. 보살은 보살승으로 함께 나아가는 사람이기 때문에 두 분의 번역이 잘못된 것은 아니지만, 나는 여기에서 '보살'보다는 **'함께 나아가는'**을 강조하고 싶다. 왜냐하면, 『금강경』은 이론을 만들어 논쟁하면서 여러 부파로 분열한 **아비달마**불교를 향해서 분열하지 말고 **'보살의 길로 함께 나아갈 것'**을 주장하는 경이기 때문이다.

제4 묘행무주분(妙行無住分)은 **제3 대승정종분(大乘正宗分)**에서 밝힌

『금강경』의 취지를 구체적으로 실현하는 법을 이야기한 것이다. 우리가 일체중생을 제도(濟度)해야 한다고 말하지만, 구체적으로 어떻게 하는 것이 일체중생을 제도하는 것인가에 대해서는 알지 못한다. 대승불교에서 일체중생을 제도하기 위한 수행은 6바라밀(六波羅蜜)이다. 이전에 말했듯이, 보살은 6바라밀을 실천하여 일체중생을 제도할 때, 수많은 중생들이 열반에 들어도 실로 열반에 든 중생은 없다고 생각해야 한다. 이런 실천은 구체적으로 어떻게 하는 것일까? **묘행무주분**은 이 물음에 대한 답이다. 여기에서는 보시(布施)만 언급되고 있지만, 보시는 6바라밀을 대표하고 있다. 보살의 길로 함께 나아가서 부처님 세상을 이루기 위해서 우리가 함께 해야 할 일은 '모습에 대한 관념(相想; nimitta-saṃjñā)'에 머물지 않고 6바라밀을 행해야 한다는 것이 묘행무주분에서 제시한 답이다.

보살의 길로 함께 나아가는 사람들은 왜 '모습에 대한 관념'에 머물지 않고 6바라밀을 행해야 하는가? 그 까닭은 모습에 대한 관념에 머물면 다투고 분열하게 되기 때문이다. '모습에 대한 관념'이 어떤 것이기에, 그리고 그것에 머문다는 것은 어떤 것이기에 모습에 대한 관념에 머물면 다투고 분열하게 될까?

먼저 '모습에 대한 관념'에 대하여 살펴보기로 하자. 우리는 모든 논쟁과 다툼이 희론(戱論)에서 비롯된다는 것을 『맛지마 니까야』 18. 「꿀 덩어리 경(Madhupiṇḍika-sutta)」을 통해서 살펴본 바 있다. 여기에서 이 경을 좀 더 자세히 살펴보기로 하자.

단다빠니 싹까는 세존과 정중하게 인사를 하고, 공손한 인사말을 나눈 후에 지팡이를 짚고 한쪽에 서서 세존께 여쭈었습니다.

"사문(沙門)은 어떤 가르침을 이야기하고, 무엇을 선언합니까?"

"존자여, 나는 천신(天神)과 마라(Māra)와 브라만(梵天; Brahman)을 포함하는 세간(世間)과 사문과 바라문과 왕과 사람들을 포함하는 인간 가운데서 누구와도 다투지 않고 세간에 머무는 가르침을 이야기하며, '감각적 욕망에서 벗어나 살아가는, 의혹이 없고, 회한이 없고, 유(有)와 무(無)를 갈망하는 마음(愛)이 없는 바라문에게는 관념(想; saññā)들이 잠재하지 않는다.'라고 선언한다오. 존자여, 나는 이와 같은 가르침을 이야기하고, 이와 같이 선언한다오."

이렇게 말씀하시자, 단다빠니 싹까는 머리를 가로젓고 혀를 차면서, 이맛살을 찌푸리고 눈을 찡그리며 지팡이를 짚고 떠나갔습니다.

세존께서는 저녁에 좌선에서 일어나 니그로다 승원(僧園)으로 가서 마련된 자리에 앉으셨습니다. 자리에 앉으신 후에 세존께서 비구들에게 단다빠니 싹까를 만난 이야기를 하셨습니다.

그러자 어떤 비구가 세존께 말씀드렸습니다.

"세존이시여, 세존께서는 어떻게 천신과 마라와 브라만을 포함하는 세간과 사문과 바라문과 왕과 사람들을 포함하는 인간에서 누구와도 다투지 않고 세간에 머무는 가르침을 이야기하십니까? 세존이시여, 그리고 어찌하여 감각적 욕망에서 벗어나 살아가는 의혹이 없고, 회한이 없고, 유와 무를 갈망하는 마음이 없는 바라문으로서, 세존에게는 관념들이 잠재하지 않는다고 하십니까?"

"비구여, 그 까닭은 사람에 대한 관념적인 이론(戱論; papañca)과 관념과 명칭(名稱; saṅkhā)이 통용될 때, 만약 여기에서 좋아하거나, 주장하거나, 고집하지 않으면, 이것이 무의식적인 탐욕(貪睡眠; rāgānusaya)의 끝이며, 무의식적인 분노(瞋睡眠; paṭighānusaya)의 끝이며, 무의식적인 사견(見睡眠; diṭṭhānusaya)의 끝이며, 무의식적인 의심(疑睡眠; vicikicchānusaya)의 끝이며, 무의식적인 교만(慢睡眠; mānānusaya)의 끝이며, 존재에 대한 무의식적인 탐욕(有貪睡眠; bhavarāgānusaya)의 끝이며, 무의식적인 무명(無明睡眠; avijjānusaya)의 끝이며, 몽둥이를 들고, 칼을 들고, 싸우고, 다투고, 논쟁하고, 언쟁하고, 험담하고, 거짓말하는 일의 끝이며, 여기에서 이들 사악하고 불선(不善)한 법들이 남김없이 사라지기 때문이다."

세존께서는 이렇게 말씀하셨습니다. 선서(善逝)께서는 이렇게 말씀하시고 자리에서 일어나 거처로 들어가셨습니다. 세존께서 떠나시자 곧바로 비구들은 이런 이야기를 했습니다.

"존자들이여, 세존께서는 간략하게 가르침을 주시고, 자세하게 의미를 설명해 주지 않고 자리에서 일어나 거처로 들어가셨습니다. 누가 세존께서 간략하게 말씀하신 이 가르침의 자세한 의미를 설명해 줄 수 있을까요?"

그때 비구들은 이런 이야기를 했습니다.

"마하깟짜나(Mahākaccāna) 존자는 스승님의 칭찬을 받으며, 현명한 도반들의 존경을 받습니다. 마하깟짜나 존자는 세존께서 간략하게 말씀하신 이 가르침의 자세한 의미를 설명해 줄 수 있을 것입니다. 우리는 마하깟짜나 존자를 찾아가서 마하깟짜나 존자에게 그 의미를 묻는 것이 좋겠습니다."

그 비구들은 마하깟짜나 존자를 찾아가서 마하깟짜나 존자와 정중하게 인사를 하고, 공손한 인사말을 나눈 후에 한쪽에 앉았습니다. 한쪽에 앉은 그 비구들은 마하깟짜나 존자에게 그를 찾아온 사연을 이야기하고, 자세한 의미를 설명해 주기를 청했습니다.

〈중략〉

"그렇다면, 존자들이여, 잘 듣고, 깊이 생각해 보시오. 제가 이야기하겠습니다."

그 비구들은 "존자여, 그렇게 하겠습니다."라고 마하깟짜나 존자에게 대답했습니다.

마하깟짜나 존자께서는 다음과 같이 말씀하셨습니다.

"존자들이여, 세존께서 간단하게 하신 말씀의 의미를 나는 이와 같이 자세하게 이해하고 있습니다. 존자들이여, **시각활동(眼)과 보이는 형색(色)들을 의지하여 시각(視覺)으로 분별하는 마음(眼識)이 생깁니다. 셋의 만남이 경험(觸)입니다. 경험(觸)을 의지하여 느낌(受)이 있으며, 느낀 것을 개념화하고**(yaṃ vedeti taṃ sañjānāti)**, 개념화한 것을 논리적으로 사유(思惟)하고**(yaṃ sañjānāti taṃ vitakketi'), **논리적으로 사유한 것으로 관념적인 이론(戱論)을 만들며**(yaṃ vitakketi taṃ papañceti), **관념적인 이론을 만들기 때문에 과거·미래·현재의 시각활동(眼)으로 분별하는 형색(色)들에서 사람에 대한 관념적인 이론과 관념(想)과 명칭(名稱)이 통용됩니다.** 청각활동(耳), 후각활동(鼻), 미각활동(舌), 촉각활동(身), 마음활동(意)도 마찬가지입니다."[44]

이 경은 지각활동에 따른 지각대상에 대하여 관념적인 이론(戱論; **papañca**)과 관념(想; **sañña**)과 명칭(名稱; **saṅkhā**)이 통용될 때 논쟁이 있다는 것을 이야기하고 있다. 지각활동을 통해 지각되는 대상을 의지하여 분별하는 마음(識)이 생기고, 분별하는 마음으로 대상을 지각하는 것이 중생들의 경험인데, 이 경험을 의지하여 고락의 감정이 발생하며, 그 감정에 의해 느껴진 대상을 개념화하여 관념을 만든다. 이렇게

44 이중표 역해, 『정선 맛지마 니까야 (상)』(광주: 전남대학교출판부; 2016), pp. 133-140.

형성된 관념(想)으로 희론(戱論)을 만들고, 대상에 명칭을 붙여서 세상 사람들이 그 명칭을 사용하여 각자의 희론을 고집하기 때문에 세상에 논쟁과 분쟁이 있다는 것이다.

'모습에 대한 관념(nimitta-saṃjñā)'은 '지각대상에 대한 관념'을 의미한다. 우리는 눈으로 대상을 지각하면 그 대상의 모습을 관념으로 인식한다. 이것이 '모습에 대한 관념'에 머무는 것이다. '모습에 대한 관념'에 머물지 않고 보시를 행하라는 것은 지각의 대상을 관념으로 인식하면서 보시를 행하지 말라는 것이다. 그렇다면 어떻게 하는 것이 지각 대상을 관념으로 인식하지 않는 것인가? 그 답이 『맛지마 니까야』 **152.「지각수행경(知覺修行經; Indriyabhāvā-sutta)」**에 있다.

이와 같이 나는 들었습니다.

한때 세존께서는 **까장갈라**(Kajaṅgala)의 **무켈루와나**(Mukheluvana)에 머무시었습니다. 어느 날 **빠라싸리야**(Pārāsariya)의 제자인 바라문 청년 **웃따라**(Uttara)가 세존을 찾아왔습니다. 그는 세존과 함께 정중하게 인사를 하고, 공손한 인사말을 나눈 후에 한쪽에 앉았습니다. 한쪽에 앉은 빠라싸리야의 제자인 바라문 청년 웃따라에게 세존께서 말씀하셨습니다.

"웃따라여, 빠라싸리야 바라문은 제자들에게 지각수행(知覺修行; indriyabhāvanā)을 가르치는가?"

"고따마 존자여, 빠라싸리야 바라문은 제자들에게 지각수행을 가르칩니다."

"웃따라여, 빠라싸리야 바라문은 어떻게 제자들에게 지각수행을 가르치는가?"

"고따마 존자여, 눈으로 형색(色) 보지 않아야 하고, 귀로 소리를 듣지 않아야 합니다. 고따마 존자여, 빠라싸리야 바라문은 제자들에게 이와 같이 지각수행을 가르칩니다."

"웃따라여, 그와 같다면, 장님이 지각수행을 할 수 있고, 귀머거리가 지각수행을 할 수 있을 것이오. 웃따라여, 빠라싸리야 바라문의 말과 같이, 장님은 눈으로 형색을 보지 않고, 귀머거리는 귀로 소리를 듣지 않는다오."

이와 같이 말씀하시자, 빠라싸리야의 제자인 바라문 청년 웃따라는 당황해하며 풀이 죽어 고개를 숙이고, 생각에 잠겨 아무런 대꾸도 하지 못하고, 말없이 앉아 있었습니다. 세존께서는 빠라싸리야의 제자인 바라문 청년 웃따라가 당황해 하며 풀이 죽어 고개를 숙이고, 생각에 잠겨 아무런 대꾸도 하지 못하는 것을 보시고, 아난다 존자에게 말씀하셨습니다.

"아난다여, 성자(聖者)의 율(律)에는 빠라싸리야 바라문이 제자들에게 가르치는 지각수행과는 다른 무상(無上)의 지각수행이 있다."

"세존이시여, 성자의 율에 있는 무상의 지각수행을 가르치시기에 지금이 좋은 때입니다. 선서시여, 지금이 좋은 때입니다. 세존으로부터 들으면 비구들은 명심할 것입니다."

"아난다여, 그렇다면 듣고 잘 생각해 보아라. 내가 이야기하겠다."

아난다 존자는 "그렇게 하겠습니다. 세존이시여!"라고 대답했습니다.

세존께서는 다음과 같이 말씀하셨습니다.

"아난다여, 성자의 율에 있는 무상의 지각수행은 어떤 것인가? 아난다여, 비구가 시각활동(眼)으로 형색(色)을 보면, 좋은 느낌이 나타나고, 싫은 느낌이 나타나고, 좋지도 싫지도 않은 느낌이 나타난다. 그는 '나에게 나타난 이 좋은 느낌, 싫은 느낌, 좋지도 싫지도 않은 느낌은 유위(有爲)이고 저열하고 연기한 것이며, 평온하고 훌륭한 것은 평정한 마음이다.'

라고 통찰하여 안다. 그러면 그에게 나타난 그 좋은 느낌, 싫은 느낌, 좋지도 싫지도 않은 느낌은 소멸하고, 평정한 마음이 확립된다. 아난다여, 비유하면 눈 있는 사람이 눈을 깜빡이듯이, 아난다여, 이와 같이 순식간에, 이와 같이 빠르게, 이와 같이 쉽게, 그에게 나타난 좋은 느낌, 싫은 느낌, 좋지도 싫지도 않은 느낌은 소멸하고, 평정한 마음이 확립된다. 아난다여, 이것이 성자(聖者)의 율(律)에 있는, 시각으로 분별하는 마음(眼識)으로 분별하는 형색(色)에 대한 무상(無上)의 지각수행이라고 하는 것이다.

다음으로, 아난다여, 비구가 청각활동(耳)으로 소리(聲)를 듣고, 후각활동(鼻)으로 냄새(香)를 맡고, 미각활동(舌)으로 맛(味)을 보고, 촉각활동(身)으로 촉감(觸)을 느끼고, 마음(意)으로 대상(法)을 인식하면, 좋은 느낌이 나타나고, 싫은 느낌이 나타나고, 좋지도 싫지도 않은 느낌이 나타난다. 그는 '나에게 나타난 이 좋은 느낌, 싫은 느낌, 좋지도 싫지도 않은 느낌은 유위(有爲)이고 저열하고 연기한 것이며, 평온하고 훌륭한 것은 평정한 마음이다.'라고 통찰하여 안다. 그러면 그에게 나타난 그 좋은 느낌, 싫은 느낌, 좋지도 싫지도 않은 느낌은 소멸하고, 평정한 마음이 확립된다.

아난다여, 비유하면 눈 있는 사람이 눈을 깜빡이듯이, 아난다여, 이와 같이 순식간에, 이와 같이 빠르게, 이와 같이 쉽게, 그에게 나타난 좋은 것, 싫은 것, 좋지도 싫지도 않은 것은 소멸하고, 평정한 마음이 확립된다. 아난다여, 이것이 성자의 율에 있는 청각의식(耳識), 후각의식(鼻識), 미각의식(舌識), 촉각의식(身識), 의식(意識)으로 분별하는 소리(聲), 향기(香), 맛(味), 촉감(觸), 대상(法)에 대한 무상(無上)의 지각수행이라고 하는 것이다.

아난다여, 성자의 율에 있는 무상의 지각수행은 이와 같다.

아난다여, 유학(有學)의 실천도(實踐道)는 어떤 것인가? 아난다여, 비구가 시각활동(眼)으로 형색(色)을 보면, 좋은 느낌이 나타나고, 싫은 느낌이 나타나고, 좋지도 싫지도 않은 느낌이 나타난다. 좋은 느낌이 나타나고, 싫은 느낌이 나타나고, 좋지도 싫지도 않은 느낌이 나타나면, 그는 곤혹스러워하고, 부끄러워하고, 싫어한다. 청각활동으로 소리를 듣고, 후각활동으로 냄새를 맡고, 미각활동으로 맛을 보고, 촉각활동으로 촉감을 느끼고, 마음으로 대상을 인식할 때도 마찬가지다. 아난다여, 유학의 실천도는 이와 같다.

아난다여, 성자(聖者)의 수행(修行)이 잘된 지각활동은 어떤 것인가? 아난다여, 비구가 시각활동(眼)으로 형색(色)을 보면, 좋은 느낌이 나타나고, 싫은 느낌이 나타나고, 좋지도 싫지도 않은 느낌이 나타난다. 만약 그가 싫은 느낌에 대하여 싫지 않다는 생각이 머물기를 원하면 그곳에 싫지 않다는 생각이 머물고, 만약 그가 싫지 않은 느낌에 대하여 싫다는 생각이 머물기를 원하면 그곳에 싫다는 생각이 머물고, 만약 그가 싫은 느낌과 싫지 않은 느낌에 대하여 싫지 않다는 생각이 머물기를 원하면 그곳에 싫지 않다는 생각이 머물고, 만약 그가 싫지 않은 느낌과 싫은 느낌에 대하여 싫다는 생각이 머물기를 원하면 그곳에 싫다는 생각이 머물고, 만약 그가 싫은 느낌과 싫지 않은 느낌, 그 둘에 대한 생각을 피하고, 평정한 마음이 주의집중과 알아차림을 하면서 머물기를 원하면 그곳에 평정한 마음이 주의집중과 알아차림을 하면서 머문다. 청각활동(耳)으로 소리(聲)를 듣고, 후각활동(鼻)으로 냄새(香)를 맡고, 미각활동(舌)으로 맛(味)을 보고, 촉각활동(身)으로 촉감(觸)을 느끼고, 마음(意)으로 대상(法)을 인식할 때도 마찬가지다. 아난다여, 성자(聖者)의 수행(修行)이 잘된 지각활동은 이와 같다.

아난다여, 이와 같이 나는 성자의 율(律)에 있는 무상(無上)의 지각수행을 설했고, 유학(有學)의 실천도를 설했고, 성자(聖者)의 수행이 잘 된 지각활동을 설했다.

아난다여, 스승이 제자들에게 호의를 가지고 연민을 가지고 해야 할 일을 나는 너에게 하였다. 아난다여, 이 가르침들이 나무 아래이며 텅 빈 한가한 곳(空閒處)들이다. 아난다여, 나중에 후회하지 않도록 방일(放逸)하지 말고 선정을 닦아라. 이것이 그대들에게 주는 우리의 가르침이다."

이것이 세존께서 하신 말씀입니다.

아난다 존자는 세존의 말씀에 만족하고 기뻐했습니다.[45]

길지 않은 경이기 때문에 전문을 인용했다. 이 경은 지각대상에 대한 관념에 머물지 않는 수행법을 이야기하고 있다. 지각활동을 통해서 고락(苦樂)의 감정이 일어날 때, 이를 통찰하여 그 감정에 사로잡히지 않고 평정한 마음을 갖는 것이 모습에 대한 관념에 머물지 않는 것이다. 『금강경』에서는 다투지 않고 함께 보살의 길로 나아가려고 하는 사람은 이와 같은 지각수행을 통해 관념적 인식에서 벗어나 6바라밀을 수행해야 한다고 이야기하고 있는 것이다.

그렇다면, 모습에 대한 관념에 머물지 않는 보시와 모습에 대한 관념에 머무는 보시는 어떤 차이가 있을까? 우리는 이 차이를 『육도집경(六度集經)』[46]에서 볼 수 있다.

---

45 이중표 역해, 『정선 맛지마 니까야 (하)』(광주: 전남대학교출판부; 2016), pp. 449~453.

46 『육도집경(六度集經)』은 강승회(康僧會)가 서기 251년에서 280년 사이에 8권으로 한역(漢譯)한 석존의 본생담(本生譚)을 모은 본연부(本緣部)에 속하는 경으로서 『大正新修大藏經』 제3편에 실려 있다. 『육도집경』은 초기 대승불교의 관점에서 해석되고 정리된 본연부(本緣部) 경전으로서 불전문학(佛傳文學)에 대한 대승적 해석이며, 대승불교가 불전문학에서 어떤 영향을 받고 있는지를 명확하게 보여주는 경이

근본경전에서도 보시를 중요한 덕목으로 이야기하지만, 깨달음을 구하는 수행으로 이야기하지는 않는다. 근본경전에서 보시는 천상(天上)에 태어나는 선업(善業)일 뿐이고, 출세간(出世間)의 길은 8정도를 중심으로 하는 37조도품(三十七助道品)이다. 그런데 『육도집경』에서는 보시를 '무아'와 '공'을 실현하는 보살수행의 출발점으로 이야기한다. 이것은 대승불교에서 선업(善業)과 수행(修行)을 동일시하고 있음을 보여준다. 보시가 무아의 자각에서 실천될 때는 보살의 수행이 된다는 것을 보여주는 이야기가 『육도집경』의 「제1경」에 다음과 같이 실려 있다.

> 옛날 보살이 그 마음이 진리에 통달하여 세간은 무상하고, 영화와 수명은 보전하기 어려움을 알고 모든 재물을 보시하였다. 제석천(帝釋天)이 이를 보고, 그 공덕으로 자신의 지위를 빼앗지나 않을까 걱정하여, 요술로써 지옥을 만들어 놓고, 그 앞에 나타나서 말했다.
> "보시하여 중생을 제도하면 죽은 후에 혼령이 태산지옥에 들어가 큰 해를 입게 되는데, 그대는 어찌하여 보시를 하고 있는가?"
> 보살이 물었다.
> "자비를 베풀어 재앙을 받는다면, 보시를 받은 자는 어떻게 되는가?"
> 제석이 대답했다.
> "은혜를 받은 자는 죽어서 하늘로 올라간다."
> 보살이 말했다.
> "내가 중생을 구제하는 것은 오직 중생들을 위함일 뿐이다. 그대의 말과

다. 여기에 실린 내용은 다른 경전에 나오는 것으로서 새로운 것은 아니다. 다른 본생담과 비교할 때, 이 경이 지니는 특징은 여러 가지 본생담을 6바라밀로 분류하고 있다는 점이다. 이것은 이 경이 대승불교에 의해 새롭게 정리된 본생담이라는 것을 말해준다.

같다면, 그것은 진실로 나의 소원이다. 자비를 베풀어 죄를 받는다 해도, 나는 반드시 보시를 행하겠다. 자기를 위험에 빠트리면서 중생을 제도하는 것이 보살의 높은 뜻이다."

제석이 말했다.

"그대는 무슨 생각으로 이렇게 고상한 일을 하는가?"

보살이 대답했다.

"나는 부처가 되어 중생을 제도하고, 그리하여 그들이 열반을 얻어 다시는 생사윤회를 하지 않게 되기를 원한다."

제석이 거룩한 생각을 듣고 물러서서 머리를 조아리며 말했다.

"사실은 보시로 자비롭게 중생을 구제하여 태산지옥에 들어가 화를 받는 일은 없습니다. 당신의 덕이 하늘과 땅을 울려 나의 지위를 빼앗을 것을 걱정하였습니다. 그래서 지옥을 나타내 보여 당신의 뜻을 흐리게 하려 했습니다. 어리석게도 성인을 속였으니, 그 죄가 본래 무거우나 이미 허물을 뉘우쳤나이다."

제석은 머리 숙여 절하고 물러났다.

이 경에서는 보시의 두 가지 유형이 대비된다. 하나는 자기 자신을 위한 보시다. 제석천왕의 지위는 많은 보시를 행한 공덕으로 얻은 것이다. 제석천의 보시에는 보시를 행한 자(我)와 그 보시를 통해 얻은 것(我所)이 있다. 이것이 지각대상에 대한 관념에 머무는 보시다. 이러한 보시에는 항상 얻은 것을 잃지 않을까 하는 두려움과 걱정이 있다. 그 걱정과 두려움은 얻은 것이 크면 클수록 많을 것이다. 제석천은 보살의 보시행에서 불안을 느낀다. 보시를 행하는 보살을 자신이 얻은 것을 빼앗아 갈 적(敵)으로 생각한 것이다. 그래서 속이고 괴롭힌다. 보시가 아무리 착한 일이라 해도, 아상을 가지고 하면 결국은 자신에게도 이로움이 되지 못할 뿐 아니라, 남도 해쳐서 투쟁과 갈등을 낳는 악업이 되고 만다는 것을 이 경은 제석천을 통해 보여주고 있다.

다른 하나는 모습에 대한 관념에 머물지 않는 보시다. 보살은 모든 재물을 보시하지만, 그 결과 얻게 되는 공덕을 소유하려는 생각이 없다. 이러한 보시는 "세간은 무상하고, 영화와 수명은 보전할 수 없다."는 자각에서 비롯된 것이다. 『육도집경(六度集經)』의 보살은 무상(無常)과 무아(無我)를 자각하고 아상이 없이 보시를 행하고 있는 것이다.

아상 없이 보시를 행하는 보살은, 보시를 행하는 자신의 존재와 보시의 결과 얻게 될 소유에 마음이 머물지 않는다. 보시를 행할 때, 그 보시를 통해 어려운 처지의 중생들이 어려움에서 벗어나는 것을 다행으로 여기고, 그것을 기뻐할 뿐이다. 따라서 보시에 따르는 걱정이 없다. 보시를 하면 할수록 중생들과 함께 느끼는 행복이 커질 뿐이다. 가난한 사람은 재물을 보시할 대상이고, 어리석은 사람은 지혜를 가르쳐야 할 대상이다.

보살은 그 누구에게도 적대감을 느끼지 않을 뿐만 아니라, 그 누구도 아상이 없는 사람에게 적대감을 가질 수 없다. 제석천이 품었던 적대감은 아상 없는 보살을 통해 해소되었고, 더 나아가 제석천 스스로도 '무아'를 깨닫게 된다. 이것이 아상 없이 지각대상에 머물지 않고 행하는 보시의 공덕이다. 아상 없이 행하는 보시는 자리(自利)와 이타(利他)가 동시에 성취되기 때문에 그 복덕은 헤아릴 수가 없다.

아상 없는 보시의 실천은 모든 모순과 갈등을 해소하고 화합할 수 있는 최선의 방법이다. 『육도집경』의 「제2경」은 그것을 이야기하고 있다.

옛날 보살이 큰 나라의 왕이 되었는데, 이름이 살바달(薩波達)로서 중생들이 원하는 것을 모두 보시하였다. 이것을 본 제석천은 자기의 자리를 빼앗기지나 않을까 걱정이 되어 보살의 의도를 시험해 보기로 하였다. 그는 변방의 왕에게 비둘기로 변신해 왕이 있는 곳으로 달려가 구원을 요청하도록 시켰다. 그리고 자신은 매로 변신해서 비둘기를 쫓아갔다.

비둘기는 왕에게 날아가 매로부터 자신을 보호해 줄 것을 요청했다. 왕이 비둘기를 불쌍히 여겨 비둘기를 숨겨주자, 매는 자신의 먹이인 비둘기를 돌려줄 것을 요구했다. 자신에게 보호를 부탁한 비둘기를 내줄 수 없다고 주장하는 왕에게 매는 "은혜를 베푼다는 왕이 나의 먹이는 빼앗아도 되는 것입니까?"라고 항의했다.

왕이 비둘기 대신 다른 먹이를 제안하자, 매는 왕의 살을 요구했다. 비둘기 무게만큼의 살을 떼어주기로 약속하고, 왕은 자신의 살을 떼어내어 저울에 달았다. 그런데 아무리 떼어내도 비둘기의 무게에 미치지 못했다. 마침내 몸을 통째로 저울 위에 올려놓자, 비로소 무게가 같아졌다. 왕은 신하에게 자신을 죽여서 매의 먹이로 줄 것을 명령했다. 이것을 본 매는 본모습으로 돌아와 땅에 이마를 조아리며, "바라는 것이 무엇이기에 이러한 고초를 받습니까?"라고 물었다. 보살은 다음과 같이 대답했다.

"내가 바라는 것은 하늘의 제석이나 비행황제(飛行皇帝)의 자리가 아니다. 내가 보니 중생들이 어리석음에 빠져서 불교를 알지 못하고, 마음을 재앙과 화가 일어나도록 방자하게 행하면서 몸을 지옥에 던지고 있다. 이러한 어리석음과 미혹함을 보고 불쌍하여 서원하였나니, 부처가 되어 중생들의 고난과 어려움을 구제하고, 그들이 열반을 얻게 하고자 하노라."

이 말을 듣자 제석천은 놀라고 참회하면서, 하늘의 의사를 시켜 몸을 예전과 같이 치료한 후에 기뻐하면서 떠나갔다.

이 이야기는 상황의 설정이 매우 치밀하다. 중생들의 세계는 생존경쟁의 세계다. 그 세계에는 항상 모순과 갈등이 있다. 내가 살기 위해서는 남이 죽어야 하는 경우가 있다. 너도 살고, 나도 산다는 것이 양립할 수 없는 경우가 대부분이다. 이러한 모순 때문에, 모든 삶은 갈등관계에 있게 된다. 따라서 일체 중생에게 자비를 베푼다는 것은 근본적으로 불가능하다. 비둘기에게 자비를 베푼다면, 매에게는 무자비한 일이 되기 때문이다.

왜 이와 같은 모순과 갈등이 야기될까? 그것은 모두가 아상을 가지고 있기 때문이다. 이 경에서는 그 상황을 제석천으로 설정하고 있다. 지각대상에 대한 관념과 아상을 가진 제석천의 입장에서 보면, 보시의 공덕을 쌓는 보살의 존재는 제석천으로서의 자신과 자신이 소유한 지위를 위협하는 적이다. 제석천이라는 자기 존재를 유지하기 위해서는 자기보다 많은 보시를 하는 존재가 있어서는 안 된다. 이러한 모순과 갈등을 드러내기 위해서 비둘기와 매가 등장한다. 비둘기와 매는 아상을 가지고 있다. 이것이 중생이다. 아상과 지각대상에 대한 관념에 머물고 있는 중생들에게, 삶은 필연적으로 모순과 갈등을 수반한다.

보살은 이러한 모순과 갈등을 없애고 함께 보살의 길로 나아가려는 사람이다. 따라서 보살은 아상을 없애고, 지각대상에 대한 관념에 머물지 않고 살아가야 한다. 아상 없이 지각대상에 대한 관념에 머물지 않고 살아갈 때, 너도 살고 나도 사는, 함께 살 수 있는 길이 열린다. 이렇게 함께 사는 길이 보살의 길이며, 부처님은 이 길을 우리에게 가르쳤다.

앞서 살펴본 『맛지마 니까야』 **18. 「꿀 덩어리 경(Madhupiṇḍika-sutta)」**에서 **단다빠니 싹까**가 부처님께 어떤 가르침을 이야기하고, 무엇을 선언하는가를 물었을 때, 부처님께서는 "세간(世間)과 인간(人間) 가운데서 누구와도 다투지 않고 세간에 머무는 가르침을 이야기하며, '감각적 욕망에서 벗어나 살아가는 의혹이 없고, 회한이 없고, 유(有)와 무(無)를 갈망하는 마음〔愛〕이 없는 바라문에게는 관념〔想; saññā〕들이 잠재하지 않는다.'라고 선언한다."라고 말씀하셨다. 부처님이 가르친 길은 세간을 떠나는 길이 아니라, 세간 속에서 어느 누구와도 다투지 않고 함께 사는 길이다.

2. 중생이 곧 여래다〔一切衆生悉有佛性〕

제5 여리실견분(如理實見分)

Tat kiṃ manyase, Subhūte, lakṣaṇasampadā Tathāgato draṣṭavyaḥ.

Subhūtir āha: no hīdaṃ, Bhagavan, na lakṣaṇasampadā Tathāgato draṣṭavyaḥ. tat kasya hetoḥ? yā sā Bhagavan lakṣaṇasampat Tathāgatena bhāṣita saiva alakṣaṇasampat.

evam ukte Bhagāvan āyuṣmantaṃ Subhūtim etad avocat: yāvat Subhūte lakṣaṇasampat tāvan mṛṣā, yāvad alakṣaṇasampat tāvan na mṛṣeti hi lakṣaṇa-alakṣaṇatas Tathāgato draṣṭavyaḥ.

須菩提 於意云何 可以身相見如來不 不也 世尊 不可以身相得見如來 何以故 如來所說身相 卽非身相 佛告須菩提 凡所有相 皆是虛妄 若見諸相非相 則見如來

"수보리여, 어떻게 생각하나요. 특징을 구족(具足)했기 때문에 여래라고 보아야 할까요?”

수보리가 말씀드렸습니다.

“그렇지 않습니다. 세존이시여! 특징을 구족했기 때문에 여래라고 보아서는 안 됩니다. 왜냐하면, 세존이시여, 여래께서 ‘특징을 구족했다’고 하신 것은 사실은 구족한 특징이 없기 때문입니다.”

이와 같이 말씀드리자, 세존께서 수보리 존자에게 이렇게 말씀하셨습니다.

“수보리여, ‘(여래가) 특징을 구족했다고 생각한다면, 그것은 거짓이다. (여래가) 특징을 구족하지 않았다고 생각한다면, 그것은 거짓이 아니다.’라고 실로 이렇게 ‘(여래의) 특징이란 어떤 특징도 구족하지 않는 것’으로 여래를 보아야 합니다.”

제5 여리실견분(如理實見分)은 기존의 『금강경』 해석에서 매우 중요시된 부분이다. 특히 ‘凡所有相 皆是虛妄 若見諸相非相 則見如來’는 『금강경』 4구게(四句偈)’로 불리면서 『금강경』의 핵심으로 인식되었다. 그래서 옛 사람들은 이 부분을 ‘여리실견분(如理實見分)’, 즉 ‘이치에 맞게 진실을 보는 부분’이라고 불렀다.

여리실견분은 다양한 해석이 가능하다. 여기에서 특징으로 번역한 **‘lakṣaṇa’**는 특징적인 관상(觀相)을 의미한다. 전설에 의하면, 부처님과 전륜성왕(轉輪聖王)은 32상(相)을 구족했다고 한다. **‘lakṣaṇa’**는 이와 같은 관상의 특징을 의미한다. 그런데, 번역에서 어려운 것은 **‘alakṣaṇa’**이다. **‘lakṣaṇa’**에 부정접두사 **‘a’**가 붙은 **‘alakṣaṇa’**는 ‘특징 없음’으로도 번역할 수 있고, ‘특징 아님’으로도 번역할 수 있다. 그리고

'alakṣaṇasampat'도 '구족한 특징이 없음'이나 '구족한 특징이 아님'으로도 번역할 수 있고, '특징 아닌 것을 구족함'으로도 번역할 수 있다. 합성어인 **'lakṣaṇa-alakṣaṇatas'**는 더 복잡하다. 탈격(奪格)을 취하고 있는 이 합성어는 **'lakṣaṇa'**와 **'alakṣaṇa'**의 관계를 어떻게 볼 것인지도 문제고, **'alakṣaṇa'**를 어떻게 해석할 것인가도 문제다. 일반적으로 합성어는 여섯 가지의 관계로 해석〔六合釋〕이 가능하기 때문에, **'alakṣaṇa'**의 두 가지 의미를 곱하면, 이 단어는 계산상으로는 12가지의 해석이 가능하다. 따라서 문장의 맥락 속에서 해석해야 한다.

이전의 **묘행무주분**(妙行無住分)에서 이야기한 것은, 보살은 아상과 모습에 대한 관념(nimitta-saṃjñā)에 머물지 않아야 한다는 것이었다. **여리실견분**(如理實見分)은 그 연장이다. 일반인들이 여래의 특징적인 관상으로 알고 있는 32상(相)은 모습에 대한 관념의 일종이다. 그런데 아상과 모습에 대한 관념을 멸진한 여래를 32상과 같은 모습에 대한 관념으로 인식하려고 해서는 안 된다는 것을 **여리실견분**은 이야기하고 있다.

그러나 **여리실견분**에서 이야기하고자 하는 것은 이것이 전부가 아니다. **여리실견분**은 32상과 같은 어떤 특징으로 여래를 파악하려 해서는 안 된다는 것을 이야기할 뿐만 아니라, 자신이 어떤 특징도 가지고 있지 않다고 생각하는 것이 여래의 특징이라는 이야기를 하고 있다. 다시 말해서 아상과 모습에 대한 관념〔相想; nimitta-saṃjñā〕에 머물지 않는 것이 여래의 특징이라는 의미이다.

'여래의 특징은 어떤 특징도 갖지 않는다는 것'은 여래에게는 나와 남, 중생과 부처 등, 그 어떤 분별심과 차별심도 없다는 것을 의미한다. 바꾸어 말하면 여래는 모든 중생을 자신과 구별하여 보지 않는다는 것이다. 이와 같은 여래의 모습을 이전에 인용한 『맛지마 니까야』 72. 「악기왓차곳따에게 설하신 경(Aggivacchagotta-sutta)」에서는 다음과 같이 이야기한다.

> 왓차여, 이와 같이 여래를 형색(色)이라는 개념으로 규정하여 묘사한다면, 여래에게 그 (개념으로 규정된) 형색은 제거되고, 근절되고, 단절되고, 없어진, 미래에는 발생하지 않는 법이라오. 왓차여, 여래는 형색이라는 개념(rūpasaṅkhā)에서 벗어났기 때문에 헤아릴 수 없고, 측량할 수 없고, 이해하기 어렵다오. 비유하면, 큰 바다가 '(사라져서 다른 곳에) 가서 태어난다.'는 말도 적합하지 않고, '가서 태어나지 않는다.'는 말도 적합하지 않고, '가서 태어나기도 하고, 가서 태어나지 않기도 한다.'는 말도 적합하지 않고, '가서 태어나지도 않고, 가서 태어나지 않지도 않는다.'는 말도 적합하지 않는 것과 같다오. 느끼는 마음(受), 생각하는 마음(想), 조작하는 행위(行)들, 분별하는 마음(識)도 마찬가지라오. 여래를 분별하는 마음(識)이라는 개념으로 규정하여 묘사한다면, 여래에게는 그 (개념으로 규정된) 분별하는 마음은 제거되고, 근절되고, 단절되고, 없어진, 미래에는 다시 발생하지 않는 법이라오. 왓차여, 여래는 분별하는 마음이라는 개념에서 벗어났기 때문에, 헤아릴 수 없고, 측량할 수 없고, 이해하기 어렵다오. 비유하면, 큰 바다가 '(사라져서 다른 곳에) 가서 태어난다.'는 말도 적합하지 않고, '가서 태어나지 않는다.'는 말도 적합하지 않고, '가서 태어나기도 하고, 가서 태어나지 않기도 한다.'는 말도 적합하지 않고, '가서 태어나지도 않고, 가서 태어나지 않지도 않는다.'는 말도 적합하지 않는 것과 같다오.[47]

47 이중표 역해, 『정선 맛지마 니까야 (하)』(광주: 전남대학교출판부; 2016), pp. 44~45.

이와 같이 여래는 모든 개념적인 분별과 관념적인 차별을 벗어나 생사(生死)가 없고, 오고 감이 없는 바다와 같은 존재다. 이것이 우리의 참모습이다. 그리고 이것이 『금강경』의 핵심이다. 그러므로 **'凡所有相皆是虛妄 若見諸相非相 則見如來'**는 다음과 같이 해석해야 한다.

남다른 특징을 가지고 있다고 말하는 여래는 모두 가짜다.
모든 차별상(差別想)과 분별상(分別想)을 버리면 누구나 여래다.

중생과는 다른 여래의 특별한 모습이 있는 것이 아니다. 여래는 여래의 행위[業報]에 대한 이름이지, 어떤 특별한 모습을 지닌 사람에 대한 명칭이 아니다. 여래가 구족했다는 32상도 사실은 몸의 형태를 의미하는 것이 아니다. 여래가 구족했다는 32상은 여래의 공덕에 대한 은유(隱喩)일 뿐이다. 용수(龍樹)는 **『중론(中論)』「제22 관여래품(觀如來品; Tathāgata-parīkṣā)」**에서 다음과 같이 이야기한다.

(1) skandhā na nānyaḥ skandhebhyo nāsmin skandhā na teṣu saḥ/
Tathāgataḥ skandhavān na katamo 'tra Tathāgataḥ//
非陰不離陰 此彼不相在 如來不有陰 何處有如來
여래(如來)는 온들[五蘊]이 아니며, 온(蘊)들과 다른 것도 아니다.
여래 속에 온들이 있는 것도 아니고,
온들 속에 여래가 있는 것도 아니며,
여래가 온들을 소유(所有)하고 있는 것도 아니다.
그런데 어떤 것이 여래이겠는가?

(2) buddhaḥ skandhān upādāya yadi na-asti svabhāvataḥ/

svabhāvataś ca yo na-asti kutaḥ sa parabhāvataḥ//

陰合有如來 則無有自性 若無有自性 云何因他有

만약 불타(佛陀)가 온들을 취(取)하고 있다면,

자기 스스로(自性으로) 존재하는 것이 아니다.

자기 스스로 존재하지 않는 것이

어떻게 다른 존재(他性)에 의해 존재하겠는가?

(3) pratītya para-bhāvaṃ yaḥ so 'nātmety upapadyate/

yaś cānātmā sa ca kathaṃ bhaviṣyati Tathāgataḥ//

法若因他生 是卽爲非我 若法非我者 云何是如來

다른 존재를 연(緣)해 있는 것은 무아(無我; anātman)라 할 수 있다.

무아(無我)인 것이 어떻게 여래일 수 있겠는가?

(4) yadi na-asti svabhāvaś ca para-bhavaḥ kathaṃ bhavet/

svabhāva-parabhāvābhyāṃ ṛte kaḥ sa Tathāgataḥ//

若無有自性 云何有他性 離自性他性 何名爲如來

만약 자성(自性; 스스로 존재하는 것)이 없다면,

어떻게 타성(他性; 스스로 존재하는 다른 것)이 있겠는가?

자성과 타성을 떠나 어떤 것이 여래이겠는가?

(5) skandhān yady anupādāya bhavet kaścit Tathāgataḥ/

sa idānīm upādadyād upādāya tato bhavet//

若不因五陰 先有如來者 以今受陰故 則說爲如來

만약 온들(五蘊)을 취하지 않는다면, 어떤 여래가 있겠는가?

그는 지금은 (5온을) 취하고 있다.

따라서 (5온을) 취하여 존재하고 있다.

(5온을 취하지 않고서 여래라고 할 수 있는 것이 현실적으로 존재할 수 없다.)

(6) skandhān cāpy anupādāya na-asti kaścit Tathāgataḥ/

yaś ca nāsty anupādāya sa upādāsyate kathaṃ//

今實不受陰 更無如來法 若以不受無 今當云何受

5온(五蘊)을 취하지 않고 존재하는 여래는 (현실적으로) 아무도 없다.

취하지 않으면 존재하지 않는 여래가 어떻게 (5온을) 취하겠는가?

(7) na bhavaty anupādattam upādānaṃ ca kiṃ cana/

na cāsti nirupādānaḥ kathaṃ cana Tathāgataḥ//

若其未有受 所受不名受 無有無受法 而名爲如來

취한 것이 없으면 어떤 취(取; 五取蘊)도 존재하지 않는다.[48]

취 없는 여래는 결코 존재하지 않는다.

(8) tattvāyatvena yo na-asti mṛgyamāṇaś ca pañcadhā/

upādānena sa kathaṃ prajñapyate Tathāgataḥ//

若於一異中 如來不可得 五種求亦無 云何受中有

(여래가 5취온과) 동일한 것인가 다른 것인가를

다섯 가지로 고찰하여도[49]

없는 여래가 어떻게 취에 의해 파악되겠는가?

(9) yad apīdam upādānaṃ tat svabhāvan na vidyate/

svabhāvataś ca yan na-asti kutas tat parabhāvataḥ//

又所受五陰 不從自性有 若無自性者 云何有他性

이 취(取; 五取蘊)도 자체(自體)로부터(svabhāvan; 자성으로)

48 "비구들이여, 나는 취착되는 것(upādāniyā dhamma)과 취착하는 것(upādānaṃ)에 대하여 설하겠다. 잘 들어라. 비구들이여, 색(수상행식)은 취착되는 것이고 그것에 대한 욕망과 탐욕이 그것을 취착하는 것이다."(SN.Ⅲ.167)

49 (1) 5취온이 여래인가?(色是如來耶) (2) 5취온을 떠나 따로 여래가 있는가?(異色有如來耶) (3) 5취온 속에 여래가 있는가?(色中有如來耶) (4) 여래 속에 5취온이 있는가?(如來中有色耶) (5) 5취온이 아닌 여래가 있는가?(非色受想行識有如來耶) 〔『잡아함경』(104) 焰摩迦〕

있는 것이 아니다.

자체로부터 존재하지 않는 것이

어떻게 다른 존재(他性)로부터 존재하겠는가?

(10) evaṃ śūnyam upādānam upādātā ca sarvaśaḥ/

prajñapyate ca śūnyena kathaṃ śūnyas Tathāgataḥ//

以如是義故 受空受者空 云何當以空 而說空如來

이와 같이 취(取)와 취(取)하는 자가 모두 공(空)하다.

어떻게 공에 의해 공한 여래가 파악되겠는가?

(11) śūnyam iti na vaktavyam aśūnyam iti vā bhavet/

ubhayaṃ nobhayaṃ ceti prajñapty arthaṃ tu kathyate//

空則不可說 非空不可說 共不共叵說 但以假名說

공이라거나 비공(非空)이라거나, 공이면서 비공이라거나,

공도 아니고 비공도 아니라고 불리는 것이 있는 것이 아니다.

단지 가르치기 위하여(假名으로) 이야기하는 것이다.

(12) śāśvatāśāśvatādy atra kutaḥ śānte catuṣṭayaṃ/

antānantādi cāpy atra kutaḥ śānte catuṣṭayaṃ//

寂滅相中無 常無常等四 寂滅相中無 邊無邊等四

(존재가) 적멸(寂滅)한 곳에 어떻게 유상(有常) · 무상(無常) 등의

네 가지 판단이[50] 있을 수 있겠는가? 적멸한 곳에 어떻게

유변(有邊) · 무변(無邊) 등의 네 가지 판단이 있을 수 있겠는가?

(13) yena grāho gṛhītas tu ghano 'stīti Tathāgataḥ/

nāstīti sa vikalpayan nirvṛtasyāpi kalpayet//

邪見深厚者 則說無如來 如來寂滅相 分別有亦非

(존재에 대한) 집착(執着)이 깊어서 여래는 존재한다거나

50 有常, 無常, 有常而無常, 非常非無常의 네 가지 판단을 의미함.

존재하지 않는다고 분별하는 사람은
열반(涅槃)을 얻은 사람에 대해서도 마찬가지로 분별할 것이다.

(14) svabhāvataś ca śūnye ‘smiṃś cintā naivopapadyate/
paraṃ nirodhād bhavati buddho na bhavatīti vā//
如是性空中 思惟亦不可 如來滅度後 分別於有無
자성(自性; svabhāvata)이 공(空)하다면,
불타(佛陀)가 멸도(滅度) 후에 존재한다거나
존재하지 않는다는 생각은 타당하지 않다.

(15) prapañcayanti ye buddhaṃ prapañcātītam avyayaṃ/
te prapañcahatāḥ sarve na pasyanti Tathāgatam
如來過戱論 而人生戱論 戱論破慧眼 是皆不見佛
희론을 벗어난 부동의(오고 감이 없는) 불타를 희론하는 자들은,
그들은 모두 희론의 해(害)를 입어 여래를 보지 못한다.

(16) Tathāgato yat svabhāvas tat svabhāvam idaṃ jagat/
Tathāgato niḥsvabhāvo niḥsvabhāvam idaṃ jagat//
如來所有性 卽是世間性 如來無有性 世間亦無性
여래의 자성(自性), 그것이 곧 중생의 자성이다.
여래는 무자성(無自性)이다. 따라서 중생은 무자성이다.

5취온(五取蘊)은 중생들이 자아로 취하고 있는 것이다. 여래도 중생과 같이 5온의 모습을 취하고 있다. 그러나 여래는 모습에 대한 관념에 머물지 않기 때문에 5취온을 자아라고 생각하지 않는다. 중생들이 자아로 생각하고 있는 5취온도 공성(空性)이고, 여래가 자아로 생각하지 않는 5취온도 공성이다. 따라서 여래의 자성과 중생의 자성은 다 같이 자성이 없는(無自性) 공성이다.

그렇다면 여래의 자성과 중생의 자성이 다 같이 공성(空性)이라는 것은 어떤 의미일까?

대승불교에서는 "모든 중생은 불성(佛性)을 가지고 있다.〔一切衆生悉有佛性〕"고 주장한다. 어떤 사람들은 이러한 주장을 불교가 브라만교화된 것이라고 비판한다. 소위 비판불교에서는 부처님은 무아(無我)와 공(空)을 가르쳤기 때문에 "불성, 여래장(如來藏)을 이야기하는 것은 불교가 아니다."라고 주장한다. 한마디로 대승불교는 불교가 아니라는 말이다. 그러나 이들은 불성의 의미를 오해하고 있다. 세친(世親)의 『불성론(佛性論)』에 의하면, 불성이란 주관〔人〕과 객관〔法〕의 공성이 드러난 진여〔眞如; 佛性者 即是人法二空所顯眞如〕이다. 한마디로 공성을 진여, 불성이라고 한다는 것이다. 그렇다면 왜 대승불교에서는 공성을 불성이라고 표현했을까? 『불성론』에서는 다음과 같이 이야기한다.

〈질문〉 부처님은 왜 '불성'을 말씀하셨는가?〔佛何因緣說於佛性〕

〈답변〉 여래는 5가지 과실을 없애고 5가지 공덕이 생기도록 하기 위하여 "일체중생은 모두 불성이 있다."라고 말씀하셨다. 5가지 과실을 없애도록 한다는 것은 1) 중생으로 하여금 열등감〔下劣心〕을 버리도록〔一爲令衆生離下劣心故〕 2) 하품인(下品人)을 깔보는 교만에서 벗어나도록〔二爲離慢下品人故〕 3) 허망한 집착에서 벗어나도록〔三爲離虛妄執故〕 4) 진실법(眞實法)을 비방하지 않도록〔四爲離誹謗真實法故〕 5) 아집(我執)에서 벗어나도록〔五為離我執故〕 한다는 것이다.

1) 중생으로 하여금 열등감을 버리도록〔一爲令衆生離下劣心故〕 한다.:
중생들이 부처님께서 "불성이 있는 도리를 말씀하셨다."는 것을 듣지 못하면, 자신이 반드시 깨달을 수 있다는 것을 알지 못하기 때문에 자기 자신에 대하여 열등감을 일으켜서 "깨달아야겠다."라는 마음을 일으키지 못한다. 그래서 열등감을 버리고 발심(發心)하도록 하기 위하여 "중생은 모두 불성을 가지고 있다."라고 말씀하셨다.

有諸衆生未聞佛說有佛性理 不知自身必當有得佛義故 於此身起下劣想 不能發菩提心 今欲令其發心 捨下劣意故 說衆生悉有佛性.

2) 하품인을 깔보는 교만에서 벗어나도록(二爲離慢下品人故) 한다.:

만약에 어떤 사람이 "중생은 불성을 가지고 있다."라는 부처님의 말씀을 듣고, 그로 인하여 발심한 후에 "나는 불성이 있기 때문에 발심할 수 있었다."라고 가벼이 교만한 마음을 일으켜 "다른 사람은 발심할 수 없다."라고 말한다면, 이런 집착을 깨도록 부처님께서 "중생은 모두 불성을 가지고 있다."라고 말씀하셨다.

若有人曾聞佛說衆生有佛性故。因此發心。既發心已 便謂我有佛性故能發心 作輕慢意。謂他不能。為破此執故。佛說一切衆生皆有佛性.

(3) 4) 5) 생략)

이상의 5가지를 인연으로 하여 부처님께서는 불성이 5가지 공덕을 낳는다고 말씀하셨다.

5가지 공덕이란, 1) 바른 노력을 하려는 마음을 일으킨다.(一起正勤心). 2) (다른 사람을) 공경하게 된다.(二生恭敬事) 3) 통찰지(般若)가 생긴다.(三生般若) 4) 사나(闍那; 바른 지식, jñāna)가 생긴다.(四生闍那) 5) 대비(大悲)가 생긴다.(五生大悲)

5가지 공덕으로 말미암아 5가지 과실(過失)을 바꿀 수 있다.:

바르게 노력함으로써 열등감이 바뀐다.(由正勤故 翻下劣心)

(다른 사람을) 공경함으로써 가볍고 교만한 마음이 바뀐다.(由恭敬故 翻輕慢意)

반야(般若)로 통찰함으로써 (5온을 자아라고 생각하는) 망상에 대한 고집이

바뀐다.〔由般若故 翻妄想執〕

사나(바른 지식; jñāna)가 생김으로써 실지(實智)와 제공덕(諸功德)을 드러내기 때문에 진실한 가르침을 비방하는 일이 바뀐다.〔由生闍那 能顯實智及諸功德故 翻謗真法〕

대비심으로 말미암아 모든 중생을 평등하게 자애(慈愛)하기 때문에 아집(我執)이 바뀐다.〔由大悲心 慈念平等故翻我執〕

아집이 바뀐다 함은(翻我執者〕 : 불성(佛性)으로 말미암아 '일체중생이 둘(나와 남, 주관과 객관, 人法)이 있지 않다.'는 것을 관하여 자기를 애착하는 마음을 쉬고〔由佛性故觀 一切衆生 二無所有 息自愛念〕, '일체중생은 인법(人法) 두 가지 공(空)에 포섭되는 일체의 공덕을 성취했다.'는 것을 관하여 다른 사람에 대하여 사랑하는 마음을 일으킨다.〔觀諸衆生 二空所攝 一切功德而得成就 是故於他而生愛念〕 반야(般若)로 말미암아 자기에 대한 애착이 없어지고, 대비(大悲)로 말미암아 남을 사랑하는 마음이 생긴다.〔由般若故 滅自愛念 由大悲故 生他愛念〕 반야로 말미암아 범부의 집착을 버리고, 대비로 말미암아 2승(二乘)의 집착을 버린다.〔由般若故 捨凡夫執 由大悲故 捨二乘執〕 반야로 말미암아 열반(涅槃)을 버리지 않고, 대비로 말미암아 생사(生死)를 버리지 않는다.〔由般若故 不捨涅槃 由大悲故 不捨生死〕 반야로 말미암아 불법(佛法)을 성취하고, 대비로 말미암아 중생을 성숙시킨다.〔由般若故 成就佛法 由大悲故 成熟衆生〕 두 가지 방편(方便; 般若와 大悲)으로 말미암아 무주처(無住處)에 머물러 뒤로 물러섬이 없이 곧바로 보리(깨달음)를 증득하며, 5가지 과실을 없애고 5가지 공덕을 낳는다.

이상과 같은 이유에서 부처님은 "모든 중생은 불성이 있다."라고 말씀하셨다.〔由二方便 住無住處 無有退轉 速證菩提 滅五過失 生五功德 是故佛說一切衆生皆有佛性〕[51]

---

51 대정장 14, p. 787.

이와 같이 대승불교에서는 공성(空性)을 불성(佛性)이라고 하며, '모든 중생은 불성을 가지고 있다.'는 말은 여래의 자성(自性)이 곧 중생의 자성이며, 여래의 무자성(無自性)이 곧 중생의 무자성이라는 말과 다르지 않다. 우리는 모두 자성이 없는 공성이기 때문에 우리가 원하는 것을 성취할 수 있다. 만약에 부처는 부처의 자성이 있고, 중생은 중생의 자성이 있다면, 좋든 싫든 부처는 부처로 살아야 하고, 중생은 중생으로 살아야 한다. 그러나 자성이 없기 때문에 누구나 부처님처럼 살아가면 부처님이 될 수 있다. 여래의 행동(業)을 하면 여래(報)이고, 중생의 행동(業)을 하면 중생(報)일 뿐, 여래노릇을 하도록 정해진 존재(作者)도 없고, 중생노릇을 하도록 정해진 존재(作者)도 없다. 업보(業報)만 있을 뿐 작자(作者)는 없다. 부처님은 반야와 대비(大悲)로 살아간다. 누구나 반야와 대비로 살아가면 부처님과 다를 바가 없다. 이것이 "모든 중생은 불성이 있다."라는 말의 의미다.

이와 같이 생각할 때 『금강경』 4구게(四句偈)로 알려진 **여리실견분(如理實見分)**의 '**凡所有相 皆是虛妄 若見諸相非相 則見如來**'는 "중생과 여래는 차별이 없다."는 의미와 함께, "일체중생은 불성이 있다.", 즉 "여래의 특성이 없다는 것을 안다면(**若見諸相非相**), 자신이 곧 여래임을 알 수 있다.(**則見如來**)"는 말이다. 한마디로 말해서, 망상(妄想)만 피우지 않으면 '중생이 곧 부처다.'라는 말씀이다.

3. 불교는 뗏목과 같다

제6 정신희유분(正信希有分)

Evam ukte āyuṣmān Subhūtir Bhagavantam etad avocat: asti Bhagavan kecit sattvā bhaviṣyanty anāgate 'dhvani paścime kāle paścime samaye paścimayāṃ pañca-śatyāṃ sad-dharma-vipraiopa-kāle vartamāne. ya imeṣv evaṃrūpeṣu sūtrānta-padeṣu bhāṣyamāṇeṣu bhūta-saṃjñām utpādayiṣyanti?

Bhagavān āha; mā Subhūte tvaṃ evaṃ vocaḥ. asti kecit sattvāḥ bhaviṣyanty anāgate 'dhavani paścime kāle paścime samaye paścimayāṃ pañca-śatyāṃ sad-dharma-vipraiope vartamāne, ya imeṣv evaṃrūpeṣu sūtrāntapadeṣu bhāṣyamāṇeṣu bhūta-saṃjñām utpādayiṣyanti. api tu khalu punaḥ Subhūte bhaviṣyanty anāgate 'dhavani bodhisattvā mahāsattvāḥ paścime kāle paścime samaye paścimayāṃ pañca-śatyāṃ sad-dharma-vipraiope vartamāne guṇavantaḥ śīlavantaḥ prajñāvantaś ca bhaviṣyanti, ya imeṣv evaṃrūpeṣu sūtrāntapadeṣu bhāṣyamāṇeṣu bhūta-saṃjñām utpādayiṣyanti. na khalu punas te Subhūte bodhisattvā mahāsattvāḥ eka-buddha-paryupāsitā bhaviṣyanti, na-eka-buddha-avaropita-kuśala-mūlā bhaviṣyanti, api tu khalu punaḥ Subhūte aneka-buddha-śatasahasra-paryupāsitā aneka-buddha-śatasahasra-avaropita-kuśala- mūlās te bodhisattvā mahāsattvā bhaviṣyanti, ya imeṣv evaṃrūpeṣu sūtrānta-padeṣu bhāṣyamāṇeṣv eka-citta-prasādam api pratilapsyante. jñātās te Subhūte Tathāgatena buddha-jñānena, dṛṣṭās te Subhūte Tathāgatena buddha-cakṣuṣā, buddhās te Subhūte Tathāgatena. sarve te Subhūte 'prameyam asamkhyeyaṃ puṇyaskaṃdhaṃ prasaviṣyanti pratigṛhīṣyanti. tat kasya hetoḥ? na hi Subhūte teṣāṃ bodhisattvānāṃ mahāsattvānām ātma-saṃjñā pravartsyate na sattva-saṃjñā na jīva-saṃjñā na pudgala-saṃjñā pravartsyate. na-api teṣāṃ Subhūte bodhisattvānāṃ mahāsattvānāṃ dharma-saṃjñā pravartsyate, evaṃ na-adharma-saṃjñā. na-api teṣāṃ Subhūte saṃjñā na-asaṃjñā pravartsyate. tat kasya hetoḥ? sacet Subhūte teṣāṃ bodhisattvānāṃ mahāsattvānāṃ dharma-saṃjñā pravarteta, sa eva teṣām ātma-grāho bhavet, sattva-grāho jīva-grāhaḥ pudgala-grāho bhavet. saced a-dharma-saṃjñā pravarteta, sa eva teṣām ātma-grāho bhavet, sattva-grāho jīva-grāhaḥ pudgala-grāha iti tat kasya hetoḥ? na khalu punaḥ Subhūte bodhisattvena mahāsattvena dharma-udgrahītavyo na-adharmaḥ. tasmād iyaṃ Tathāgatena sandhāya vāg bhāṣitā: kolopamaṃ dharma-paryāyam ājānadbhir dharmā eva prahātavyāḥ prāg eva-adharmā iti.

須菩提白佛言 世尊 頗有衆生 得聞如是言說章句 生實信不
佛告須菩提 莫作是說 如來滅後 後五百歲 有持戒修福者 於此章句 能生信心 以此為實 當知是人不於一佛二佛三四五佛而種善根 已於無量千萬佛所種諸善根 聞是章句 乃至一念生淨信者 須菩提 如來悉知悉見 是諸衆生得如是無量福德 何以故 是諸衆生無復我相 人相 衆生相 壽者相 無法相 亦無非法相 何以故 是諸衆生若心取相 則為著我 人 衆生 壽者 若取法相 即著我 人 衆生 壽者 何以故 若取非法相 即著我 人 衆生 壽者 是故不應取法 不應取非法 以是義故 如來常說 汝等比丘 知我說法 如筏喻者 法尚應捨 何況非法

이와 같이 말씀하시자, 수보리 존자가 세존께 말씀드렸습니다.
"세존이시여, 미래세에, 머나먼 훗날, 500년 후 바른 가르침(正法; saddharma)이 쇠멸한 시기에, 이와 같은 경전의 문구(文句)가 설해질 때, 그 말씀이 진실이라는 생각(眞實想; bhūtasaṃjñā)을 일으키는 그 어떤 중생들이 있을까요?"
세존께서 말씀하셨습니다.
"수보리여, 그대는 '미래세에, 머나먼 훗날, 500년 후 바른 가르침(正法)이 쇠멸한 시기에 이와 같은 경전의 문구가 설해질 때, 그 말씀이 진실이라는 생각을 일으키는 그 어떤 중생들이 있을까?'라고 말하지 마세요. 수보리여, 실로 그렇다 할지라도, 덕을 갖추고, 계행을 갖추고, 반야를 갖춘 보살들, 마하살들은 미래세에, 머나먼 훗날, 500년 후 바른 가르침이 쇠멸한 시기에 이와 같은 경전의 문구가 설해질 때, 그 말씀이 진실이라는 생각을 일으킬 것입니다.

수보리여, 그리고 실로 이와 같은 경전의 문구가 설해질 때, 한 마음으로 청정한 믿음을 얻은 그 보살들, 마하살들은 한 부처님의 회상(會上)에서 부처님을 모신 것이 아니고, 한 부처님의 회상에서 선근(善根)을 심은 것이 아니라, 수보리여, 실로 수십만 부처님의 회상에서 부처님을 모시고, 수십만 부처님의 회상에서 선근을 심은 보살들, 마하살들입니다. 수보리여, 여래는 그들을 부처님의 지혜(佛智)로 알고, 수보리여, 여래는 그들을 부처님의 눈(佛眼)으로 보고, 수보리여, 여래는 그들을 깨우칩니다. 수보리여, 그들은 모두 헤아릴 수 없고, 셀 수 없는 복덩어리(福德)를 생산하여 얻게 될 것입니다. 왜냐고요? 수보리여, 그 보살들, 마하살들에게는 자아라는 관념(我想; ātmasaṃjñā)이 생기지 않기 때문이며, 중생이라는 관념(衆生想), 수명이라는 관념(壽者想), 사람이라는 관념(人想)이 생기지 않기 때문입니다.

수보리여, 그리고 그 보살들, 마하살들에게는 가르침이라는 관념(法想; dharmasaṃjñā)이 생기지 않고, 마찬가지로 가르침이 아니라는 관념(非法想; adharmasaṃjñā)이 생기지 않습니다. 수보리여, 그들에게는 관념도 생기지 않고, 비관념(非觀念)도 생기지 않습니다. 수보리여, 왜 그럴까요? 수보리여, 만약 그 보살들, 마하살들에게 가르침이라는 관념(法想; dharmasaṃjñā)이 생기면, 그들에게 자아에 대한 집착(ātmagrāho)이 생기고, 중생에 대한 집착(sattvagrāho)·수명에 대한 집착(jīvagrāhaḥ)·사람에 대한 집착(pudgalagrāho)이 생기며, 만약 그 보살들, 마하살들에게 가르침이 아니라는 관념(非法想; adharmasaṃjñā)이 생겨도, 역시 그들에게 자아에 대한 집착이 생기고, 중생에 대한 집착·수명에 대한 집착·사람에 대한 집착이 생기기 때문입니다. 왜냐하면 수보리여, 실로 보살들, 마하살들은 가르침을 고집해서도 안 되고, 가르침 아닌 것을 고집해서도 안 되기 때문입니다. 그래서 여래는 이것을 두고서, '뗏목의 비유 법문을 잘 이해한 사람은 가르침도 버려야 하거늘 하물며 가르침이 아닌 것이랴!'라고 이야기한 것입니다."

당시의 **아비달마**불교에서는 '모든 중생은 불성(佛性)을 가지고 있으며, 중생이 곧 부처다.'라는 주장을 받아들일 수가 없었을 것이다. 그렇지만 **제6 정신희유분**(正信希有分)에서는 이것이 진정한 불교이며, 불교는 이론이 아니라 실천을 통해 체득해야 할 가르침이라고 주장한다.

수보리 존자는 부처님께서 입멸하시고 나서 500년 후의 사람들이 '중생(衆生)이 곧 여래'라는 가르침을 바르게 이해할 수 있을 것인지를 염려한다. 부처님 입멸 후 500년경은 대승경전이 만들어지기 시작한 시기이다. 우리는 여기에서 『금강경』이 불멸후 500년경에 성립되었음을 알 수 있다. 대승불교운동을 일으킨 사람들은 그들이 살고 있는 불멸후 500년경을 부처님의 바른 가르침〔正法〕이 쇠멸한 시대라고 인식하고, 부처님의 바른 가르침은 무아(無我)를 실천하여 모든 중생이 여래가 되는 것이라고 주장하고 있는 것이다.

그렇다면 왜 이 시기에 대승경전을 만들고, 이 경전의 말씀이 진실이라고 주장하게 되었을까? 부처님의 말씀은 불멸 직후 제자들에 의하여 제1차 결집이 이루어졌지만, 문자로 기록된 것이 아니라 합송(合誦)[52]으로 구전(口傳)되었다. 학자들의 연구에 의하면, **아비달마**불교 시기

52 경을 대중이 함께 외우는 것. 오늘날 천수경(千手經)이나 반야심경(般若心經)을 합송하듯이, 대중이 합송하는 가운데 불경(佛經)이 구전되었다.

에 논장(論藏)이 형성됨으로써 삼장(三藏)이 성립되었고, 유력한 부파(部派)는 독자적으로 삼장을 편찬하여 전승하였는데, 구송(口誦)으로 전해진 부파의 삼장이 최초로 문자로 기록된 것은 B.C. 1세기 무렵이라고 한다.[53] 이 시기는 대승경전들이 만들어지기 시작하는 시기이기도 하다. 불경(佛經)이 문자로 기록되기 시작하자, 대승불교운동가들도 문자로 된 대승경전을 만들었다고 생각되며, 이 무렵에 『금강경』이 출현했다고 생각된다.

반야바라밀다를 주장하는 대승불교운동가들은 실체론(實體論)으로 변질된 **아비달마**불교에 대하여 그것은 정법(正法)이 아니라고 비판하고, 무아(無我)의 가르침은 관념적인 이론을 통해서 이해되는 것이 아니라, 계행을 갖추고 수행공덕을 갖추어 지혜를 닦은 사람들에 의해서 이해된다는 것을 강조한다. 불교는 이론이 아니라 실천수행을 통해 반야로 통찰된 내용이라는 것이다. 이러한 반야의 통찰은 모든 관념적인 인식, 즉 상(想; saṃjñā)을 배제한다. 부처님의 가르침은 관념으로 이해될 수 없는 것이다.

부처님께서는 『맛지마 니까야』 1. **「근본법문경(根本法門經; Mūlapariyāya-sutta)」**에서 불교의 근본은 관념적으로 인식하지 않고, 체험적으로 깨닫는 것이라고 말씀하셨다.

이와 같이 나는 들었습니다.

한때 세존께서는 욱깟타(Ukkaṭṭha)의 쑤바가(Subhaga) 숲 속에서 가장

53 사사끼, 쯔까모토, 다까사끼, 이노구찌 공저, 『印度佛敎史』, 권오민 역(서울: 경서원; 1985), p. 88 참조.

큰 쌀라 나무 아래에 머무시었습니다. 그곳에서 세존께서 "비구들이여!" 라고 비구들을 불렀습니다. 비구들은 "존경하는 스승님!" 하고 대답했습니다.

세존께서 말씀하셨습니다.

"비구들이여, 그대들에게 모든 가르침의 근본이 되는 법문을 설하겠소. 잘 듣고, 깊이 생각하도록 하시오. 내가 이야기하겠소."

"그렇게 하겠습니다. 세존이시여!"라고 그 비구들이 대답했습니다.

세존께서는 다음과 같이 말씀하셨습니다.

"비구들이여, 성인(聖人)을 무시하고, 성인의 가르침을 이해하지 못하고, 성인의 가르침에서 배우지 못하고, 참사람(正士)을 무시하고, 참사람의 가르침을 이해하지 못하고, 참사람의 가르침에서 배우지 못한 무지한 범부는 땅(地)을 땅으로 관념적으로 인식한다오.(paṭhaviṃ paṭhavito sañjānāti) 땅을 땅으로 관념적으로 인식하고 나서, 땅을 생각하고, 땅에 대하여 생각하고, '땅이다.'라고 생각하고, '땅은 나의 소유(所有)다.'라고 생각하고, 땅을 애락(愛樂)한다오. 그 까닭은 무엇인가? '그는 정확하게 모르기 때문이다.'라고 나는 말한다오.

비구들이여, 마음의 평온을 성취하지 못한 유학(有學) 비구는 누구나 더 할 나위 없는 행복(瑜伽安穩)을 희구하며 살아간다오. 그는 땅을 땅으로 체험적으로 인식한다오.(paṭhaviṃ paṭhavito abhijānāti) 땅을 땅으로 체험적으로 인식하고 나서, 땅을 생각하지 않고, 땅에 대하여 생각하지 않고, '땅이다.'라고 생각하지 않고, '땅은 나의 소유다.'라고 생각하지 않고, 땅을 애락하지 않는다오. 그 까닭은 무엇인가? '그는 정확하게 알고자 하기 때문이다.'라고 나는 말한다오.

비구들이여, 비구로서 번뇌를 멸진(滅盡)하고, 수행을 완성하고, 해야 할 일을 마치고, 짐을 내려놓고, 자신의 목적에 도달하여, 존재의 결박(有

結)을 끊고, 바른 지혜를 갖추어 해탈한 아라한은 누구나 땅을 땅으로 체험적으로 인식한다오. 땅을 땅으로 체험적으로 인식하고 나서, 땅을 생각하지 않고, 땅에 대하여 생각하지 않고, '땅이다.'라고 생각하지 않고, '땅은 나의 소유다.'라고 생각하지 않고, 땅을 애락하지 않는다오. 그 까닭은 무엇인가? '그는 정확하게 알고 있기 때문이다.'라고 나는 말한다오.

비구들이여, 비구로서 번뇌를 멸진하고, 수행을 완성하고, 해야 할 일을 마치고, 짐을 내려놓고, 자신의 목적에 도달하여, 존재의 결박을 끊고, 바른 지혜를 갖추어 해탈한 아라한은 누구나 땅을 땅으로 체험적으로 인식한다오. 땅을 땅으로 체험적으로 인식하고 나서, 땅을 생각하지 않고, 땅에 대하여 생각하지 않고, '땅이다.'라고 생각하지 않고, '땅은 나의 소유다.'라고 생각하지 않고, 땅을 애락하지 않는다오. 그 까닭은 무엇인가? 탐욕(貪)이 지멸(止滅)하여 탐욕에서 벗어났고, 분노(瞋)가 지멸하여 분노에서 벗어났고, 어리석음(癡)이 지멸하여 어리석음에서 벗어났기 때문이오.

비구들이여, 아라한이며, 등정각(等正覺)인 여래는 땅을 땅으로 체험적으로 인식한다오. 땅을 땅으로 체험적으로 인식하고 나서, 땅을 생각하지 않고, 땅에 대하여 생각하지 않고, '땅이다.'라고 생각하지 않고, '땅은 나의 소유다.'라고 생각하지 않고, 땅을 애락하지 않는다오. 그 까닭은 무엇인가? '여래는 정확하게 알고 있기 때문이다.'라고 나는 말한다오.

비구들이여, 아라한이며 등정각인 여래는 땅을 땅으로 체험적으로 인식한다오. 땅을 땅으로 체험적으로 인식하고 나서, 땅을 생각하지 않고, 땅에 대하여 생각하지 않고, '땅이다.'라고 생각하지 않고, '땅은 나의 소유다.'라고 생각하지 않고, 땅을 애락하지 않는다오. 그 까닭은 무엇인가? 여래는 기쁨(nandī)이 괴로움의 뿌리라는 것을 알고 있으며, 유(有)

로부터 생(生)이 있고, 유정(有情)의 노사(老死)가 있다는 것을 알기 때문이오. 비구들이여, 그래서 '여래는 어떤 경우에도 갈망하는 마음(愛)을 지멸하고, 소멸하고, 단념하고 포기하여 무상(無上)의 등정각을 몸소 깨달은 등정각이다.'라고 나는 말한다오."

〈水(āpa), 火(teja), 風(vāya), 有情(bhūta)들, 天神(deva)들, 生主(pajāpati), 梵天(brahmā; 色界初禪), 光音天(ābhassara; 色界二禪), 遍淨天(subhakiṇṇa; 色界三禪), 廣果天(vehapphala; 色界四禪), 勝者天(abhibhū; 色界四禪), 空無邊處(ākāsañcāyatana), 識無邊處(viññāṅañcāyatana), 無所有處(ākiñcaññāyatana), 非有想非無想處(nevasaññānāsaññāyatana), 보인 것(diṭṭha), 들린 것(suta), 사량(思量)된 것(muta), 인식된 것(viññāta), 單一性(ekatta), 多樣性(nānatta), 一切(sabba), 涅槃(nibbāna)에 대해서도 마찬가지로 말씀하셨습니다.〉

이것이 세존께서 하신 말씀입니다.

그 비구들은 세존의 말씀에 만족하고 기뻐했습니다.[54]

이 경의 주제는 '부처님께서 가르친 모든 가르침의 근본'이다. 그렇다면 부처님의 가르침의 근본은 무엇인가? 부처님께서는 이 경에서 "무지한 범부들은 **'sañjānāti'**하고, 열반을 추구하는 수행자와 열반을 성취한 아라한과 정각(正覺)을 성취한 여래는 **'abhijānāti'**한다."고 말씀하신다. **'sañjānāti'**하지 말고 **'abhijānāti'**하라는 것이 '부처님께서 가르친 모든 가르침의 근본'이라는 것이다.

그렇다면 **'sañjānāti'**는 무엇이고, **'abhijānāti'**는 무엇인가?

'sañjānāti'는 '하나의, 함께, 같은'의 의미를 지닌 접두어 'saṃ'과 '알

54 이중표 역해, 『정선 맛지마 니까야 (상)』(광주: 전남대학교출판부; 2016), pp. 24~27.

다'라는 의미의 동사 'jānāti'의 합성어이다. 따라서 문자 그대로의 의미는 '함께 알다. 같은 것으로 알다. 하나로 알다'이다. '함께 알고, 같은 것으로 알고, 하나로 안다'는 것은 무엇을 의미하는 것일까? 이것은 대상을 개념(概念)으로 인식한다는 말이다. '책상'이라는 개념은 세상의 모든 책상을 '하나의' 대상으로, '같은' 대상으로 삼고 있다. 세상에는 똑같은 책상이 하나도 없지만, 우리는 모든 책상을 함께 싸잡아서, '책상'이라는 하나의 동일한 개념을 사용하여 같은 것으로 인식한다. 이와 같이 어떤 대상을 '개념'을 가지고 인식하는 것이 **'sañjānāti'**이다. 나는 이것을 '관념적으로 인식하다.'라고 번역했다. 5온의 상(想), 즉 **'saṃjñā**(Pāli : saññā)'는 **'sañjānāti'**의 명사형으로서 '관념적으로 인식하는 마음', 또는 '관념(觀念)이나 개념'을 의미한다. 이 경에서는 언어적인 개념으로 인식하는 우리의 관념적인 인식을 중생들의 잘못된 인식이라고 지적하고 있다.

'abhijānāti'는 '~에 대하여, 향하여, 두루'의 의미를 지닌 접두어 **'abhi'**와 '알다'라는 의미의 동사 **'jānāti'**의 합성어이다. 따라서 문자 그대로의 의미는 '~에 대하여 알다. 두루 알다.'이다. '~에 대하여 안다.'는 것은 '대상을 직접 몸으로 상대하여 체험적으로 안다'는 것을 의미한다. 예를 들어서 '컴퓨터를 안다.'라고 할 때, 컴퓨터를 관념적으로 아는 것과 체험적으로 아는 것은 앎의 내용이 다르다. 눈앞에 있는 컴퓨터를 보고, 그것이 책상이 아니라 컴퓨터라는 것을 아는 것은 컴퓨터를 컴퓨터라는 이름, 즉 개념을 가지고 인식한 것이다. 이것이 **'sañjānāti'**다. 우리가 컴퓨터를 관념적으로 안다고 해서 컴퓨터에 대하여 진정으로 아는 것은 아니다. 컴퓨터를 사용할 줄 아는 것이 컴퓨터에 대한 진정한 앎이다. 컴퓨터를 사용할 줄 알기 위해서는 직접 손으로 만져보고 실습을 해야 한다. 우리는 직접 컴퓨터를 손으로 만져보고, 사용법에 따라 실습을 함으로써 컴퓨터가 어떤 것인 줄을 정확하게 알 수 있다. 이것이 'abhijānāti'이다. 직접 몸으로 대상을 상대하여 체험을 통해 그 대상에 대하여 아는 것이 'abhijānāti'인 것이다. 나는 이것을 '체험적으로 인식하다.'로 번역했다. '신통(神通), 승지(勝智)'로 한역된 'abhiññā'는 'abhijānāti'의 명사형으로서 '체험적으로 인식하는 지혜'나 '체험적인 지식'을 의미한다.

범부(凡夫)든, 수행자나 아라한이든, 인식의 대상은 다르지 않다. 부처님 당시의 인도인들은 이 세계가 물질적으로는 4대(四大), 즉 땅(地), 물(水), 불(火), 바람(風)이라는 존재로 이루어져 있고, 그곳에 생명을 지닌 유정(有情)들과 여러 천신들이 살고 있으며, 하늘 위에는 범천(梵天)을 비롯하여 수많은 천상의 세계가 존재한다고 생각했다. 부처님께서는 이런 존재들에 대하여, 관념적으로 인식하지 말고, 체험적으로 인식할 것을 가르쳤다. 부처님께서 가르치신 것은 이 세계를 초월한 그 어떤 것이 아니다. 부처님께서는 우리가 살고 있는 현실의 존재들에 대하여 바르게 인식할 것을 가르치셨던 것이다. 이것이 부처님께서 가르치신 모든 가르침의 근본이라는 것을 이 경은 이야기하고 있다. 아상을 포함한 모든 관념은 관념적으로 인식(sañjānāti)하기 때문에 생긴다. 아상을 포함한 모든 관념은 체험적으로 인식하여 통찰하면 소멸한다. 『금강경』이 강조하는 것은 이것이다.

"중생과 여래의 차별이 없다."는 것은 "업보(業報)는 있으나 작자(作者)는 없다."는 공성(空性)을 이야기한 것이며, 이것은 모든 중생이 부처가 될 수 있다는 가능성을 이야기한 것이다.

그런데 "업보는 있으나 작자는 없다."는 공성을 관념적으로 이해하면 두 가지 모순된 견해에 빠지게 된다. "업보가 있다."는 말을 관념적으로 이해하면, 업(業)을 지어서 보(報)를 받는 존재를 상정하게 된다. 그래서 "업보가 있다."는 말을 '업을 지어 보를 받는 존재가 있어서, 윤회하면서 지은 업에 따라 다음 생에 가서 그 과보를 받는다.'라고 이해한다. 이것은 **자이나**교나 **브라만**교와 다를 바 없는 상견(常見)이다.

"작자는 없다."는 말을 관념적으로 이해하여, 무아(無我)를 '나 없음'으로 이해한다면, 불교는 허무주의가 된다. 이것은 '인간은 물질이 일시적으로 모여 있는 상태에 지나지 않으며, 죽음은 모여 있던 4대(四大)가 흩어지는 것'이라고 주장한 유물론자(唯物論者)와 다름이 없는 단견(斷見)이다.

"업보는 있으나 작자는 없다."는 공성을 관념론적으로 이해하면, 이와 같이 두 가지 모순된 주장이 대립한다. 그런데 부처님께서는 '업보는 있다.'라고 하여 단견을 물리치고, '작자는 없다.'라고 하여 상견을 물리쳤다. 부처님은 단견과 상견을 떠난 중도(中道)에서 '업보는 있으나 작자는 없다.'라고 하신 것이다. 그러나 중도를 이해하지 못하는 사람들은 불교를 공부하면서도 이 두 가지 모순된 견해 가운데 하나를 취한다. 부처님 당시에도 그런 사람이 있었다.

부처님은 생사(生死)에서 벗어나 해탈할 것을 가르쳤다. 그렇다면 윤회하고 해탈하는 존재가 있을 것이다. 윤회하다가 해탈하는 존재는 무엇일까? 우리 주변에 윤회하고 해탈하는 주인공이 있다고 이야기하는 사람들이 있다. 그리고 그 주인공을 찾는 것이 불교공부라고 주장하는 사람들이 있다. 『맛지마 니까야』 38. **「갈망하는 마음(愛)의 소멸 큰 경(Mahātaṇhāsaṅkhaya-sutta)」**은 그런 사람에게 무아(無我)를 가르친 경이다.

세존의 부름을 받은 어부의 아들 싸띠 비구는 세존을 찾아가서 예배하고 한쪽에 앉았습니다. 한쪽에 앉은 싸띠 비구에게 세존께서 말씀하셨습니다.

"싸띠여, 그대는 사악한 사견을 일으켜, '나는 세존께서 다른 것이 아니라, 이 분별하는 마음(識)이 유전(流轉)하고, 윤회한다고 설법한 것으로 알고 있다.'라고 했다는데, 사실인가?"

"사실입니다. 세존이시여! 저는 확실히 세존께서 '다른 것이 아니라, 이 분별하는 마음(識)이 유전하고, 윤회한다.'라고 가르쳤다고 알고 있습니다."

"싸띠여, 그 분별하는 마음은 어떤 것인가?"

"세존이시여, 이것은 말하고, 경험하는 것으로서, 여기저기에서 선하고 악한 업의 과보를 받습니다."

"어리석은 사람아, 누구에게 내가 그런 가르침을 가르쳤다고 그대는 알고 있는가? 어리석은 사람아, 내가 여러 가지 방법으로, 갖가지 비유를 들어서 조건에 의지하여 함께 일어난(緣起한; paṭiccasamuppannaṃ) 분별하는 마음(識; viññāṇaṃ)에 대하여 이야기하면서, '조건(緣)이 없으면 분별하는 마음(識)은 생기지 않는다.'라고 하지 않았던가? 어리석은 사람아, 그런데 그대는 자신이 잘못 파악한 견해로 우리를 중상하고, 자신을 해치고, 많은 죄를 짓는구나. 어리석은 사람아, 그것은 그대에게 오랜 세월 동안 무익한 괴로움이 될 것이다.

〈중략〉

비구들이여, 어떤 조건에 의지하여 분별하는 마음이 생기면, 그것에 의하여 그것으로 명칭을 붙인다오. 시각활동(眼)과 형색(色)들에 의지하여 분별하는 마음이 생기면, 시각의식(眼識; cakkhuviññāṇa)이라는 명칭을 붙인다오. 청각의식(耳識), 후각의식(鼻識), 미각의식(舌識), 촉각의식(身識), 의식(意識)도 마찬가지라오.[55]

비구들이여, 비유하면, 어떤 조건에 의지하여 불이 타면, 그것에 의하여 그것으로 명칭을 붙이는 것과 같다오. 장작에 의지하여 불이 타면 장작불이라는 명칭을 붙이고, 장작개비에 의지하여 불이 타면 장작개비불이라는 명칭을 붙이고, 건초에 의지하여 불이 타면 건초불이라는 명칭을 붙이고, 쇠똥에 의지하여 불이 타면 쇠똥불이라는 명칭을 붙이고, 왕겨에 의지하여 불이 타면 왕겨불이라는 명칭을 붙이고, 쓰레기에 의지하여 불이 타면 쓰레기불이라는 명칭을 붙이는 것과 같다오. 비구들이여, 이와 같이 어떤 조건에 의지하여 분별하는 마음이 생기면, 그 조건에 의하여 그것으로 명칭을 붙인다오.

비구들이여, 그대들은 '이것은 생긴 것이다', '그것은 음식에서 생긴 것이다', '그것의 음식은 소멸하므로, 그 생긴 것은 소멸하는 법이다.'라는 것을 관찰하는가?"

"그렇습니다. 세존이시여!"

"비구들이여, '이것은 생긴 것인가, 아닌가?', '그것은 음식에서 생긴 것인가, 아닌가?', '그것의 음식은 소멸하므로, 그 생긴 것은 소멸하는 법인가, 아닌가?' 하는 의심이 일어나는 것은 불확실성 때문인가?"

"그렇습니다. 세존이시여!"

"비구들이여, '이것은 생긴 것이다.', '그것은 음식에서 생긴 것이다', '그것의 음식은 소멸하므로, 그 생긴 것은 소멸하는 법이다.'라고 있는 그대

---

55 같은 내용을 생략하여 번역함.

로 바른 통찰지(通察智)로 관찰하면, 불확실성은 사라지던가?"

"그렇습니다. 세존이시여!"

"비구들이여, '이것은 생긴 것이다.', '그것은 음식에서 생긴 것이다', '그 것의 음식은 소멸하므로, 그 생긴 것은 소멸하는 법이다.'라고 하는 이 점에 대하여 그대들에게 의심이 없는가?"

"그렇습니다. 세존이시여!"

"비구들이여, '이것은 생긴 것이다.', '그것은 음식에서 생긴 것이다', '그 것의 음식은 소멸하므로, 그 생긴 것은 소멸하는 법이다.'라는 것은 있는 그대로 바른 통찰지로 잘 본 것인가?"

"그렇습니다. 세존이시여!"

"비구들이여, 만약 그대들이 이와 같이 결점이 없고, 이와 같이 흠이 없는 이 견해를 집착하고, 소중히 하고, 바라고, 애착한다면, 비구들이여, 그대들은 건너기 위한 것이지 붙잡기 위한 것이 아니라고 뗏목의 비유로 가르친 가르침을 이해한 것인가?"

"아닙니다. 세존이시여!"

"비구들이여, 만약 그대들이 이와 같이 결점이 없고, 이와 같이 흠이 없는 이 견해를 집착하지 않고, 소중히 하지 않고, 바라지 않고, 애착하지 않는다면, 비구들이여, 그대들은 건너기 위한 것이지 붙잡기 위한 것이 아니라고 뗏목의 비유로 가르친 가르침을 이해한 것인가?"

"그렇습니다. 세존이시여!"

"비구들이여, 이미 생긴 중생들이 머물거나 다시 태어나기를 바라는 중생에게 도움을 주는 네 가지 음식(四食; cattāro āhārā)이 있다오. 그 네 가지는 어떤 것인가? 입으로 먹는 거칠거나 미세한 단식(團食), 둘째는 촉식(觸食), 셋째는 의사식(意思食), 넷째는 식식(識食)이라오. 비구들이여, 이 네 가지 음식은 무엇이 바탕이고, 무엇이 쌓인 것이고, 무엇에서 생긴 것이고, 무엇이 기원인가? 비구들이여, 이 네 가지 음식은 갈망하는 마음(愛)이 바탕이고, 갈망하는 마음이 쌓인 것이고, 갈망하는 마음에서 생긴 것이고, 갈망하는 마음이 기원이라오."

〈중략〉

"비구들이여, 이와 같이 무명(無明)에 의지하여 조작하는 행위(行)들이, 조작하는 행위들에 의지하여 분별하는 마음(識)이, 분별하는 마음에 의지하여 개념과 형색(名色)이, 개념과 형색에 의지하여 육입처(六入處)가, 육입처에 의지하여 경험(觸)이, 경험에 의지하여 느끼는 마음(受)이, 느끼는 마음에 의지하여 갈망하는 마음(愛)이, 갈망하는 마음에 의지하여 취착하는 마음(取)이, 취착하는 마음에 의지하여 유(有)가, 유에 의지하여 생(生)이, 생에 의지하여 노사(老死)와 근심·걱정·고통·슬픔·좌절이 생겨난다오. 이와 같이 완전한 괴로움덩어리(苦蘊)의 쌓임(集)이 있다오.

〈중략〉

'무명(無明)이 소멸하면 조작하는 행위(行)들이 소멸한다.'라고 말했는데, 비구들이여, 과연 무명이 소멸하면 우리에게 조작하는 행위들이 소멸하는 것인지, 이 점에 대하여 어떻게 생각하는가?"

"세존이시여, 무명이 소멸하면 조작하는 행위들이 소멸합니다. 우리는 '무명이 소멸하면 조작하는 행위들이 소멸한다.'라고 생각합니다."

"비구들이여, 훌륭하오. 비구들이여, 그대들도 이와 같이 말하고, 나도 이와 같이 말한다오.

'이것이 없는 곳에 이것이 없고, 이것이 소멸하면 이것이 소멸한다. 이와 같이 무명(無明)이 소멸하면 조작하는 행위(行)들이 소멸하고, 조작하는 행위들이 소멸하면 분별하는 마음(識)이 소멸하고, 분별하는 마음이 소멸하면 개념과 형색(名色)이 소멸하고, 개념과 형색이 소멸하면 육입처(六入處)가 소멸하고, 육입처가 소멸하면 경험(觸)이 소멸하고, 경험이 소멸하면 느끼는 마음(受)이 소멸하고, 느끼는 마음이 소멸하면 갈망하는 마음(愛)이 소멸하고, 갈망하는 마음이 소멸하면 취착하는 마음(取)이 소멸하고, 취착하는 마음이 소멸하면 유(有)가 소멸하고, 유가 소멸하면 생(生)이 소멸하고, 생이 소멸하면 노사(老死)와 근심·걱정·고통·슬픔·좌절이 소멸한다. 이와 같이 완전한 괴로움덩어리가 소멸한다.'

비구들이여, 그대들은 이와 같이 알고, 이와 같이 보면서도, 과거로 돌아가서, '우리는 과거세(過去世)에 존재했을까, 존재하지 않았을까? 우리는 과거세에 무엇이었을까? 우리는 과거세에 어떻게 지냈을까? 우리는 과거세에 무엇이었다가 그 다음에는 무엇이었을까?'라고 하겠는가?"

"그렇지 않습니다. 세존이시여!"

"비구들이여, 그대들은 이와 같이 알고, 이와 같이 보면서도, 미래로 앞질러가서, '우리는 오지 않은 미래세(未來世)에 존재하게 될까, 존재하지 않게 될까? 우리는 미래세에 무엇이 될까? 우리는 미래세에 어떻게 될까? 우리는 미래세에 무엇이 되었다가, 그 다음에는 무엇이 될까?'라고 하겠는가?"

"그렇지 않습니다. 세존이시여!"

"비구들이여, 그대들은 이와 같이 알고, 이와 같이 보면서도, '나는 존재하는가, 존재하지 않는가? 나는 무엇인가? 나는 어떻게 지내는가? 이 중생(衆生)은 어디에서 왔다가 어디로 가는 것일까?'라고 지금 이 시간(paccuppannam-addhānaṃ)에 자신에 대하여 지금 의혹이 있는가?"

"그렇지 않습니다. 세존이시여!"

"비구들이여, 그대들은 이와 같이 알고, 이와 같이 보면서도, '스승은 존경스럽다. 존경하는 스승이 한 말이기 때문에 우리는 그렇게 말한다.'라고 이야기하겠는가?"

"그렇지 않습니다. 세존이시여!"

"비구들이여, 그대들은 이와 같이 알고, 이와 같이 보면서도, '어떤 사문(沙門)이 이렇게 말했다. 다른 사문이 한 말이기 때문에 우리는 그렇게 말하지 않는다.'라고 이야기하겠는가?"

"그렇지 않습니다. 세존이시여!"

"비구들이여, 그대들은 이와 같이 알고, 이와 같이 보면서도, 다른 사람을 스승으로 받들겠는가?"

"그렇지 않습니다. 세존이시여!"

"비구들이여, 그대들은 이와 같이 알고, 이와 같이 보면서도, 여러 사문과 바라문들의 복점(卜占)이나 축제나 제사에 그것들이 진실이라고 생각하여 돌아가겠는가?"

"그렇지 않습니다. 세존이시여!"

"비구들이여, 그대들은 그대들이 스스로 알고, 스스로 보고, 스스로 경험한 것을 이야기하는가?"

"그렇습니다. 세존이시여!"

"훌륭하오, 비구들이여! 비구들이여, 나는 그대들에게 지금, 여기에서 즉시 와서 보라고 할 수 있는, 현명한 사람들이 저마다 경험하는 데 도움이 되는 가르침을 주었소. 비구들이여, '이 가르침은 지금, 여기에서 즉시 와서 보라고 할 수 있는, 현명한 사람들이 저마다 경험하는 데 도움이 되는 가르침이다.'라고 이렇게 이야기한 것은 이것을 두고 이야기한 것이오.

〈중략〉

비구들이여, 그대들은, 커다란 갈망(愛)의 그물과 갈망 덩어리에 속박된 어부의 아들 싸띠 비구를 보고, 내가 간략하게 이야기한 갈망하는 마음(愛)이 소멸한 해탈(愛滅解脫)을 명심하도록 하시오."[56]

---

56 이중표 역해, 『정선 맛지마 니까야 (상)』(광주: 전남대학교출판부; 2016), pp. 287~313.

이 경에서 부처님은 인식하고 분별하는 마음(識)을 윤회하고 해탈하는 자아로 생각하는 비구에게, 분별하는 마음은 연기할 뿐이며, 윤회하고 해탈하는 자아는 없다는 것을 이야기하고 있다. 그리고 이러한 사실은 관념적인 이론(戱論)이 아니라 반야로 통찰함으로써 각자가 스스로 깨닫게 되는 진실이라고 이야기한다. 그러나 이러한 진실도 그것을 관념적인 이론으로 만들어서 집착하면 안 된다는 것이 부처님의 가르침이다.

부처님께서 깨달아 가르치신 12연기(十二緣起)는 우리가 고집해야 할 이론이 아니라, 반야로 괴로운 현실을 통찰하여 깨달아야 할 진실이다. 그리고 이것이 아무리 분명한 진실이라고 할지라도 괴로움이 없는 곳에서는 의미 없는 진실이다. 어떤 약이, 아무리 좋은 약이라 할지라도, 병이 나은 후에는 필요 없는 것과 같다. 그래서 부처님은 당신의 가르침을 뗏목에 비유하신 것이다.

이와 같이 불교를 이해한 사람은 불교에 집착하지 않는다. 아무리 좋은 약이 있어도 자신이 직접 먹지 않으면 병이 나을 수 없고, 아무리 좋은 배가 있어도 자신이 스스로 타고 건너지 않으면 저 언덕에 도달할 수가 없다. 그리고 그 약이나 배는 누가 만들었는가가 중요한 것이 아니라 자신이 직접 먹고, 타는 것이 중요하다. 그래서 부처님은 다음과 같이 말씀하신 것이다.

"비구들이여, 그대들은 이와 같이 알고, 이와 같이 보면서도, '스승은 존경스럽다. 존경하는 스승이 한 말이기 때문에 우리는 그렇게 말한다.'라고 이야기하겠는가?"

"그렇지 않습니다. 세존이시여!"

"비구들이여, 그대들은 이와 같이 알고, 이와 같이 보면서도, '어떤 사문(沙門)이 이렇게 말했다. 다른 사문(沙門)이 한 말이기 때문에 우리는 그렇게 말하지 않는다.'라고 이야기하겠는가?"

"그렇지 않습니다. 세존이시여!"

우리의 괴로움은 다른 사람이 해결해 주지 못한다. 병이 걸린 사람은 자신이 직접 약을 먹어야 하고, 저 언덕에 건너가야 할 사람은 자신이 직접 배를 타고가야 한다. 부처님께서 열반하실 때 마지막으로 남긴 가르침은 "남에게 의지하지 말고, 자기 자신에게 의지하라."는 가르침이었다. 부처님은 이러한 가르침을 평소에도 강조하셨다.

비구들이여, 그대들은 이와 같이 알고, 이와 같이 보면서도, 다른 사람을 스승으로 받들겠는가?

여기에서 부처님이 말씀하시는 '다른 사람'은 '부처님 이외의 다른 사람'이 아니라, '부처님을 포함하는 다른 사람'이다. 선가(禪家)에서 "부처를 만나면 부처를 죽이고, 조사를 만나면 조사를 죽인다.〔殺佛殺祖〕"는 말씀은 이것을 이야기한 것이다. 오직 스스로에 의지하여 스스로를 스승으로 삼아 실천할 일이지, 남을 의지해서는 안 된다는 가르침이다.

무아(無我)는 이론이 아니라, 자아라는 망상이 있을 때, 그 망상을 통찰하여 그것이 허망한 것이라는 것을 알아차리는 깨달음이다. 따라서 무아는 무아를 깨달아 자아라는 망상이 사라진 후에도 고집해야 할 이론이 아니다. 그런데 무아를 관념적인 이론으로 이해하고 받아들인 사람은 무아의 가르침에서 혼란을 겪게 된다. 무아라면 지금 살고 있는 '나'는 무엇인가? '나'가 없다면 누가 '나'를 죽여도 '나를 죽였다.'고 할 수 없는 일이 아닌가? 내가 다른 사람을 죽여도 '그 사람'이 무아라면 실은 '그 사람'을 죽였다고 할 수 없지 않겠는가? 불교의 무아설(無我說)을 관념적인 이론으로 이해하면 이런 딜레마를 피할 수가 없다. 부처님 당시에 실제로 이런 딜레마에서 벗어나지 못한 비구가 있었다. 『맛지마 니까야』 **22. 「독사의 비유경(Alagaddūpama-sutta)」**은 그 비구를 위해 설한 경이다.

한때 세존께서는 싸왓티의 제따와나 아나타삔디까 승원(僧園)에 머무시었습니다. 그때 출가 이전에 매 조련사였던 아릿타(Ariṭṭha)라는 비구에게 이런 사악한 견해가 생겼습니다.

"나는 세존께서 가르치신 가르침을 '세존께서 말씀하신 장애법(障碍法)을 추구(追求)해도 문제될 것이 없다.'라고 알고 있다."

세존의 부름을 받은 아릿타 존자는 세존을 찾아가서 예배하고 한쪽에 앉았습니다. 한쪽에 앉은 아릿타 존자에게 세존께서 말씀하셨습니다.

〈중략〉

"어리석은 사람아, 누구에게 내가 그런 가르침을 가르쳤다고 그대는 알고 있는가? 어리석은 사람아, 내가 여러 가지 방법으로, 갖가지 비유를 들어서, '장애법을 추구하면 많은 장애(障碍)가 있다.'라고 이야기하지 않았던가? 어리석은 사람아, 그런데 그대는 자신이 잘못 파악한 견해로 우리를 중상하고, 자신을 해치고, 많은 죄를 짓는구나. 어리석은 사람아,

그것은 그대에게 오랜 세월 동안 무익한 괴로움이 될 것이다.
〈중략〉
비구들이여, 비유하면, 길을 가던 어떤 나그네가 이쪽 언덕은 무섭고 위험하고, 저쪽 언덕은 안전하고 위험이 없는 범람하는 큰 강을 만났는데, 이 언덕(此岸)에서 저 언덕(彼岸)으로 갈 수 있도록 강을 건네줄 배가 없었다오. 그는 이렇게 생각했다오.
'이 큰 강은 이쪽 언덕은 무섭고 위험하고, 저쪽 언덕은 안전하고 위험이 없다. 그런데 이 언덕에서 저 언덕으로 갈 수 있도록 강을 건네줄 배가 없구나. 나는 풀, 나무토막, 나뭇가지, 나뭇잎을 모아 뗏목을 엮은 다음, 그 뗏목에 의지하여, 손과 발을 힘껏 저어서 안전하게 저 언덕으로 올라가야겠다.'
비구들이여, 그래서 그 사람은 풀, 나무토막, 나뭇가지, 나뭇잎을 모아 뗏목을 엮은 다음, 그 뗏목에 의지하여, 손과 발을 힘껏 저어서, 안전하게 저 언덕으로 올라갔다오. 그런데 강을 건너 저 언덕에 올라간 사람이 이런 생각을 했다고 합시다.
'이 뗏목은 나에게 많은 도움이 되었다. 나는 이 뗏목에 의지하여 안전한 언덕으로 올라왔다. 그러니 나는 이 뗏목을 머리에 이거나, 어깨에 지고 갈 길을 가야겠다.'
비구들이여, 어떻게 생각하는가? 그 사람이 그 뗏목에 대하여 이렇게 하는 것이 마땅한 일인가?"
"아닙니다. 세존이시여!"
"비구들이여, 그렇다면 그 사람이 그 뗏목에 대하여 어떻게 하는 것이 마땅한 일인가? 비구들이여, 이제 강을 건너 저 언덕에 올라간 사람이 이런 생각을 했다고 합시다.
'이 뗏목은 나에게 많은 도움이 되었다. 나는 이 뗏목에 의지하여 안전

한 언덕으로 올라왔다. 나는 이 뗏목을 땅 위에 올려놓거나, 물에 띄워 놓고 갈 길을 가야겠다.'

비구들이여, 그 사람이 뗏목에 대하여 이렇게 하는 것이 마땅한 일이 아닌가? 비구들이여, 나는 이와 같이 뗏목의 비유, 즉 뗏목은 강을 건너기 위한 것이지, 붙잡기 위한 것이 아니라는 설법을 했소. 비구들이여, 그대들은 뗏목의 비유를 이해하여, 마땅히 가르침들(法; dhammā)도 버려야 하거늘, 하물며 가르침이 아닌 것들(非法; adhammā)은 말해 무엇 하겠는가?

비구들이여, 여섯 가지 견처(見處)가 있다오. 여섯 가지는 어떤 것들인가? 비구들이여, 무지한 범부는 형색(色)에 대하여, '이 형색은 나의 소유다. 이 형색이 나다. 이 형색은 나의 자아다.'라고 여기고, 느끼는 마음(受)에 대하여, '이 느끼는 마음은 나의 소유다. 이 느끼는 마음이 나다. 이 느끼는 마음은 나의 자아다.'라고 여기고, 생각하는 마음(想)에 대하여, '이 생각하는 마음은 나의 소유다. 이 생각하는 마음이 나다. 이 생각하는 마음은 나의 자아다.'라고 여기고, 조작하는 행위(行)들에 대하여, '이 조작하는 행위들은 나의 소유다. 이 조작하는 행위들이 나다. 이 조작하는 행위들은 나의 자아다.'라고 여기고, 분별하는 마음(識)에 대하여, '이 분별하는 마음은 나의 소유다. 이 분별하는 마음이 나다. 이 분별하는 마음은 나의 자아다.'라고 여긴다오. 심지어는 마음에 의해서 보이고, 들리고, 지각되고, 인식되고, 파악되고, 소망되고, 성찰된 것에 대하여, '이것은 나의 소유다. 이것이 나다. 이것은 나의 자아다.'라고 여긴다오. 뿐만 아니라, 이 견처(見處)에 의지하여, '이것이 자아다. 이것이 세계다. 나는 사후(死後)에 지속하고, 일정하고, 영원하고, 바뀌지 않을 것이다. 나는 그대로 언제까지나 머물게 될 것이다.'라고 생각하고, 그것에 대하여, '이것은 나의 소유다. 이것이 나다. 이것은 나의 자아다.'라고 여긴다오.

비구들이여, 그렇지만 학식 있는 성인의 제자는 형색(色)과 느끼는 마음(受)과 생각하는 마음(想)과 조작하는 행위(行)들과 분별하는 마음(識)에 대하여 '이것은 나의 소유가 아니다. 이것은 내가 아니다. 이것은 나의 자아가 아니다.'라고 여기고, 마음에 의해서 보이고, 들리고, 지각되고, 인식되고, 파악되고, 소망되고, 성찰된 것에 대해서도, '이것은 나의 소유가 아니다. 이것은 내가 아니다. 이것은 나의 자아가 아니다.'라고 여긴다오.

뿐만 아니라, 이 견처에 근거하여, '이것이 자아다. 이것이 세계다. 나는 사후에 지속하고, 일정하고, 영원하고, 바뀌지 않을 것이다. 나는 그대로 언제까지나 머물게 될 것이다.'라고 생각하지 않고, 그것에 대하여, '이것은 나의 소유가 아니다. 이것은 내가 아니다. 이것은 나의 자아가 아니다.'라고 여긴다오. 그는 이와 같이 여기는 일이 없기 때문에 걱정하지 않는다오.

〈중략〉

비구들이여, 인드라천에 속하고, 브라만천에 속하고, 쁘라자빠띠천에 속하는 모든 신들이 이와 같은 비구의 해탈한 마음을 찾을 때, '이것이 여래가 의지하는 분별하는 마음(識)이다.'라는 이해에 도달할 수가 없다오. 그 까닭은 무엇인가? 비구들이여, 나는 '나도 지금, 여기에서 여래를 발견할 수 없다.'라고 이야기하기 때문이오.

비구들이여, 나의 이와 같은 말에 대하여 어떤 사문과 바라문들은 이렇게 이야기하는 것은 옳지 않고, 공허하며, 허망하고, 진실이 아니라고 하면서 '사문 고따마(Gotama)는 진실한 중생의 단멸과 소멸과 허무를 가르치는 허무주의자다.'라고 비난한다오. 비구들이여, 나는 그 사문과 바라문들이 나를 비난하는 것과 같은 그런 허무주의자가 아니며, 나는 그런 말을 하지도 않는다오. 비구들이여, 이전에도, 지금도 나는 괴로움과 괴로움의 소멸에 대하여 가르친다오.

〈중략〉

비구들이여, 그러므로 그대들은 그대들의 소유가 아닌 것을 버리도록 하시오. 그것을 버리면, 그것은 그대들에게 오래도록 이익과 행복이 될 것이오. 비구들이여, 무엇이 그대들의 소유가 아닌가? 비구들이여, 형색(色)은 그대들의 소유가 아니오. 그것을 버리도록 하시오. 그것을 버리면, 그것은 그대들에게 오래도록 이익과 행복이 될 것이오. 비구들이여, 느끼는 마음(受), 생각하는 마음(想), 조작하는 행위(行)들, 분별하는 마음(識)은 그대들의 소유가 아니오. 그것을 버리도록 하시오. 버리면, 그것은 그대들에게 오래도록 이익과 행복이 될 것이오.

비구들이여, 어떻게 생각하는가? 사람들이 이 제따와나 숲에 있는 풀과 나무토막, 나뭇가지, 나뭇잎을 집어가거나, 태우거나, 제멋대로 한다면, 그대들은 '사람들이 나의 소유를 집어가거나, 태우거나, 제멋대로 한다.' 라고 생각하겠는가?"

"아닙니다. 세존이시여! 왜냐하면, 그것은 자아(我)도 아니고, 자아에 속하는 것(我所)도 아니기 때문입니다."

"비구들이여, 바로 이와 같이, 그대들은 그대들의 소유가 아닌 것을 버리도록 하시오. 그것을 버리면, 그것은 그대들에게 오래도록 이익과 행복이 될 것이오.

비구들이여, 이와 같이 나는 감춘 것 없이, 잘 드러내고, 장막을 제거한, 명료한 가르침(法)을 잘 이야기했소. 비구들이여, 이와 같이 내가 잘 이야기한 명료한 가르침 가운데서 비구로서 수행을 완성하고, 해야 할 일을 마치고, 짐을 내려놓고, 자신의 목적을 성취하고, 존재의 결박(有結)이 소멸하고, 완전한 지혜에 의해 해탈한, 번뇌(漏)가 멸진한 아라한들에게는 윤회(輪廻; vaṭṭa)가 언명(言明)되지 않는다오.

〈중략〉

비구들이여, 이와 같이 나는 감춘 것 없이, 잘 드러내고, 장막을 제거한, 명료한 가르침을 잘 이야기했소. 비구들이여, 이와 같이 내가 잘 이야기한 명료한 가르침 가운데서 가르침을 이해하고 실천하는 비구와 믿음으로 실천하는 비구들은 모두 반드시 정각(正覺)을 이룬다오.

비구들이여, 이와 같이 나는 감춘 것 없이, 잘 드러내고, 장막을 제거한, 명료한 가르침을 잘 이야기했소. 비구들이여, 이와 같이 내가 잘 이야기한 명료한 가르침 가운데서 나를 믿고, 나를 사랑하는 사람들은 모두 반드시 천상(天上)에 이르게 된다오."[57]

아릿타 비구는 무아(無我)와 공(空)의 가르침을 허무주의로 이해한 사람이다. 그는 업을 지어서 그 과보를 받는 존재가 없기 때문에 부처님께서 수행에 장애가 된다고 말씀하신 계율(戒律)을 어겨도 별 문제가 없을 것이라고 생각하는 사람이다. 이러한 허무주의자를 위해 설하신 '독사의 비유'라는 이름의 이 경은 '뗏목의 비유 경(筏喩經)'으로 널리 알려진 경으로서 독사의 비유와 뗏목의 비유가 함께 설해져 있다.

이 두 개의 비유는 공과 무아를 핵심으로 하는 불교의 특징을 가장 잘 표현한 것이다. 이 경에서는 무아를 잘못 이해하면 허무주의에 빠져서 독사를 잡으려다 독사에 물리는 격이 되므로 무아를 아집(我執)을 버리기 위한 방편으로 이해할 것을 강조한다. 그러나 무아가 종국에는 버려야 할 방편(方便)이라고 해서 부처님이 무아가 아닌 어떤 진

57 이중표 역해, 『정선 맛지마 니까야 (상)』(광주: 전남대학교출판부; 2016), pp. 162~180.

아(眞我)를 숨겨두고 있는 것은 아니다. 부처님께서는 이것을 우려하여 "그대들은 뗏목의 비유를 이해하여 마땅히 가르침(法)들도 버려야 하거늘, 하물며 가르침이 아닌 것(非法)들은 말해 무엇 하겠는가?"라고 말씀하신다. 여기에서 이야기하는 가르침이 아닌 것은 유아론(有我論)이다. 무아를 버린다고 유아(有我)를 취해서는 안 된다는 것이다.

범부들은 무아가 아니면 유아라는 모순된 생각을 한다. 이 모순된 생각을 벗어나는 것이 중도(中道)이다. 이 법문은 중도를 벗어나서는 바르게 이해될 수 없다. 중도에서 연기의 실상(實相), 즉 공(空)을 보아야 무아의 참뜻을 알 수 있는 것이다. 이런 의미에서 이 경은 반야사상의 모태(母胎)라고 할 수 있으며, 『금강경』의 토대가 된다.

제3장

평상심(平常心)에 길(道)이 있다

1. 여래는 다만 깨달았을 뿐, 깨달아서 얻은 것은 없다

제7 무득무설분(無得無說分)

Punar aparaṃ Bhagavān āyuṣmantaṃ Subhūtim etad avocat: tat kiṃ manyase Subhūte, asti sa kāscid dharmo yas Tathāgatena-anuttarā samyaksambodhir ity abhisambuddhaḥ, kaścid vā dharmas Tathāgatena deśitaḥ?

evam ukta āyuṣmān Subhūtir Bhagavantam etad avocat: yathā-aham Bhagavan Bhagavato bhāṣitasya-artham ājānāmi, na-asti sa kaścid dharmo yas Tathāgatena-anuttarā samyaksambodhir ity abhisambuddhā, na-asti dharmo yas Tathāgatena deśitaḥ. tat kasya hetoḥ? yo 'sau Tathāgatena dharmo 'bhisambuddhho deśito vā, agrāhyaḥ so 'nabhilapyaḥ, na sa dharmo na-adharmaḥ. tat kasya hetoḥ? asaṃskṛta-prabhāvitā hy ārya-pudgalāḥ.

須菩提 於意云何 如來得阿耨多羅三藐三菩提耶 如來有所說法耶 須菩提

言 如我解佛所說義 無有定法名阿耨多羅三藐三菩提 亦無有定法 如來可說 何以故 如來所說法 皆不可取 不可說 非法 非非法 所以者何 一切賢聖 皆以無為法而有差別

다시 세존께서 수보리 존자에게 말씀하셨습니다.
"수보리여, 어떻게 생각하나요. 여래가 체험하여 깨달은 '아뇩다라삼먁삼보리(無上正等正覺; anuttarā-samyaksambodhi)'라는 어떤 법이 있고, 여래가 가르친 어떤 법이 있을까요?"
수보리가 말씀드렸습니다.
"제가 부처님께서 말씀하신 의미를 이해한 바로는 여래가 체험하여 깨달으신 '아뇩다라삼먁삼보리'라는 어떤 법(法)도 없고, 여래가 가르치신 어떤 법도 없습니다. 왜냐하면, 여래가 체험하여 깨달아 가르치신 법은 (개념으로) 파악할 수 없고, (개념으로) 표현할 수 없으며, 그것은 법도 아니고 비법(非法)도 아니기 때문입니다. 왜냐하면, 성인(聖人)은 무위(無爲; asaṃskṛta)에서 출현하기 때문입니다."

육조(六祖) 혜능(慧能)의 돈법(頓法)을 이은 회양(懷讓) 선사가 날마다 좌선에 몰두하고 있는 마조(馬祖) 도일(道一) 선사를 찾아가서 물었다.
"스님은 무엇 때문에 좌선을 하나요?"
"부처가 되려고 합니다."
그러자 회양은 벽돌 하나를 가지고 와서 암자 앞에 놓인 바위 위에 갈았

다. 도일이 회양에게 물었다.

"스님, 무엇하시나요?"

"갈아서 거울을 만들려고 합니다."

"벽돌을 간다고 어찌 거울을 만들 수 있겠습니까?"

회양이 기다렸다는 듯이 되물었다.

"좌선을 한다고 어찌 성불할 수 있겠소?"

"그렇다면 어떻게 해야 하겠습니까?"

"사람이 달구지를 탔는데 가지 않으면 달구지를 때려야 할까요, 소를 때려야 할까요?"[58]

이것이 회양이 혜능에게 배운 돈법(頓法)이다. 불교수행은 깨달아서 새로운 존재가 되기 위해서 하는 것이 아니다. 벽돌을 간다고 해서 거울이 될 수 없듯이, 윤회하던 중생이 선정을 닦으면 깨달아서 윤회를 그치고 해탈한 부처가 되는 것이 아니다. 깨달아서 성불(成佛)하면 부처님만이 알 수 있고, 부처님만이 할 수 있는 어떤 능력이 생기는 것도 아니다. 도(道)는 평상심(平常心) 속에 있는 괴로운 마음에서 벗어나는 길일 뿐, 좌선하여 선정 속에서 구하는 것이 아니다. 마조는 이것을 깨닫고 회양의 법을 이어 제자들에게 "평상심에 길이 있다(平常心是道)."라고 가르쳤다.

『맛지마 니까야』 **22. 「독사의 비유경(Alagaddūpama-sutta)」**에서 **"비구들이여, 이전에도, 지금도 나는 괴로움과 괴로움의 소멸에 대하여 가르친다."**라고 말씀하셨듯이, 부처님은 우리에게 괴로움의 실상과 괴로

58 『景德傳燈錄』 卷 5. (대정장 51, p. 240c.)

움의 소멸을 가르칠 뿐이다.

중국 선종(禪宗)의 초조(初祖)로 추앙받는 달마(達磨)의 선법(禪法)도 이와 다르지 않다. 몹시 추운 어느 겨울날 달마 대사가 머물고 있는 소림사(少林寺)에 신광(神光)이라는 승(僧)이 찾아와서 입실(入室)을 청했다. 문 밖에서 회답을 기다리는 신광에게 달마는 아무런 대꾸도 하지 않았다. 밤이 되어도 문은 열리지 않았다. 밤새 눈이 내려서 무릎 높이에 눈이 쌓였으나 신광은 선 채로 대답을 기다렸다. 다음날 아침이 되자 달마가 문을 열고 물었다.

"그대는 오랫동안 눈 속에 서서 무엇을 구하려 하는가?"
신광(神光)이 눈물을 흘리며 말했다.
"바라옵건대, 화상(和尙)께서는 자비롭게 감로문(甘露門)을 열어 널리 여러 중생들을 제도해 주십시오."
"제불(諸佛)의 위없는 심오한 도(道)는 오랜 겁을 정근하면서 난행(難行)을 행하고, 참을 수 없는 것을 참아야 하는데, 어찌 덕(德)도 적고 지혜도 적은, 가볍고 교만한 마음으로 참된 가르침을 기대할 수 있겠는가? 힘만 들고 괴로울 뿐이다."
신광은 대사의 꾸지람을 듣고 날카로운 칼로 왼팔을 잘라 대사 앞에 내놓았다.
달마는 신광의 입실을 허락하고, 혜가(慧可)라는 이름을 주었다.
혜가가 달마에게 말했다.
"제불의 법인(法忍)을 들을 수 있을까요?"
"제불의 법인은 다른 사람으로부터 들을 수 있는 것이 아니다."
"제 마음이 불안합니다. 제 마음을 편안하게 해 주십시오."

"마음을 가지고 오너라. 그러면 너를 편안하게 해 주겠다."

〈혜가는 불안한 마음을 찾았다. 마음이 불안할 때마다 그 마음을 살폈으나 마음은 실체가 없어서 붙잡을 수가 없었다.〉[59] 그는 달마에게 말했다.

"마음을 찾아보니, 붙잡을 수가 없습니다.(覓心不可得)"

"내가 네 마음을 편안하게 했구나.(我與安心竟)"[60]

이것이 달마가 혜가에게 전한 가르침이다. 자신이 괴로움 속에 있다는 것을 자각하고(苦聖諦), 그 괴로움을 극복하려는 간절한 마음(苦滅聖諦)이 없으면 불교를 수행할 수 없다. 괴로움의 자각이 없는 불교수행은 관념의 유희일 뿐이다. 달마는 신광에게서 그 간절함을 보려고 했고, 신광은 팔을 잘라 간절한 마음을 달마에게 보였다. '불안한 마음', 이것이 불교를 통해서 극복해야 할 괴로움이다. '평안한 마음', 이것이 불교를 통해서 얻어야 할 '행복', 즉 '열반'이다. 불교는 괴로움을 버리고 행복을 얻는(離苦得樂) 법을 가르치며, 행복한 마음으로 사는 법을 가르치는 종교(安心法門)이다. 그리고 생사(生死)가 본래 없음을 깨달아 '평안한 마음'으로 사는 것이 생사해탈(生死解脫)이며, 무여열반(無餘涅槃)이다.

우리의 모든 괴로움은 괴로움을 겪는 자아가 실재한다는 생각에서 비롯된다. 그런데 그 자아를 살펴보면 다섯 가지다. 우리는 형색을 지닌 몸(色), 느끼는 마음(受), 생각하는 마음(想), 조작하는 행위(行), 분별하는 마음(識), 즉 5온을 '자아'라고 생각하며 살아간다. 그렇기 때문에

59 〈 〉안은 필자 삽입.

60 앞의 책, (대정장 51, p. 219b.)

몸이 불편하고, 괴로운 느낌이 일어나고, 자신의 생각이 부정되고, 욕심대로 되지 않고, 보기 싫은 것이 인식되면, '나는 괴롭다. 내 마음이 불안하다.'라고 말한다. 이 모든 괴로움은 5온을 자아로 취하기 때문에 생긴 것이다. 그러나 5온을 잘 살펴보면, 5온은 조건에 따라서 연기할 뿐 우리의 '자아'가 아니다. 따라서 5온을 자아라고 생각하는 아상은 망상(妄想)이다. 혜가(慧可)는 이것을 깨달아 달마의 법을 이었다.

부처님에게는 5온을 취하여 자아라고 생각하는 망상이 없다. 바꾸어 말하면, 자아라는 망상에서 벗어나 살아가는 사람을 여래라고 부른다. 그래서 부처님은 『맛지마 니까야』 **22. 「독사의 비유경(Alagaddūpama-sutta)」**에서 다음과 같이 말씀하셨다.

> 비구들이여, **인드라천**에 속하고, **브라만천**에 속하고, **쁘라자빠띠천**에 속하는 모든 신들이 이와 같은 비구의 해탈한 마음을 찾을 때, '이것이 여래가 의지하는 분별하는 마음(識)이다.'라는 이해에 도달할 수가 없다오. 그 까닭은 무엇인가? 비구들이여, 나는 '나도 지금, 여기에서 여래를 발견할 수 없다.'라고 이야기하기 때문이오.

『금강경』에서는 이러한 부처님의 깨달음은 언어로 파악하거나 이해할 수 없다고 이야기한다. 다시 말해서 부처님의 깨달음은 관념적인 개념(saṃjñā)으로 이해할 수 없다는 것이다. 그 이유를 '모든 성인(聖人)은 무위(無爲; asaṃskṛta)에서 출현하기 때문'이라고 이야기한다. 이 부분을 구마라집 삼장은 '一切賢聖 皆以無為法而有差別(일체의 현성은 모두가 무위법으로 차별을 보인 것이다.)'이라고 번역했다. 중생과 부처의 차이는 유위(有爲)인가, 무위(無爲)인가의 차이일 뿐이라는 것이다.

그렇다면 무위는 무엇인가? 『잡아함경』(293)에 다음과 같은 말씀이 있다.

세존께서 어떤 비구에게 말씀하셨습니다.

"나는 의심을 극복하여 헷갈리지 않으며, 사견(邪見)의 가시를 뽑았으며, 다시 퇴전(退轉)하지 않는다오. 마음에 집착하는 것이 없는데 어디에 자아가 있겠는가?"

그 비구를 위하여 법을 설하시고, 그 비구를 위하여 현성(賢聖)이 출세하여 공(空)에 상응하고 연기(緣起)에 수순하는 법을 말씀하셨습니다. 즉 이것이 있을 때 이 일이 있고, 이 일이 있을 때 이 일이 일어난다. 말하자면, 무명(無明)을 의지하여 행(行)이 있고, 내지 유(有)를 의지하여 생(生)이 있고, 생(生)을 의지하여 노사우비뇌고(老死憂悲惱苦)가 있다. 이와 같이 순전한 큰 괴로움덩어리가 집기(集起)한다. 내지 이와 같이 순전한 큰 괴로움덩어리가 소멸한다.

이와 같이 설법하였는데, 그 비구는 오히려 의혹이 있어 헷갈렸다오. 그는 이전에 체득하지 못하고서 체득했다는 생각을 하고, 획득하지 못하고서 획득했다는 생각을 하고, 증득하지 못하고서 증득했다는 생각을 했었는데, 이제 가르침을 듣고 마음에 근심·괴로움이 생기고, 후회하며 아득하게 장애에 빠졌다오.

왜냐하면, 소위 연기라고 하는 것은 매우 심오한 것인데, 일체의 취(取)를 떠나고 갈망하는 마음(愛)이 멸진한 무욕(無欲)의 고요한 열반은 곱절이나 더 심오하여 보기 어렵기 때문이라오. 이와 같은 두 법을 유위와 무위라고 한다오. 유위는 생기고(生), 머물고(住), 달라지고(異), 소멸한다오(滅). 무위는 생기지 않고(不生), 머물지 않으며(不住), 달라지지 않고(不

異), 멸하지 않는다오(不滅).

비구들이여, 이것을 제행(諸行)은 괴로움이며, (제행의) 적멸이 열반이라고 한다오. 인(因)이 집기(集起)하면 고(苦)가 집기하고, 인이 멸(滅)하면 고가 멸하나니, (苦가 集起하는) 모든 경로를 끊어 (苦의) 상속(相續)을 소멸해야 한다오. 상속이 소멸한 멸을 고의 끝(苦邊)이라고 한다오. 비구들이여, 그 어떤 것을 소멸하는가? 남아 있는 고를 말한다오. 만약 그 고가 멸하고 그치면 청량하게 쉬게 되나니, 이른바 일체의 취(取)가 멸하고, 갈망하는 마음이 없어진 무욕의 고요한 열반이라오.

世尊告異比丘 我已度疑 離於猶豫 拔邪見刺 不復退轉 心無所著 故何處有我 爲彼比丘說法 爲彼比丘說賢聖出世 空相應 緣起隨順法 所謂有是故是事有是事有故是事起 所謂緣無明行緣行識緣識名色緣名色六入處緣六入處觸緣觸受緣受愛緣愛取緣取有緣有生緣生老死憂悲惱苦 如是如是純大苦聚集 乃至如是純大苦聚滅 如是說法 而彼比丘 猶有疑惑 猶豫 先不得 得想 不獲 獲想 不證 證想 今聞法已 心生憂苦 悔恨矇沒障㝵 所以者何 此甚深處 所謂緣起 倍復甚深難見 所謂一切取離愛盡無欲寂滅涅槃 如此二法 謂有爲無爲 有爲者 若生若住若異若滅 無爲者 不生不住不異不滅 是名比丘 諸行苦寂滅涅槃 因集故苦集 因滅故苦滅 斷諸逕路 滅於相續 相續滅 滅是名苦邊 比丘 彼何所滅 謂有餘苦 彼若滅止 淸涼 息沒 所謂一切取滅愛盡無欲寂滅涅槃

부처님께서는 12연기의 유전문(流轉門)과 환멸문(還滅門)을 설하여 생사의 괴로움을 떠나 열반의 즐거움을 얻도록 가르쳤다. 그리고 유전문을 유위라고 부르고, 환멸문을 무위라고 불렀다. 그런데 **아비달마** 논사(論師)들은 이러한 가르침을 이론화하면서 모든 존재현상(一切

法)을 유위법(有爲法)과 무위법(無爲法)으로 구분하였다. 즉 택멸(擇滅: 지혜로 간택하여 번뇌를 소멸한 자리에 나타나는 涅槃), 비택멸(非擇滅:유위법이 저절로 소멸한 곳에 나타나는 변화하지 않는 法), 허공(虛空)은 무위법이고, 그 밖의 모든 물질적 정신적 존재는 유위법이라고 규정하였다.

아비달마불교에 의하면, 유위법과 무위법은 별개의 존재이며, 생사는 유위법이고 열반은 무위법이기 때문에, 생사의 세계와 열반의 세계는 서로 다른 영역에 존재한다. 즉 열반을 얻기 위해서는 생사를 떠나야 한다. 바꾸어 말하면, 열반은 우리의 현실과는 전혀 다른 영역에 존재한다. 따라서 이러한 열반을 얻기 위해서는 깊은 선정에 들어가야 한다고 생각했다.

그러나 『잡아함경』(293)에 의하면, 무명(無明)에서 연기한 허망한 망상, 즉 유전문을 유위라 한 것이고, 무명이 사라져서 망상이 사라진 진실, 즉 환멸문을 무위라 한 것이다. 유위와 무위는 존재론적으로 별개의 존재에 대한 명칭이 아니라, 인식론적으로 진실과 허위에 대한 명칭이다. 따라서 유위를 떠나서 무위가 따로 존재하는 것이 아니다. 용수(龍樹)는 『중론(中論)』에서 이것을 다음과 같이 이야기한다.

> utpāda-sthiti-bhaṇgānām asiddherna-asti saṃskṛtaṃ/
> saṃskṛtasyāprasiddhau ca kathaṃ setsyaty asaṃskṛtaṃ//
> 生住滅不成 故無有有爲 有爲法無故 何得有無爲
> (유위의 相인) 생(生), 주(住), 멸(滅)이 성립하지 않으므로 유위는 없다.
> 유위가 성립하지 않는데, 어떻게 무위가 성립하겠는가?
> 〈제7 「관삼상품(觀三相品)」 33게〉

부처님은 생사(生死)의 괴로움이 자아라는 망상(我想)에서 비롯된다는 것을 깨닫고, 그 망상이 무명에서 조작된 거짓임을 이야기하기 위해 조작된 것, 즉 유위라고 불렀다. 생사는 조작된 망상일 뿐이므로 버려야 할 생사가 있을 리 없다. 망상을 조작하지 않으면 그것이 무위이고, 망상이 사라지면 생사의 현실이 그대로 열반이다. 따라서 새롭게 취해야 할 열반이라는 무위는 없다. 용수는 『중론』에서 다음과 같이 이야기한다.

baddho na mucyate tāvad abaddho naiva mucyate/
syātāṃ baddhe mucyamāne yugapad-bandha-mokṣane//
縛者無有解 無縛亦無解 縛時有解者 縛解則一時
속박된 자는 해탈할 수 없다. 속박되지 않은 자도 해탈할 수 없다.
속박된 자가 해탈하고 있다고 한다면,
속박과 해탈이 동시에 있게 될 것이다.

nirvasyāmy anupādāno nirvāṇaṃ me bhaviṣyati/
iti yeṣaṃ grahas teṣām upādāna-mahā-grahaḥ//
若不受諸法 我當得涅槃 若人如是者 還爲受所縛
취(取)가 없어지면 나는 열반(涅槃)을 얻게 될 것이다.
그러면 나에게 열반이 있게 될 것이다.
이렇게 생각하는 사람의 취착(取着)이야말로
취에 대한 커다란 취착이다.

na nirvāṇa-samāropo na saṃsārāpakarṣaṇam/

yatra kas tatra saṃsāro nirvāṇaṃ kiṃ vikalpyate//
不離於生死 而別有涅槃 實相義如是 云何有分別
들어갈 열반도 없고, 벗어날 윤회(輪廻)도 없다.
이와 같을진대, 어떤 윤회가 어떤 열반과 구별되겠는가?

〈제16「관박해품(觀縛解品)」8, 9, 10게〉

이와 같이 열반은 생사(生死)를 버리고 얻는 새로운 것이 아니다. 생사는 무명(無明)에서 행(行; **saṃkhāra**)을 통해 조작된 것〔有爲; **saṃskṛta**〕이다. 이것이 12연기의 유전문(流轉門)이다. 무명에서 벗어나 정견(正見)을 가지고 살아가면서〔正思惟, 正語, 正業, 正命〕 열심히 정진하고〔正精進〕 주의를 집중하여 우리의 삶을 살펴〔正念〕 바른 선정〔正定〕에서 지혜〔般若〕로 통찰하면, 모든 것은 연기하기 때문에 공(空)이며, 생사는 자아를 취하기 때문에 나타난 거짓임을 깨달아 망상에서 벗어나게〔解脫〕 된다. 이것이 12연기의 환멸문(還滅門)이며, 8정도이며, 열반이다. 용수는『중론』제25「관열반품(觀涅槃品)」에서 다음과 같이 이야기한다.

(1) yadi śūnyam idaṃ sarvam udayo na-asti na vyayaḥ/
prahāṇād vā nirodhād vā kasya nirvāṇam iṣyate//
若一切法空 無生無滅者 何斷何所滅 而稱爲涅槃
만약 이 모든 것이 공(空)하다면 생(生)도 없고 멸(滅)도 없을 것이다.
무엇을 끊고, 무엇을 멸해야 열반을 얻을 수 있단 말인가?

(2) yadi aśūnyam idaṃ sarvam udayo na-asti na vyayaḥ/
prahāṇād vā nirodhād vā kasya nirvāṇam iṣyate//
若諸法不空 則無生無滅 何斷何所滅 而稱爲涅槃

이 모든 것이 공하지 않다면 생도 없고 멸도 없을 것이다.

무엇을 끊고, 무엇을 멸해야 열반을 얻을 수 있단 말인가?

(3) aprahīṇam asaṃprāptam anucchinnam aśāśvataṃ/

aniruddham anutpannam etan nirvāṇam ucyate//

無得亦無至 不斷亦不常 不生亦不滅 是說名涅槃

버릴 것도 없고 얻을 것도 없다. 단멸(斷滅)하지도 않고 상주(常住)하지도 않는다.

멸한 것도 없고 생긴 것도 없다. 이것을 열반이라고 말한다.

〈중략〉

(19) na saṃsārasya nirvāṇāt kiṃcid asti viśeṣaṇaṃ/

na nirvāṇasya saṃsārāt kiṃcid asti viśeṣaṇaṃ/

涅槃與世間 無有少分別 世間與涅槃 亦無少分別

열반은 윤회와 어떤 차이도 없다.

윤회는 열반과 어떤 차이도 없다.

(20) nirvāṇasya ca yā koṭiḥ koṭiḥ saṃsāranasya ca/

na tayor antaraṃ kiṃcit susūkṣmam api vidyate//

涅槃之實際 及與世間際 如是二際者 無毫釐差別

열반의 끝이 윤회의 끝이다. 그 둘 사이에 어떤 틈도 보이지 않는다.

(21) paraṃ nirodhād antādyāḥ śāśvatādyāś ca dṛṣṭayaḥ/

nirvāṇam aparāntaṃ ca pūrvāntaṃ ca samāśritāḥ//

滅後有無等 有邊等常等 諸見依涅槃 未來過去世

멸도 후에 존재한다, 끝이 있다, 상주한다 등의 사견(邪見)들은

열반 그리고 시작과 끝에 근거를 두고 있다.(의지하고 있다.)

(22) śūnyeṣu sarva-dharmeṣu kim anantaṃ kim antavat/

kim anantam antavāc ca nanantaṃ nanantavāc ca kiṃ//

一切法空故 何有邊無邊 亦邊亦無邊 非有非無邊
일체의 법이 공한데, 무엇이 무한하고, 무엇이 유한하며,
무엇이 유한하면서 무한하고, 무엇이 유한하지도 무한하지도 않다는 것인가?

(23) kiṃ tad eva kim anyat kiṃ śāśvataṃ kim aśāśvataṃ/
aśāśvataṃ śāśvataṃ ca kiṃ vā nobhayam apy ataḥ//
何者爲一異 何有常無常 亦常亦無常 非常非無常
무엇이 같고, 무엇이 다르며, 무엇이 상주하고, 무엇이 무상하며,
무엇이 상주하면서 무상하고, 무엇이 상주하지도 무상하지도 않다는 것인가?

(24) sarvopalambhopaśamaḥ prapañcopaśamaḥ śivaḥ/
na kva cit kasya cit kaścid dharmo buddhena deśitaḥ//
諸法不可得 滅一切戲論 無人亦無處 佛亦無所說
모든 인식(認識; 分別)의 적멸, 희론(戲論)의 적멸이 길상(吉祥; 涅槃)이다.
불타(佛陀)는 어디에서도, 누구에게도, 어떤 법도 설하지 않았다.

성인(聖人)은 열반을 성취한 사람을 일컫는 말이다. 그런데 열반이 윤회와 차이가 없다면, 무엇을 가지고 성인이라고 할 수 있을까? 무위는 12연기의 환멸문(還滅門)을 의미하며, 12연기의 환멸문은 8정도다. 8정도를 실천하는 사람을 성인이라고 부른다.

무명(無明)에서 벗어나 정견(正見)을 가지고 살아가면서〔正思惟, 正語, 正業, 正命〕 열심히 정진하고〔正精進〕 주의를 집중하여 우리의 삶을 살펴〔正念〕 바른 선정〔正定〕에서 지혜〔般若〕로 통찰하는 것이 8정도이고, 8정도를 실천함으로써 생사가 본래 없음을 체득하고, 자아라는 망상〔我

想)에서 벗어나(解脫) 살아가는 사람을 성인이라고 부르는 것이다.『금강경』에서 "성인은 무위에서 출현한다."고 한 것은 이것을 이야기한 것이다.

2. 정말 소중한 것은 모두 공짜다

제8 의법출생분(依法出生分)

Bhagavān āha: tat kiṃ manyase Subhūte yaḥ kaścit kulaputro vā kuladuhitā vemāṃ trisāhasramahāsāhasram lokadhātuṃ sapta-ratnapratipūrṇaṃ kṛtvā Tathāgatebhyo 'rhadbhyaḥ samyaksambuddhebhyo dānaṃ dadyāt, api nu sa kulaputro vā kuladuhitā vā tato nidānaṃ bahutaraṃ puṇya-skandham prasunuyāt?

Subhūtir āha: bahu Bhagavan bahu Sugata sa kulaputro vā kuladuhitā vā tato nidānaṃ puṇya-skandhaṃ prasunuyāt. tat kasya hetoḥ? yo 'sau Bhagavan puṇya-skandhas Tathāgatena bhāṣataḥ, a-skandhaḥ sa Tathāgatena bhāṣataḥ. tasmāt Tathāgato bhāṣate: puṇya-skandhaḥ puṇya-skandha iti.

Bhagavān āha: yaś ca khalu punaḥ Subhūte kulaputro vā kuladuhitā vemāṃ trisāhasramahāsāhasraṃ lokadhātuṃ sapta-ratna-pratipūrṇaṃ kṛtvā Tathāgatebhyo 'rhadbhyaḥ samyaksambuddhebhyo dānaṃ dadyāt, yaś ceto dharma-paryāyad antaśaś catuṣpādikām api gāthām udgṛhya parebhyo vistareṇa deśayet samprakāśayed, ayam eva tato nidānaṃ bahutaraṃ puṇya-skandhaṃ prasunuyād aprameyam asaṃkhyeyam. tat kasya hetoḥ? ato nir jātā hi Subhūte Tathāgatānām arhtāṃ samyaksambuddhānām anuttarā samyaksambuddhir, ato nir jātāś ca Buddhā Bhagavantaḥ tat kasya hetoḥ? buddhadharmā buddhadharmā iti Subhūte ' buddhadharmāś caiva te Tathāgatena bhāṣataḥ. tenocyante buddhadharmā iti.

須菩提 於意云何 若人滿三千大千世界七寶以用布施 是人所得福德 寧為多不 須菩提言 甚多 世尊 何以故 是福德即非福德性 是故如來說福德多 若復有人 於此經中受持 乃至四句偈等 為他人說 其福勝彼 何以故 須菩提 一切諸佛 及諸佛阿耨多羅三藐三菩提法 皆從此經出 須菩提 所謂佛法者 即非佛法

세존께서 말씀하셨습니다.

"수보리여, 어떻게 생각하나요. 어떤 선남자 선여인이 삼천대천세계(三千大千世界)에 칠보(七寶)를 가득 채워서 여래 아라한 등정각(等正覺)에게 보시한다면, 그 선남자 선여인은 그로 인해서 더욱 많은 복덩어리(福德; puṇya-skandha)를 얻지 않을까요?"

수보리가 말씀드렸습니다.

"세존이시여, 많습니다. 선서시여, 그 선남자 선여인이 그로 인하여 얻는 복덩어리는 매우 많습니다. 세존이시여, 왜냐하면, 여래가 말씀하신 복덩어리는 덩어리가 아닌 것(askandha)을 여래가 그렇게 말씀하신 것이며, 그래서 여래는 '복덩어리, 복덩어리'라고 말씀하셨기 때문입니다."

세존께서 말씀하셨습니다.

"수보리여, 선남자 선여인이 삼천대천세계에 칠보를 가득 채워 여래 아라한 등정각에게 보시하면 큰 복덩어리를 얻겠지만, 이 법문(法門)에서 비록 4구게(四句偈)만이라도 뽑아서 다른 사람에게 이야기하고, 자세하게 가르쳐주고 설명해 준다면, 이 사람이 그로 인해서 얻는 복덩어리는 그보다도 측량할 수 없고 헤아릴 수 없이 더 많답니다. 왜냐하면, 여래 아라한 등정각의 아뇩다라삼먁삼보리가 여기에서 생겼고, 모든 부처님과 세존들이 여기에서 생겼기 때문이랍니다. 왜냐고요? 수보리여, '부처님의 가르침들'이란 여래가 부처님의 가르침이라고 할 것이 없는 것들을 그렇게 이야기한 것입니다. 그로 인해서 부처님의 가르침들이라고 불리는 것들입니다."

제8 의법출생분(依法出生分)이 전체적으로 드러내려고 한 의미가 무엇인지를 살펴보자. 언뜻 보면 삼천대천세계를 가득 채우는 칠보로써 부처님께 공양을 하는 공덕보다 『금강경』 몇 구절이라도 다른 사람들에게 가르쳐 주는 공덕이 훨씬 크다는 것을 이야기하는 것 같다. 그런데 **"여래가 말씀하신 복덩어리〔福德〕는 덩어리가 아닌 것을 여래가 그렇게 말씀하신 것이며, 그래서 여래는 '복덩어리, 복덩어리'라고 말씀하셨기 때문입니다.", "수보리여, '부처님의 가르침〔佛法〕들'이란 여래가 부처님의 가르침이라고 할 것이 없는 것들을 그**

렇게 이야기한 것입니다. 그로 인해서 부처님의 가르침들이라고 불리는 것들입니다."라는 말이 끼어들어서 우리를 혼란하게 만든다.

이 부분은 이전의 **제7 무득무설분(無得無說分)**과 연결하여 이해해야 한다.

> 제가 부처님께서 말씀하신 의미를 이해한 바로는 여래가 체험하여 깨달으신 '아뇩다라삼먁삼보리'라는 어떤 법(法)도 없고, 여래가 가르치신 어떤 법도 없습니다. 왜냐하면, 여래가 체험하여 깨달아 가르치신 법은 (개념으로) 파악할 수 없고, (개념으로) 표현할 수 없으며, 그것은 법도 아니고 비법(非法)도 아니기 때문입니다. 그 까닭은 무엇인가? 성인(聖人)은 무위(無爲)에서 출현하기 때문입니다.

이와 같이 **무득무설분**에서 '아뇩다라삼먁삼보리'는 여래가 깨달아 새롭게 만들거나 얻은 것이 아니라는 것을 밝혔기 때문에, 이 맥락에서 **의법출생분**이 설해지고 있다는 점을 주목해야 한다. 여래가 깨달아서 이전에 없는 새로운 것을 얻은 것은 없다. 여래는 우리의 현실을 있는 그대로 통찰하여, 우리가 현실을 왜곡하고 있다는 사실을 깨닫고, 이를 가르쳤을 뿐이다. 따라서 여래가 깨달아서 새롭게 얻은 것도 없고, 새롭게 이야기한 것도 없다. 그리고 여래의 말씀은 그것을 관념으로 취해서는 안 된다. **아비달마**는 부처님이 깨달아 성취한 열반을 관념으로 취하여 무위(無爲)라고 하지만, 무위는 연기하는 이 세상의 본모습일 뿐이다.

그렇다면 우리가 추구해야 할 가치는 어떤 것인가? 불교에서 최고의 가치로 내세운 '아뇩다라삼먁삼보리'가 수행을 통해서 얻을 수 있는 것이 아니라면, 부처님께서 지금까지 우리에게 큰 공덕이 있다고 권하신 보시(布施)는 왜 해야 하며, 부처님의 가르침은 어떻게 실천해야 하는 것인가? **의법출생분**에서 이야기하고자 하는 주제는, '『금강경』을 가르치는 것이 보시의 공덕보다 더 중요하다.'는 것뿐만이 아니라, '보시는 어떻게 해야 큰 공덕이 되고, 부처님의 가르침을 어떻게 이해해야 우리가 아뇩다라삼먁삼보리를 얻을 수 있는가'이다. 그래서 옛 어른들은 이 부분을 '진실에 의지하여 깨달음이 생기는 부분'이라고 불렀다. 모든 공덕과 아뇩다라삼먁삼보리는 무소득(無所得)의 진실〔法〕에서 생긴다는 것이다.

이런 관점에서 **의법출생분**을 살펴보자.

> 수보리여, 어떻게 생각하는가? 어떤 선남자 선여인이 삼천대천세계(三千大千世界)에 칠보(七寶)를 가득 채워 여래 아라한 등정각(等正覺)에게 보시한다면, 그 선남자 선여인은 그로 인해서 더욱 많은 복덩어리〔福德〕를 얻지 않겠는가?

이 말씀은 **무득무설분**에서 '얻을 것도 없고, 설할 것도 없다.'는 이야기를 듣고 허무주의에 빠지는 것을 경계하기 위해서 '보시를 하면 큰 공덕이 있다.'고 하신 말씀이다.

> 그로 인하여 얻는 복덩어리는 매우 많습니다. 세존이시여, 왜냐하면, 여래가 말씀하신 **복덩어리**(puṇya-skandha)**는 덩어리가 아닌 것**(askandha)

을 여래가 그렇게 말씀하신 것입니다. 그래서 여래는 '복덩어리, 복덩어리'라고 말씀하셨기 때문입니다.

여기에서는 보시의 진정한 공덕에 대하여 이야기한다. 굵은 글씨로 강조한 부분은 **是福德即非福德性**에 대한 범본(梵本) 번역이다. 구마라집 삼장은 'puṇya-skandha'를 '福德'으로, 'askandha'를 '非福德性'으로 번역했다. 'skandha'는 '덩어리'의 의미를 가지고 있으며, 5온(五蘊)의 '온(蘊)'도 'skandha'의 한역(漢譯)이다. 우리가 '많다' '적다'라고 말하기 위해서는 그것이 어떤 크기나 양을 지녀야 한다. 즉 우리가 측량할 수 있어야 한다. 'skandha'는 이렇게 우리가 측량할 수 있는 것을 의미한다.

"복 많이 받으세요."라고 말하는 것은 복을 측량할 수 있는 어떤 것으로 생각하기 때문이다. 요즘 같은 자본주의사회에서는 그것이 '돈'으로 환산된다. 돈으로 환산되지 않는 '복'은 말뿐인 '복'이다. 그래서 요즘 덕담은 "부자 되세요.", "돈 많이 버세요."가 되었다.

복(福)으로 번역한 'puṇya'는 착한 행위의 결과로서 우리의 삶을 행복하게 하는 것을 의미한다. 바꾸어 말하면, 가치 있는 것을 의미한다. 그렇다면 어떤 것이 진정한 가치가 있는 것일까? 가치는 돈으로 측정되는 것일까? 박노해는 다음과 같이 말한다.

우리의 삶에서 정말 소중한 것은 다 공짜다.
나무 열매도 산나물도 아침의 신선한 공기도
눈부신 태양도 샘물도 아름다운 자연풍경도

인간에게 없어서는 안 될 것들은 다 공짜다.

〈천연설탕 아렌〉[61]

나는 '덩어리가 아닌 것(askandha)'을 '측정할 수 없는 것', 다시 말해서 '공짜인 것'으로 이해하고 싶다. **"보시를 해도 그것을 어떤 대가를 바라고 행한다면, 그것은 진정한 공덕이 아니다."**라는 뜻으로 이해하는 것이 좋겠다고 생각한다. 즉 얻을 것이 없다는 것을 알고 행하는 보시가 진정한 보시라는 것이다. 이러한 보시가 아상 없이 행하는 보시이며, 무아(無我)의 실현이다.

양무제(梁武帝)는 불교에 귀의하여 수많은 불사(佛事)를 한 제왕(帝王)이다. 그는 대단히 많은 절과 탑을 세웠으며, 보시를 하였다. 어느 날 인도에서 고승(高僧)이 왔다는 말을 들었다. 그는 그 고승을 불렀다. 그 고승이 바로 달마 대사(達磨大師)였다.

무제(武帝)가 달마 대사에게 물었다.

"짐(朕)은 왕위에 올라 수많은 탑을 세우고, 사경(寫經)을 하였소. 그 공덕이 얼마나 될까요?"

"그래봐야 공덕이 없습니다."

"왜 공덕이 없지요?"

"그것은 단지 인천(人天)의 과보를 얻는 유루(有漏)의 인(因)이 될 뿐입니다. 형색을 따르는 그림자처럼 비록 있는 것 같지만 참된 것이 아닙니다."

"어떤 것이 참된 공덕인가요?"

---

61 박노해, 『다른길』(서울: 느린 걸음; 2014), p. 31.

"청정한 지혜는 미묘하고 원만하여 체(體)가 공적(空寂)합니다. 이와 같은 공덕은 세간의 일로 구하는 것이 아닙니다."

"어떤 것이 거룩한 진리의 핵심입니까?〔如何是聖諦第一義〕"

달마가 대답했다.

"너무 뻔해서 거룩하다고 할 만한 것이 없습니다.〔廓然無聖〕"

"짐(朕)을 대하고 있는 그대는 누구인가?〔對朕者誰〕"

달마가 대답했다.

"알지 못합니다.〔不識〕"

무제가 알아듣지 못하자, 달마는 양자강을 건너 위(魏)나라로 가버렸다.[62]

『벽암록(碧巖錄)』의 제1칙 달마불식(達磨不識)이다. 이런 식의 대화를 화두(話頭)라고 부른다. 이런 대화를 살펴보고〔看〕, 그 속에 깃든 의미를 깨닫는 것을 간화(看話)라고 한다. 그리고 간화에서 깨달은 것을 실천하는 것을 간화선(看話禪)이라고 한다.

잠시 달마불식 화두를 살펴보자.

무제는 왜 달마 대사에게 **"어떤 것이 거룩한 진리의 핵심입니까?"** 라고 물었을까? 무제는 진정으로 달마 대사로부터 불교의 핵심을 배우고 싶었을까? 그렇지 않다. 무제는 달마를 시험해보고 있다. 불교를 깊이 믿는 무제는 자신이 불교를 나름대로 알고 있다고 생각한다. 그가 알고 있는 불교는 업보윤회사상(業報輪廻思想)이다. 우리 각자에게는 업을 지어서 그 과보를 받는 '자아'가 있으며, 그 자아가 지은 업에 따라 육도(六道)를 윤회한다는 것이 불교의 핵심이라고 그는 알고 있

62 『景德傳燈錄』 卷 5. (대정장 51, p. 219ab.)

다. 그래서 그는 현생과 내생에 좋은 과보를 받기 위해서 탑을 세우고 절을 짓는 등 많은 불사(佛事)를 했다. 그는 달마라는 고승이 인도에서 왔다는 말을 듣는다. 인도의 고승이라면 천안통(天眼通)이나 숙명통(宿命通)과 같은 신통력이 있어서 자신이 지금까지 지은 공덕의 크기를 알 수 있지 않을까? 그는 자신의 공덕의 크기를 알고 싶어서 달마를 불렀을 것이다. 그는 먼저 자신이 지은 공덕의 크기를 물었다. 달마는 '없다.'고 대답했다. 그렇다면 지금까지 자신이 알고 있는 불교는 무엇이란 말인가?

만약 무제가 진정으로 달마로부터 가르침을 받기 위해서 물었다면, 그는 **"너무 뻔해서 거룩하다고 할 만한 것이 없습니다."**라는 달마의 답변을 듣고 "그 말은 무슨 의미입니까?"라고 그 말의 의미를 물었을 것이다. 그러나 이미 불교를 잘 알고 있다고 생각하는 무제는 자신의 생각과 다른 말을 하는 달마를 의심한다.

"도대체 이 사람이 누구지? 불교의 승려이기나 한 것일까? 거룩한 불교를 '별 볼일 없는 것'이라니?"

그래서 **"짐을 대하고 있는 그대는 누구인가?"**라고 묻는다.

그 당시 왕들이 불교를 믿는 이유는 자신의 권력을 부처님의 힘을 빌려 유지하고 확대하며, 그 권력을 다음 세상까지 가지고 가고 싶은 욕망 때문이었다. 달마가 이것을 모를 리 없다. 달마는 아상을 버리지 못하고 생사윤회라는 망상 속에서 허망한 불사에 매달리는 무제를 교화하기 위해서 진실을 알려준다.

"너무 뻔해서 거룩하다고 할 만한 것이 없습니다."

회양이 마조에게 벽돌을 갈면서 가르쳤던 것이나, '어떤 것이 부처입니까?'라는 물음에 '마른 똥 막대기(乾屎橛)'라고 대답한 운문 문언 선사(雲門文偃禪師)의 말씀과 다를 바가 없는 말씀이다.

불교는 우리의 눈앞에 확연하게 벌어지고 있는, **지금, 여기에서 일어나는 일상의 삶**, 즉 평상심(平常心)을 이야기한 것이지, 죽어서 윤회하는 이야기를 하는 것이 아니라는 말씀이다. 따라서 진정한 공덕은 지금, 여기에서 모두가 행복하게 어울려 사는 것이지, 내 공덕, 네 공덕, 큰 공덕, 작은 공덕으로 나누고 계산하는 것이 아니다. 이렇게 화두를 간(看)했으면, 나와 남을 분별하지 않고 아상 없이 함께 어울려 평화롭게 사는 것이 간화선(看話禪)이다.

무제(武帝)는 아상을 가지고 공덕을 지었고, 그 공덕을 크기로 계산했으며, 달마(達磨)는 너와 나의 분별없이 공짜로 주는 보시가 참된 공덕임을 가르치려고 했다. 무제가 분별심을 일으켜 '불교의 핵심'을 묻자, 달마는 '일상(日常)을 떠나 불교가 따로 있지 않음'을 가르쳤고, 달마의 가르침을 이해하지 못한 무제가, '도대체 이놈이 누구 앞에서 말장난하는가?'라고 생각하고, "짐 앞에서 감히 농을 지껄이는 네놈은 도대체 누구냐?"라고 물었을 때, 달마는 "나는 당신과 분별이 되는 나를 알지 못합니다(不識)."라고 대답하여 다시 분별심(分別心)을 버리도록 가르친 것이다.

우리는 본래 너와 나의 구별 없이 함께 어우러져 살아가는 존재이다. 함께 어울리지 못하면 존재할 수 없는 것이 우리의 참모습이다. 이러한 참모습의 삶 속에서는 모든 것이 공짜다. 누구나 아무 것도 가진 것이 없이 태어난다. 따라서 우리가 일생을 살면서 먹고 쓰는 모든 것은 공짜로 얻은 것이다. 내가 평생을 일해서 만든 것도 죽을 때는다 버려야 한다. 공짜로 주기 싫어도 공짜로 주지 않을 수 없으며, 내가 공짜로 준 것을 남들은 공짜로 얻을 것이다.

그러니 우리가 태어나서 죽을 때까지 어떤 일을 하든지, 우리는 공짜에서 시작하여 공짜에서 끝나게 마련이다. 공짜로 사는 인생은 복 받은 인생이다. 따라서 우리는 본래부터 모두가 복 받은 인생이다. 그런데 이런 사실을 깨닫지 못하기 때문에 우리는 괴로운 것이다. 세상의 가치는 본래 측정할 수 없으며, 이렇게 측정할 수 없는 가치가 진정한 가치라는 것이 부처님께서 말씀하신 '진정한 복덩어리'다.

이와 같이 **의법출생분**(依法出生分)에서는 아상 없는 삶은 무의미한 삶이 아니라 진정으로 가치 있는 행복한 삶이라는 것을 이야기한다. 그리고 가장 가치 있는 삶은 이와 같은 사실을 널리 알려 함께 어우러진 삶을 추구하는 삶이다.

3. 불교는 대평등(大平等)의 무쟁법문(無諍法門)이다

제9 일상무상분(一相無相分)

Tat kiṃ manyase Subhūte, api nu srotaāpannasyaivaṃ bhavati: mayā srotaāpattiphalaṃ prāptam iti?
Subhūtir āha: no hīdaṃ Bhagavan, na srotaāpannasyaivaṃ bhavati: mayā srotaāpattiphalaṃ prāptam iti. tat kasya hetoḥ? na hi sa Bhagavan kiṃcid dharmam āpannaḥ. tenocyate srotaāpanna iti. na rūpam āpanno na śabdān na gandhān na rasān na spraṣṭavyān na dharmān āpannaḥ. tenocyate srotaāpanna iti. saced Bhagavan srotaāpannasyaivaṃ bhaven: mayā srotaāpattiphalaṃ prāptam iti, sa eva tasya-ātma-grāho bhavet sattva-grāho jīva-grāhaḥ pudgala-grāho bhaved iti.
Bhagavān āha: tat kiṃ manyase Subhūte, api nu sakṛdāgāmina evaṃ bhavati: mayā sakṛdāgāmi-phalaṃ prāptam iti
Subhūtir āha: no hīdaṃ Bhagavan, na sakṛdāgāmina evaṃ

bhavati: mayā sakṛdāgāmiphalaṃ prāptam iti. tat kasya hetoḥ? na hi sa kaścid dharmo yaḥ sakṛdāgāmitvam āpannaḥ. tenocyate sakṛdāgāmi-iti.

Bhagavān āha: tat kiṃ manyase Subhūte, api nv anāgāmina evaṃ bhavati: mayā anāgāmiphalaṃ prāptam iti?

Subhūtir āha: no hīdaṃ Bhagavan, na-anāgāmina evaṃ bhavati: mayā anāgāmiphalaṃ prāptam iti. tat kasya hetoḥ? na hi sa Bhagavan kaścid dharmo yo ʻnāgāmitvam āpannaḥ. tenocyate ʼnāgāmi-iti.

Bhagavān āha: tat kiṃ manyase Subhūte, api nv arhata evaṃ bhavati: mayā-arhattvaṃ prāptam iti?

Subhūtir āha: no hīdaṃ Bhagavan, na-arhata evaṃ bhavati: mayā-arhattvaṃ prāptam iti. tat kasya hetoḥ? na hi sa Bhagavan kaścid dharmo yo ʼrhan nāma. tenocyate ʼrhann iti. saced Bhagavann arhata evaṃ bhaven: mayā-arhattvaṃ prāptam iti, sa eva tasya-ātmagrāho bhavet sattva-grāho jīva-grāhaḥ pudgala-grāho bhavet. tat kasya hetoḥ? aham asmi Bhagavaṃs Tathāgatena-arhatā samyaksambuddhena-araṇā-vihāriṇām agryo nirdiṣṭaḥ. aham asmi Bhagavann arhan vītarāgaḥ. na ca me Bhagavann evaṃ bhavati: arhann asmi aham vītarāga iti. sacen mama Bhagavann evaṃ bhaven: mayā-arhattvaṃ prāptam iti, na māṃ Tathāgato vyākariṣyad: araṇā-vihārinām agryaḥ Subhūtiḥ kulaputro na kvacid viharati, tenocyate ʼraṇā-vihāry araṇāvihāri-iti.

須菩提 於意云何 須陀洹能作是念 我得須陀洹果不 須菩提言 不也 世尊 何以故 須陀洹名為入流 而無所入 不入色 聲 香 味 觸 法 是名須陀洹 須菩提

於意云何 斯陀含能作是念 我得斯陀含果不 須菩提言 不也 世尊 何以故 斯陀含名一往來 而實無往來 是名斯陀含 須菩提 於意云何 阿那含能作是念 我得阿那含果不 須菩提言 不也 世尊 何以故 阿那含名為不來 而實無不來 是故名阿那含 須菩提 於意云何 阿羅漢能作是念 我得阿羅漢道不 須菩提言 不也 世尊 何以故 實無有法名阿羅漢 世尊 若阿羅漢作是念 我得阿羅漢道 即為著我 人 衆生 壽者 世尊 佛說我得無諍三昧人中最為第一 是第一離欲阿羅漢 我不作是念 我是離欲阿羅漢 世尊 我若作是念 我得阿羅漢道 世尊則不說 須菩提是樂阿蘭那行者 以須菩提實無所行 而名須菩提是樂阿蘭那行

"수보리여, 어떻게 생각하나요. 수다원(須陀洹)이 '나는 수다원과(srotāpatti-phala; 入流果)를 얻었다.'라고 생각할까요?"

수보리가 말씀드렸습니다.

"세존이시여, 그렇지 않습니다. 수다원은 '나는 수다원과(須陀洹果)를 얻었다.'라고 생각하지 않습니다. 왜냐하면, 세존이시여, 그는 실로 어떤 법(法; 지각대상)에도 들어가지 않습니다. 그는 형색(色; rūpa)에 들어가지 않고, 소리(聲)·냄새(香)·맛(味)·촉감(觸)·법(法)에 들어가지 않습니다. 그래서 '수다원(srotāpanna; 入流)'이라고 불립니다. 세존이시여, 만약에 수다원이 '나는 수다원과를 얻었다.'라고 생각한다면, 그것은 자아를 집착하고(我執), 중생을 집착하고(衆生執), 수명을 집착하고(壽命執), 사람을 집착한(人執) 것입니다."

세존께서 말씀하셨습니다.

"수보리여, 어떻게 생각하나요. 사다함(斯陀含)이 '나는 사다함과(sakṛdāgāmi-phala; 一來果)를 얻었다.'라고 생각할까요?"

수보리가 말씀드렸습니다.

"세존이시여, 그렇지 않습니다. 사다함은 '나는 사다함과를 얻었다.' 라고 생각하지 않습니다. 왜냐하면, 실로 그가 들어간 사다함의 지위(sakṛdāgāmitvam)는 어떤 법(法; 인식대상)도 아니기 때문입니다. 그래서 '사다함(一來)이라고 불립니다."

"수보리여, 어떻게 생각하나요. 아나함(阿那含)이 '나는 아나함과(anāgāmi-phala; 不還果)를 얻었다.'라고 생각할까요?"

수보리가 말씀드렸습니다.

"세존이시여, 그렇지 않습니다. 아나함은 '나는 아나함과를 얻었다.'라고 생각하지 않습니다. 왜냐하면, 세존이시여, 실로 그가 들어간 아나함의 지위(anāgāmitvam)는 어떤 법(法; 인식대상)도 아니기 때문입니다. 그래서 아나함(不還)이라고 불립니다."

"수보리여, 어떻게 생각하나요. 아라한이 '나는 아라한의 지위를 획득했다.' 라고 생각할까요?"

수보리가 말씀드렸습니다.

"세존이시여, 아라한은 '나는 아라한의 지위를 획득했다.'라고 생각하지 않습니다. 왜냐하면, 세존이시여, 실로 아라한이라고 부르는 것은 어떤 법(法; 분별대상)도 아니기 때문입니다. 그래서 아라한이라고 불립니다. 세존이시여, 만약 제가 '나는 아라한과를 얻었다.'라고 생각한다면, 그것은 자아를 집착하고, 중생을 집착하고, 수명을 집착하고, 사람을 집착한 것입니다.

세존이시여, 여래 아라한 등정각(等正覺)께서 저를 무쟁(無諍)에 머무는 사람(araṇā-vihārin) 가운데 가장 훌륭하다고 지목하신 이유가 무엇이겠습니까? 세존이시여, 저는 탐욕에서 벗어난 아라한입니다. 세존이시여, 그렇지만 저에게는 '나는 탐욕에서 벗어난 아라한이다.'라는 생각이 없습니다. 세존이시여, 만약 저에게 '나는 아라한의 지위를 획득했다.'는 생각이 있었다면, 여래께서 저에게 '무쟁에 머무는 사람 가운데 가장 훌륭한 선남자 수보리는 그 어떤 것에도 머물지 않는다. 그래서 무쟁에 머무는 자로 불린다.' 라고 기별(記別)하시지 않았을 것입니다."

부처님의 가르침은 대평등(大平等)의 가르침이다. 부처님께서 말씀하신 수행의 계위(階位)는 계급장(階級章)이 아니다. 수다원, 사다함, 아나함, 아라한 등 소위 사문4과(沙門四果)는 수행자들의 지위가 아니다. 중생들은 욕망을 통해서 욕계(欲界)를 만들고, 지각(知覺)을 통해서 색계(色界)를 만들고, 사유를 통해서 무색계(無色界)를 만든다. 이것이 중생들이 윤회하는 3계(三界)이며, 유위(有爲)의 생사(生死)다.

불교수행의 목적은 이렇게 허위로 조작한 유위의 삼계에서 떠도는 삶을 떠나 '진실한 지금, 여기에서 행복한 삶'을 사는 것이다. 불교수행은 욕계에서 시작된다. 지각 대상에 욕심을 내지 않고 집착하지 않고 살아가면 욕계의 고통에서 벗어나 다시는 욕계에 마음을 두지 않고 수행에 전념하게 된다. 그러면 깨달음의 흐름에 들어갔다는 의미에서 **'수다원(srotāpanna; 入流)'**이라고 불릴 뿐, 수다원이 되어서 들어갈 흐름이 세상에 존재하는 것은 아니다.

사다함이나 아나함도 마찬가지다. 욕계에서 벗어나 색계의 4선정(四禪定)을 수행하면, 무색계(無色界)에 갔다가 다시 '지금, 여기'로 와야 한다는 의미에서 **사다함(sakṛdāgāmi; 一來)**이라고 부르고, 색계를 벗어나

무색계의 4처(四處)를 수행하면, 삼계를 벗어나 다시 오지 않고 열반에 도달하게 된다는 의미에서 **아나함**(anāgāmi; 不還)이라고 부를 뿐, 이 세상에 **사다함**의 지위나 **아나함**의 지위가 있는 것이 아니다.

아라한도 마찬가지다. **아라한**은 모든 분별을 떠나, 지금, 여기에서 나와 남을 분별하지 않고 함께 어울려 행복하게 사는 사람을 의미한다. 그는 분별이 없기 때문에 자신을 남과 차별하지 않는다. '나는 **아라한**이고, 너는 **아라한**이 아니다.' 이런 생각에서 벗어난 것이 아라한이다. 모든 분별과 차별은 아상에서 나온다. **아라한**은 아상을 버린 사람이다. 아상을 버린 사람이 나와 남을 분별하거나 차별할 수 없고, 나와 남을 분별하지 않으니 다툼이 있을 리 없다. 이것이 『금강경』에서 강조하는 **무쟁**(無諍)이다.

부처님께서는 자신도 승가(僧伽) 안에서 다른 사람보다 앞에 있거나, 높이 있다고 생각하지 않으셨다. 『디가 니까야』 16. **「대반니원경**(大般泥洹經; Mahā-Parinibbāna Sutta)」에서 부처님의 열반을 예상한 아난다 존자는 부처님에게 사후(死後)에 교단을 이끌어갈 후계자를 정해줄 것을 기대한다. 그러나 부처님께서는 아난다 존자에게 다음과 같이 말씀하신다.

> **아난다**여, 이제 비구승가가 나에게 무엇을 바란다는 말이냐? **아난다**여, 나는 현교(顯敎)와 밀교(密敎)를 구별하지 않고 진리를 가르쳤다. **아난다**여, 여래의 가르침에는 숨겨둔 '스승의 주먹'이 없다. **아난다**여, 만약 누군가 '내가 비구승가를 이끌겠다.'라거나 '비구승가는 나를 따른다.'라고 생각한다면, **아난다**여, 아마도 그는 비구승가에 대하여 무언가 말을 할

것이다. **아난다**여, 그렇지만 여래는 '내가 비구승가를 이끌겠다.'거나 '비구승가는 나를 따른다.'라고 생각하지 않는다. 아난다여, 그런데 여래가 비구승가에 대하여 무슨 말을 하겠느냐?
아난다여, 나는 지금 만년에 이른 늙고 노쇠한 늙은이로서, 내 나이 여든 살이 되었다. **아난다**여, 마치 낡은 마차가 가죽 끈에 묶여서 끌려가듯이, 여래의 몸도 가죽 끈에 묶여서 끌려가는 것 같구나. **아난다**여, 이제 그대들은 자신을 등불로 삼고, 자신을 귀의처로 삼고, 다른 사람을 귀의처로 삼지 말라. 가르침(法)을 등불로 삼고, 가르침을 귀의처로 삼고, 다른 것을 귀의처로 삼지 않고 살아가도록 하라.[63]

부처님 스스로 교단을 이끄는 지도자라고 생각하지 않았다는 말씀이 놀랍다. 부처님은 이 경에서 진리를 깨달았다는 사실이 다른 사람을 지배하는 권력이 될 수 없으며, 되어서도 안 된다는 것을 분명하게 이야기하고 있다. 불교인들이 수행을 하면서 흔히들 "성불하여 중생을 제도하겠다."라고 이야기한다. 그러나 자신이 깨달아서 중생들을 제도하겠다는 생각이 얼마나 큰 교만인가를 이 경은 잘 보여주고 있다. **이미 부처님이 깨달아서 숨김없이 가르치신 진리가 있는데, 우리가 다시 깨달아야 할 진리가 어디에 있겠는가?** 우리가 할 일은 부처님의 가르침에 의지하여 부처님께서 가르치신 진리를 잘 이해하여 실천하는 일이다.

부처님은 열반에 이르는 길을 깨달아 알려주는 안내자일 뿐이며, 그 가르침에 따라 길을 가는 것은 우리 각자의 몫이다. "나는 깨달았

63 이중표 역해, 『정선 디가 니까야』(광주: 전남대학교출판부; 2014), pp. 228~229.

으니 너희들은 나를 따르라."고 하는 자가 있다면, 그는 진정으로 깨달은 자가 아니다. 교단을 권력화하여 교단을 등에 업고 다른 사람들을 지배하는 것도 불교가 아니다. 불교는 초인적인 지도자를 추종하는 종교가 아니라, 먼저 깨달은 부처님의 가르침에 따라 각자가 스스로 그 가르침을 실천하여 열반을 성취하는 종교라는 것을 이 경은 이야기하고 있는 것이다. 『맛지마 니까야』 **108. 「고빠까 목갈라나 경(Gopakamoggallāna-sutta)」**에서 **아난다** 존자는 부처님의 열반 후에 바라문과 다음과 같은 대화를 나눈다.

"아라한이시며, 등정각(等正覺)이신 고따마 존자가 구족(具足)하신 법을 모든 면에서, 모든 부분에서 모두 구족한 비구가 한 사람이라도 있습니까?"

"바라문이여, 아라한이시며 등정각이신 세존께서 구족하신 법을 모든 면에서, 모든 부분에서 모두 구족한 비구는 한 사람도 없습니다. 바라문이여, 왜냐하면, 세존께서는 드러나지 않은 길을 드러내고, 생기지 않은 길을 내고, 알려지지 않은 길을 알려준, 길을 아는 분이시며, 길에 밝은 분이시며, 길에 정통한 분이시기 때문입니다. 지금 제자들은 그 길을 따라 살아가면서 후에 구족할 뿐입니다."

〈중략〉

"아난다 존자여, 고따마 존자께서 '이 사람이 나의 사후(死後)에 그대들의 귀의처(歸依處)가 될 것이다.'라고 내세운, 그래서 그대들이 지금 돌아가서 의지해야 할 비구가 한 사람이라도 있습니까?"

"바라문이여, 아시고 보시는 아라한이시며, 등정각이신 세존께서 '이 사람이 나의 사후에 그대들의 귀의처가 될 것이다.'라고 내세운, 그래서 우리가 지금 돌아가서 의지해야 할 비구는 한 사람도 없습니다."

"아난다 존자여, '이 사람이 세존의 사후에 우리들의 귀의처가 될 것이다.'라고 승가가 동의하고, 장로비구들이 내세운, 그래서 그대들이 지금 돌아가서 의지해야 할 비구가 한 사람이라도 있습니까?"

"바라문이여, '이 사람이 세존의 사후에 우리들의 귀의처가 될 것이다.' 라고 승가가 동의하고, 장로비구들이 내세운, 그래서 우리가 지금 돌아가서 의지해야 할 비구는 한 사람도 없습니다."

"아난다 존자여, 이와 같이 귀의처가 없다면, 어떻게 화합할 수 있습니까?"

"바라문이여, 우리에게 귀의처가 없는 것은 아닙니다. 바라문이여, 우리는 귀의처를 가지고 있습니다. 가르침(法)이 귀의처입니다."

"아난다 존자여, 그대는 고따마 존자나 장로비구들이 세존의 사후에 귀의처로 내세운 비구는 한 사람도 없다고 말했습니다. 그런데 그대는 '바라문이여, 우리에게 귀의처가 없는 것은 아닙니다. 바라문이여, 우리는 귀의처를 가지고 있습니다. 가르침이 귀의처입니다.'라고 말했습니다. 아난다 존자여, 이 말의 의미를 어떻게 이해해야 합니까?"

"바라문이여, 아시고 보시는 아라한이시며, 등정각(等正覺)이신 세존께서 비구들을 위하여 언명(言明)하신 학계(學戒)와 설하신 계본(戒本)이 있습니다. 우리는 포살일(布薩日)에 한마을에 의지하여 살아가는 모든 비구들이 한곳에 함께 모여서 각자에게 일어난 일을 이야기하도록 요청합니다. 이야기할 때, 만약 그 비구가 계를 범했거나, 계를 위반했을 경우 우리는 그를 가르침에 따라, 계율에 따라 다스립니다. 결코 존자(尊者)들이 우리를 다스리는 것이 아니라, 가르침이 우리를 다스립니다."

"아난다 존자여, 지금 그대들이 공경하고, 존중하고, 존경하고, 숭배하며, 공경하고 존중하면서 의지하여 살아갈 만한 비구가 한 사람이라도 있습니까?"
"바라문이여, 우리는 지금 어떤 비구라도 공경하고, 존중하고, 존경하고, 숭배하며, 공경하고 존중하면서 의지하여 살고 있습니다."[64]

부처님께서 열반에 드신 후에 비구승가는 부처님의 가르침을 충실하게 따랐다. 부처님께서 가르쳐 주신 가르침에 따라 수행하여 깨달음을 성취할 뿐, 자신이 깨달았으니 다른 사람을 지도하겠다고 나서는 사람도 없었고, 다른 사람을 추종하는 사람도 없었다. 승가는 평등했으며, 서로 공경하고, 존중하며 의지했다. 이것이 우리가 귀의해야 할 평등하여 다툼이 없고 평화로운 승가(僧伽; saṅgha)다.

계급이 있으면 투쟁이나 갈등은 피할 수 없다. 서로 높은 지위를 차지하기 위하여 다투지 않을 수 없는 것이다. 어쩌면 『금강경』이 만들어지던 시기에 **아비달마**불교 교단에서는 사문(沙門)의 4과(四果)가 비구들의 지위로 인식되었는지도 모른다. 그러나 『니까야』에 의하면 4과는 수행의 정도를 판단하는 의미를 지닌 것이 아니었다. 그리고 4과는 사문의 전유물도 아니었다. 부처님께서는 승속을 막론하고, 제자들이 죽었을 때 주위에서 그 사람의 사후에 대하여 물으면, 그들의 사후에 대하여 기별(記別)을 주었는데, 그 기별의 내용이 4과였다. 그러니까 4과는 살아 있는 사람의 수행 정도를 평가한 내용이 아니었던 것이다.

그렇다면 『니까야』의 곳곳에서 '다음 세상에 어디로 갈까를 생각하

64 이중표 역해, 『정선 맛지마 니까야 (하)』(광주: 전남대학교출판부; 2016), pp. 255~257.

는 것은 어리석은 생각'이라고 말씀하시는 부처님께서 때로는 죽은 사람에게 기별을 주시는 이유는 무엇일까? 『맛지마 니까야』 **68.「나라까빠나에서 설하신 경(Naḷakapāna-sutta)」**에서는 그 이유를 다음과 같이 밝히고 있다.

> **아누룻다**여, 죽어서 세상을 떠난 제자의 다시 태어나는 곳에 대하여 '누구는 어느 곳에 태어났고, 누구는 어느 곳에 태어났다'라고 여래가 기별하는 것은 사람들을 속이기 위해서도 아니고, 사람들의 잡담에 오르내리기 위해서도 아니고, 존경과 명성과 이익을 얻기 위해서도 아니고, 사람들이 나를 알아주기를 바라서도 아니다.
> **아누룻다**여, 믿음이 있고, 큰 지혜가 있고, 큰 즐거움이 있는 선남자들이 있다. 그들은 그 말을 듣고 진실로 마음을 집중한다. **아누룻다**여, 그들에게 그 말은 오랫동안 이익이 되고 기쁨이 된다.
> **아누룻다**여, 어떤 비구는 '이런 이름을 가진 비구가 죽자 세존께서 그는 세 가지 장애들이 소멸한 수다원(須陀洹)으로서, 악취(惡趣)에 떨어지지 않고 결국에는 바른 깨달음(正覺)을 성취하도록 결정되었다고 기별했다.'는 말을 듣는다. 그는 그 존자에 대하여 '그 존자의 계행(戒行)은 이러했고, 행실은 이러했고, 지혜는 이러했고, 삶은 이러했고, 해탈은 이러했다.'라는 것을 스스로 보거나 소문으로 듣는다. 그는 그 존자의 신념과 계행과 헌신과 지혜를 명심하고 진실로 마음을 집중한다. **아누룻다**여, 이와 같이 함으로써 그 비구는 평온하게 살아간다.[65]

이 경에서 부처님께서는 4과를 설하는 이유에 대하여, 4과의 기별

---

65 이중표 역해, 『정선 맛지마 니까야 (상)』(광주: 전남대학교출판부; 2016), pp. 470~471.

을 주는 말을 듣고 부지런히 정진하도록 하기 위함이라고 말씀하신다. **아누룻다** 존자는 부처님의 제자 가운데 천안제일(天眼第一)로 알려졌다. 천안(天眼)이란 중생들이 업에 따라 죽고 태어나는 것을 아는 초능력이다. 사람이 죽으면 어느 세상으로 가는지를 아는 신통력이 천안인 것이다. 부처님께서는 왜 천안제일로 알려진 **아누룻다** 존자에게 이 법문을 설하셨을까? 스스로 천안통(天眼通)을 얻었다고 생각하고 부처님을 흉내 내어 다른 사람의 사후를 기별하는 **아누룻다** 존자를 꾸짖는 법문이 아닐까?

아무튼 초기 근본경전에서 4과는 그리 중요한 것이 아니다. 그러나 **아비달마**불교에서는 사문들의 수행의 지위를 의미하게 된다. 『금강경』은 이것을 비판하고 있다. 승가에서 수행자들은 평등하다. 4과는 수행을 통해 얻는 지위가 아니라 수행의 과정이다. 그리고 불교의 수행은 자아라는 망상에서 벗어나는 것이다. 그런데 자아를 앞세워 경쟁하듯이 어떤 지위를 추구하는 것은 바른 수행이 아니다. 진정한 수행자는 다투지 않고 스스로 자신의 내면에서 아상을 없애는 수행에 전념할 뿐이다. 그리고 이러한 수행을 통해서 아상이 사라지면, 그것을 아라한이라고 부를 뿐이며, 아상이 없는 아라한은 누구와도 다투지 않는다.

이와 같이 『금강경』은 수보리를 앞세워 부처님의 가르침의 핵심이 무쟁(無諍)임을 이야기하고 있다. 그렇다면 불교의 무쟁은 구체적으로 어떤 것인가? 『맛지마 니까야』 **139. 「무쟁경(無諍經; Araṇavibhaṅga-sutta)」**을 살펴보자.

"성자(聖者)의 행(行)이 아닌, 범부(凡夫)의 하천(下賤)하고, 무익한 감각적 쾌락을 추구하지도 말고, 성자의 행이 아닌, 고통스럽고 무익한, 자신을 괴롭히는 고행(苦行)을 추구하지도 마시오. 이들 두 막다른 길을 멀리하면 여래가 깨달은 중도(中道)가 있나니, 이 길은 안목이 생기고, 앎이 생기며, 평온(平穩)과 수승한 지혜(勝智)와 깨달음과 열반으로 이끈다오.

칭찬을 알고, 비난을 알아야 한다오. 칭찬을 알고, 비난을 알고 나서, 칭찬도 하지 말고, 비난도 하지 말고, 참으로 진실(法)을 알려주어야 하오. 행복을 판단할 줄 알고, 행복을 판단한 다음에 안으로 행복을 추구해야 하오. 숙덕공론을 하지 않아야 하고, 면책(面責)을 하지 않아야 하오. 서두르지 않고 침착하게 말해야 하오. 방언(方言)을 고집하지 않고, 통칭을 벗어나지 않아야 하오.

〈중략〉

비구들이여, 성자의 행이 아닌, 범부의 하천하고 무익한 감각적 쾌락이 주는 행복과 만족을 추구하는 것은 피해(被害)가 있고, 근심이 있고, 고뇌가 있는, 불행이 함께하는 삿된 길(邪道)이라오. 그러므로 이것은 분쟁(紛爭; raṇa)이라오.

비구들이여, 성자의 행이 아닌, 범부의 하천하고 무익한 감각적 쾌락이 주는 행복과 만족을 추구하지 않는 것이 피해가 없고, 근심이 없고, 고뇌가 없는, 불행이 없는 바른 길(正道)이라오. 그러므로 이것이 무쟁(無諍; araṇa)이라오.

비구들이여, 성자의 행이 아닌, 고통스럽고 무익한, 자신을 괴롭히는 고행을 추구하는 것은 피해가 있고, 근심이 있고, 고뇌가 있는, 불행이 함께하는 삿된 길이라오. 그러므로 이것은 분쟁이라오.

비구들이여, 성자의 행이 아닌, 고통스럽고 무익한, 자신을 괴롭히는 고행을 추구하지 않는 것이 피해가 없고, 근심이 없고, 고뇌가 없는, 불행이 없는 바른 길이라오. 그러므로 이것이 무쟁이라오.

비구들이여, 여래가 깨달은 중도는 안목이 생기고 앎이 생기며, 평온과 수승한 지혜와 깨달음과 열반으로 이끌며, 피해가 없고, 근심이 없고, 고뇌가 없는, 불행이 없는 바른 길이라오. 그러므로 이것이 무쟁이라오.

〈중략〉

비구들이여, 그러므로 그대들은 '우리는 이제 분쟁을 알고, 무쟁을 알아야겠다. 우리는 분쟁과 무쟁을 알고서 무쟁의 길을 가겠다.'라고 공부해야 한다오. 비구들이여, 선남자 쑤부띠(Subhūti)가 무쟁의 길을 가는 사람이라오."

이것이 세존께서 하신 말씀입니다. 그 비구들은 세존의 말씀에 만족하고 기뻐했습니다.[66]

부처님께서는『맛지마 니까야』 **18.「꿀 덩어리 경(Madhupiṇḍika-sutta)」**에서 "나는 누구와도 다투지 않는 가르침을 이야기한다."라고 말씀하시면서, "사람들 가운데서 관념적인 이론(戱論)과 관념(想)과 명칭(名稱)이 통용될 때, 만약 여기에서 좋아하거나, 주장하거나, 고집하지 않으면, 이것이 다투고 논쟁하고 언쟁하고 험담하고 거짓말하는 일의 끝이며, 여기에서 이들 사악하고 불선(不善)한 법들이 남김없이 사라진다."라고 말씀하셨다. 모든 논쟁과 분쟁은 관념적인 인식, 즉 **'sañjānāti'**에서 비롯되기 때문에 **'sañjānāti'**에 의해 형성된 관념과 명칭과 이론에 집착하지 않아야 분쟁에서 벗어날 수 있다는 것이다.

이 경도 **18.「꿀 덩어리 경」**과 마찬가지로 다툼이 없는 무쟁(無諍)

66 이중표 역해,『정선 맛지마 니까야 (하)』(광주: 전남대학교출판부; 2016), pp. 388~398.

에 대한 말씀이지만, 내용은 약간 다르다. 이 경에서는 고행과 쾌락을 버린 중도(中道), 즉 8정도를 무쟁의 길이라고 이야기한다. **18. 「꿀 덩어리 경」**과 이 경은 무쟁의 내용이 겉으로는 서로 달라 보이지만, 다 같이 중도를 이야기하고 있기 때문에 실질적으로는 다름이 없다. **'sañjānāti'**에 의해 형성된 모든 관념과 명칭은 논리학적으로 모순율(矛盾律)에 의해서 성립한 것이기 때문에 서로 다른 주장이 대립할 수밖에 없다. 부처님께서는 체험적 인식, 즉 **'abhijānāti'**를 통해 이런 모순 대립하는 양 극단을 버리도록 가르쳤으며, 이것이 중도이다. 고행주의와 쾌락주의는 세상에 통용되는 관념과 명칭으로 이루어진 관념적인 이론일 뿐이다. **18. 「꿀 덩어리 경」**에서는 이러한 관념적인 이론을 버리는 이론적 중도를 말씀하시어 다투지 않는 길을 보여주셨고, 이 경에서는 구체적으로 고행과 쾌락을 버리고 **'abhijānāti'**를 실천하는 8정도라는 실천적 중도를 말씀하시어 무쟁의 길을 보여주신 것이다.

이 경에서 부처님은 "선남자 **쑤부띠(Subhūti)**가 무쟁의 길을 가는 사람이다."라고 말씀하셨다. 무쟁을 핵심으로 하는 『금강경』에서 수보리를 주인공으로 삼은 이유를 이 경에서 찾을 수 있다. 『금강경』에서 수보리를 '樂阿蘭那行者(요아란나행자; 아란나행을 좋아하는 자)'라고 하는데, 여기에서 아란나(阿蘭那)는 무쟁을 의미하는 **'araṇa'**를 음역(音譯)한 것이다.

『금강경』에서 수보리를 주인공으로 내세운 이유는 무쟁의 중도를 강조하려는 데 있다. 중도는 모든 이론적인 대립과 논쟁을 벗어난 실천이라는 것을 『금강경』은 무쟁수행자인 수보리를 통해 강조하고 있는 것이다. 수행의 과보는 행실(行實)에 대한 가명(假名)일 뿐, 새롭게 얻는 지위가 아니다. 중도를 깨닫고 8정도를 실천하는 수행자는 누구와도 다투지 않는다. 이것이 여래의 무쟁법문(無諍法門)이며, 『금강경』이 우리에게 주는 가르침이다.

제4장

업보(業報)는 있으나 작자(作者)는 없다

1. 업보(業報)는 있으나 작자(作者)는 없다

제10 장엄정토분(莊嚴淨土分)

Bhagavān āha: tat kiṃ manyase Subhūte, asti sa kaścid dharmo yas Tathāgatena Dīpaṃkarsya Tathāgatsya-arhataḥ samyaksambuddhasya-antikād udgṛhītaḥ?
Subhūtir āha: no hīdaṃ Bhagavan na-asti sa kaścid dharmo yas Tathāgatena Dīpaṃkarsya Tathāgatsya-arhataḥ samyaksambuddhasya-antikād udgṛhītaḥ
Bhagavān āha: yaḥ kaścit Subhūte bodhisattva evaṃ vaded: ahaṃ kṣetra-vyūhān niṣpādayiṣyāmi-iti, sa vitathaṃ vadet. tat kasya hetoḥ? kṣetra-vyūhāḥ kṣetra-vyūhā iti Subhūte 'vyūhās te Tathāgatena bhāṣitāḥ. tenocyante kṣetra-vyūhā iti. tasmāt tarhi Subhūte bodhisattvena mahāsattvena apratiṣṭhitaṃ cittam utpādayitavyaṃ yan na kvacit-pratiṣṭhitaṃ, na rūpa-pratiṣṭhitaṃ cittam utpādayitavyaṃ na śabda-gandha- rasa-spraṣṭavya-dharm-

pratiṣṭhitaṃ cittam utpādayitavyam. tad yathāpi nāma Subhūte puruṣo bhaved upeta-kāyo mahā-kāyo yat tasyaivaṃrūpa ātma-bhāvaḥ syāt tad yathāpi nāma Sumeruḥ parvata-rājā, tat kiṃ manyase Subhūteapi nu mahān sa ātma-bhāvo bhavet?
Subhūtir āha: mahān sa Bhagavan mahān Sugata sa ātma-bhāvo bhavet. tat kasya hetoḥ? ātma-bhāva ātma-bhāva iti Bhagavan a-bhāvaḥ sa Tathāgatena bhāṣitaḥ. tenocyate ātma-bhāva iti. na hi Bhagavan sa bhāvao na-abhāvaḥ. tenocyate ātma-bhāva iti.
佛告須菩提 於意云何 如來昔在然燈佛所 於法有所得不 世尊 如來在然燈佛所 於法實無所得 須菩提 於意云何 菩薩莊嚴佛土不 不也 世尊 何以故 莊嚴佛土者 則非莊嚴 是名莊嚴 是故須菩提 諸菩薩摩訶薩應如是生清淨心 不應住色生心 不應住聲·香·味·觸·法生心 應無所住而生其心 須菩提 譬如有人 身如須彌山王 於意云何 是身為大不 須菩提言 甚大 世尊 何以故 佛說非身 是名大身

세존께서 말씀하셨습니다.
"수보리여, 어떻게 생각하나요. 여래가 옛적 연등(燃燈) 여래 아라한 등정각으로부터 얻은 그 어떤 법이 있을까요?"
수보리가 말씀드렸습니다.
"아닙니다. 세존이시여, 여래가 연등 여래 아라한 등정각으로부터 얻은 그 어떤 법도 없습니다."
세존께서 말씀하셨습니다.
"수보리여, 어떤 보살이든, '내가 국토를 장엄(莊嚴)하겠다(아름다운 세상을 만들겠다).'라고 말하는 보살은 거짓말을 하는 것입니다. 왜냐하면, 수보리여, '국토장엄(莊嚴; kṣetra-vyūhā)'이란 여래가 장엄이 아닌 것을 그렇게 이야기한 것이기 때문입니다. 그것은 '국토장엄'이라고 불리는 것입니다. 수보리여, 그러므로 보살들, 마하살들은 어떤 것에도 머물지 않고 마음을 일으켜야 합니다. 형색(色)에 머물지 않고 마음을 일으켜야 하며, 소리(聲)·냄새(香)·맛(味)·촉감(觸)·지각대상(法)에 머물지 않고 마음을 일으켜야 합니다. 수보리여, 그것은 마치 어떤 사람이 성취한 몸(upeta-kāya)은 산들의 왕 수미산과 같이 큰 몸(mahā-kāya)이라고 하는 것과 같습니다. 수보리여, 어떻게 생각하나요. 그 사람의 자기존재(自身; ātma-bhāva)는 크지 않나요?"

수보리가 말씀드렸습니다.

"큽니다. 세존이시여! 그 사람의 자기존재는 큽니다. 선서시여! 왜냐하면, 세존이시여, 여래는 존재가 아닌 것(a-bhāva)을 '자기존재'라고 말씀하셨습니다. 그로 인해서 '자기존재'라고 불리는 것입니다. 세존이시여, 그것은 사실은 존재(存在; bhāva)도 아니고, 비존재(非存在; a-bhāva)도 아닙니다. 그로 인해서 '자기존재'라고 불리는 것입니다."

부처님은 전생(前生)에 선혜(善惠)라는 수행자로 살면서 연등불(然燈佛)로부터 후세에 석가모니불(釋迦牟尼佛)이 될 것이라는 기별(記別)을 받았다. 이렇게 부처님으로부터 다음에 부처가 될 것이라는 기별을 받는 것을 수기(受記)라고 한다. 그리고 이렇게 성불(成佛)의 기별을 받은 사람을 보살이라고 부른다. 부처님으로부터 수기를 받은 보살은 자신이 태어난 국토를 장엄하여 불국토를 건설함으로써 성불한다. 아미타불은 서방에 극락세계(極樂世界)라는 불국토를 건설하여 성불했고, 미륵은 앞으로 이 세상에 용화세계(龍華世界)라는 불국토를 건설하여 성불한다고 한다.

제10 장엄정토분(莊嚴淨土分)에서는 이와 같이 수기를 받은 보살에 대하여 이야기하고 있다. 대승불교 이전의 보살은 성불의 기별을 받은 보살, 즉 수기보살(受記菩薩)을 의미했다. 그런데 『금강경』에서는 보살의 의미를 확장하고 있다. 『금강경』에서는 석가모니불이 연등불로부터 받은 어떤 것도 없다고 주장한다. 그리고 보살이 불국토를 장엄하여 부처가 된다는 것도 거짓말이라고 이야기한다.

『금강경』이 이런 말을 하는 것은 수기가 특정한 인물에게 주어지는 임명장 같은 것이 아니라는 것을 드러내기 위해서다. 연등불은 석가모니불의 전생의 인물인 선혜라는 특별한 개인에게 다음 세상에 부처가 되라는 임명장을 준 것이 아니라는 것이다.

석가모니 부처님이 연등불로부터 성불의 기별을 받은 이야기를 살펴보자.

> 선혜는 큰 부자의 아들이었다. 어려서 부모가 돌아가시자 집사가 그에게 7대에 걸쳐 그의 조상들이 모은 재산을 선혜에게 보여주었다. 선혜는 '우리 조상은 왜 가져가지도 못할 재산을 모았는가? 나는 이런 재산을 바라지 않는다. 나는 죽어서 가지고 갈 재산을 모으겠다.'라고 생각하고 모든 재산을 가난한 사람들에게 보시하고 수행자가 된다.
> 그가 수행을 하던 중에 연등불이 세상에 출현한다. 그는 연등불에게 공양을 올리기 위하여 연등불을 찾아간다. 그는 연등불에게 꽃을 올리려

고 하였으나 그 나라의 왕이 연등불에게 공양하려고 모든 꽃을 사들였기 때문에 꽃을 구할 수가 없었다. 이리저리 수소문한 결과 '구리'라는 여인이 꽃을 가지고 있다는 이야기를 듣고, 그 여인을 찾아가서 꽃을 사려고 한다.

그러나 그 여인은 자신도 연등불에게 공양하기 위해서 숨겨둔 것이므로 팔 수 없다고 이야기한다. 간절하게 청하자, '구리'는 '선혜'에게 "이 꽃은 좋은 배필을 만나게 해 달라는 소원을 빌기 위해 숨겨둔 것이므로 나와 결혼하겠다는 약속을 하면 팔겠다."라고 이야기한다.

선혜가 자신은 출가수행자이기 때문에 결혼할 수 없다고 난감해 하자, 구리는 금생(今生)이 아니라 다음생에 부부의 인연을 맺으면 되지 않겠느냐고 제안한다. 선혜는 구리와 부처를 이룰 때까지 세세생생(世世生生) 부부가 되기로 약속하고 꽃을 구한다. 구리는 일곱 송이의 연꽃을 내놓으며, 다섯 송이는 선혜의 성불을 소원하고, 두 송이는 두 사람이 부부가 되기를 소원하며 연등불에게 공양을 올리도록 한다.

구리로부터 연꽃을 구한 선혜는 다음날 연등불이 지나가는 길에 나가서, 연꽃을 공양하기 위하여 연등불을 기다린다. 마침내 연등불이 오시는 것을 보고 연등불에게 꽃을 던져 공양을 올린다. 그런데 그 연꽃은 땅에 떨어지지 않고, 허공에 머물면서 일산이 되어 연등불 머리 위에서 연등불을 따라 움직였다.

모두 놀라서 탄성을 지르고 있는데, 연등불이 물이 고인 진땅을 밟으려고 하였다. 선혜는 급히 몸을 던져서 연등불의 발이 더럽혀지지 않도록 진땅을 자신의 머리로 덮었다. 선혜의 머리털을 밟고 진땅을 지나오신 연등불은 머리를 풀어헤치고 앉아 있는 선혜에게 "이 수행자는 먼 훗날 중생을 널리 제도하고 불국토를 장엄하여 석가모니불이 될 것이다."라는 기별을 주었다.

연등불은 왜 선혜에게 성불(成佛)의 기별을 주었을까? 선혜라는 사람을 보고 주었을까, 선혜의 행동을 보고 주었을까? 선혜가 모든 재산을 가난한 사람에게 보시하고, 자신은 간절하게 부처되기를 소원하면서도 여인의 소원을 외면하지 못하고 수행자로서 결혼을 약속하고, 여래가 진땅을 밟지 않도록 자신의 머리를 풀어 여래가 밟고 지나가도록 하지 않았어도, 연등불이 선혜에게 성불의 기별을 주었을까? 성불의 기별을 받은 보살은 개인으로서의 존재인가, 보편적인 행위인가? 만약 다른 사람이 그 자리에서 그와 같은 행동을 했어도, 연등불은 그 사람에게는 성불의 기별을 주지 않았을까?

부처님은『잡아함경』(335)에서 "업보(業報)는 있으나 작자(作者)는 없다."라고 말씀하셨다. 연등불로부터 성불의 기별을 받은 것은 꽃을 공양한 작자로서의 선혜가 아니라, 선혜의 행동(業)이다. 그 자리에서 누구나 그렇게 행동했다면, 아니 지금이라도 누구나 그렇게 행동한다면, 누구나 성불의 기별을 받은 보살이 아니겠는가?『금강경』은 이것을 이야기하고 있다. 연등불이 선혜에게 성불의 기별을 준 것은 선혜라는 개인을 보고 준 것이 아니다. 석가모니불이 연등불로부터 받은 성불의 기별은 어떤 개인에게 준 자격증과 같은 것(法)이 아니라, 누구나 그렇게 마음을 쓰고 행동하면 깨달아 성불하게 된다는 업보의 진리이다. 이 진리에 의해서 누구나 선혜가 될 수 있고, 보살이 될 수 있다. 이것이『금강경』에서 이야기하는 대승의 보살이다.

대승의 보살은 작자로서의 자기존재를 부정하고, 업보로서의 삶을 살아간다. 보살은 명사(名詞)로서 존재하는 것이 아니라 동사(動詞)로서 살아간다. 이렇게 보살의 삶을 사는 것을 불국토장엄이라고 부르는 것이지, 장엄해야 할 불국토가 존재하고, 그 불국토를 장엄하는 보살이 존재하는 것이 아니다. 왜냐하면, 아상을 버린 보살에게는 나와 세계라는 분별이 없기 때문이다.

이와 같이 분별이 없이 살아가는 사람을 수미산과 같은 인물이라고 한다. 수미산은 사해(四海)의 중심에서 온 세상을 아우르는 큰 산이다. 부처님께서 수미산왕과 같이 큰 몸이라고 말씀하신 것은 육신을 의미하는 것이 아니라, 모든 중생을 자신의 몸으로 생각하고 사는 보살의 삶을 의미하는 것이다. 이러한 삶이 보살의 자기존재(自身; ātma-bhāva), 즉 자기정체성(自己正體性)이다.

따라서 보살의 자기정체성(自身; ātma-bhāva)은 존재(存在; bhāva)나 비존재(非存在; a-bhāva)로 규정되는 명사적 존재가 아니라, 행위에 붙여진 이름, 즉 '불리는 것'이다. 예를 들면, '비(雨)'는 '물방울이 떨어지는 행위'를 지칭하는 명사일 뿐, '비'라는 명사가 지시하는 존재는 없듯이, 보살의 정체성은 보살행이라는 행위이지 보살이라는 존재가 아니라는 것이다.

장엄정토분(莊嚴淨土分)에 『금강경』에서 가장 유명한 구절, 즉 **"어떤 것에도 머물지 않고 마음을 일으켜야 한다(應無所住而生其心)"**는 말이 나온다. 이 구절은 정혜일체(定慧一體)를 주장하는 혜능의 돈법(頓法)의 내용을 담고 있다. **'어떤 것에도 머물지 않고(應無所住)'**는 밖의 대상에 마음이 머물지 않고 안으로 집중되는 것, 즉 선정(禪定; 싸마타)을 의미한다. 그리고 **'마음을 일으켜야 한다(而生其心)'**는 것은 관찰의 대상을 통찰하는 것, 즉 지혜(般若; 위빠싸나)를 의미한다. 어떤 대상을 대하더라도 그 대상에 욕심을 일으켜 빠져들지 않고, 그 대상에 대하여 일어나는 마음을 통찰하는 것이 '應無所住而生其心'이다. 이것이 혜능(慧能)이 강조하는 정혜일체(定慧一體)의 돈법(頓法)이다. 무식한 나무꾼 청년이 소란한 시장에서 『금강경』을 듣고 깨달음을 얻었다는 것은, 정혜일체의 돈법은 많은 지식과 조용한 수행처를 필요로 하지 않으며, 무식한 나무꾼도 깨칠 수 있고 소란한 장터에서도 체득할 수 있다는 것을 의미한다.

제11 무위복승분(無爲福勝分)

Bhagavān āha: tat kiṃ manyase Subhūte yāvatyo Gaṅgāyāṃ mahānadyāṃ vālukās tāvatya eva Gaṃgānadyo bhaveyuḥ, tāsu yā vālukā api nu tā bahavyo bhaveyuḥ?
Subhūtir āha: tā eva tāvad Bhagavan bahavyo Gaṅgā-nadyo bhaveyuḥ, prāg eva yās tāsu Gaṅgā-nadīṣu vālukāḥ.
Bhagavān āha: ārocayāmi te Subhūte prativedayāmi te yāvatyas tāsu Gaṅgā-nadīṣu vālukā bhaveyus, tāvato loka-dhātūn kaścid eva strī vā puruṣo vā sapta-ratna- pratipūrṇaṃ kṛtvā Tathāgatebhyo 'rhadbhyaḥ samyaksambuddhebhyo dānaṃ dadyāt, tat kiṃ manyase Subhūte, api nu sā strī vā puruṣo vā tato nidānaṃ bahu puṇyaskandhaṃ prasunuyāt?
Subhūtir āha: bahu Bhagavan bahu Sugata strī vā puruso vā tato nidānaṃ puṇya- skandhaṃ prasunuyād aprameyam

asaṃkheyeyam.
Bhagavān āha: yaś ca khalu punaḥ Subhūte strī vā puruso vā tāvato loka-dhātūn sapta-ratna-pratipūrṇaṃ kṛtvā Tathāgatebhyo 'rhadbhyaḥ samyaksambuddhebhyo dānaṃ dadyāt, yaś ca kulaputro vā kuladuhitā veto dharma-paryāyād antaśaś catuṣpadikām api gāthām udgṛhya parebhyo deśayet samprekāśayed, ayaṃ eva tato nidānaṃ bahutaraṃ puṇya-skandhaṃ prasunuyād aprameyam asaṃkheyeyam.
須菩提 如恒河中所有沙數 如是沙等恒河 於意云何 是諸恒河沙寧為多不 須菩提言 甚多 世尊 但諸恒河尚多無數 何況其沙 須菩提 我今實言告汝 若有善男子 善女人 以七寶滿爾所恒河沙數三千大千世界 以用布施 得福多不 須菩提言 甚多 世尊 佛告須菩提 若善男子 善女人 於此經中 乃至受持四句偈等 為他人說 而此福德勝前福德

세존께서 말씀하셨습니다.
"수보리여, 어떻게 생각하나요. 갠지스 강에 있는 모래의 수와 같은 수의 갠지스 강에 있는 모래의 수는 많지 않나요?"
수보리가 말씀드렸습니다.
"매우 많습니다. 세존이시여! (갠지스 강에 있는 모래의 수와 같은 수의) 갠지스 강의 수도 무수하게 많은데, 하물며 그 모래의 수는 말해 무엇 하겠습니까?"
세존께서 말씀하셨습니다.
"수보리여, 내가 그대에게 알려주겠습니다. 내가 그대에게 밝히겠습니다. 어떤 여인이건 사내건, 갠지스 강의 모래 수와 같은 수의 세계(世界)를 칠보(七寶)로 가득 채워서 여래 아라한 등정각(等正覺)들에게 보시를 행한다면, 수보리여, 어떻게 생각하나요. 그 여인이나 사내는 그로 인하여 많은 복덩어리를 얻지 않을까요?"
수보리가 말씀드렸습니다.
"많습니다. 세존이시여! 많습니다. 선서시여! 여인이나 사내는 그로 인하여 헤아릴 수 없고 측량할 수 없는 복덩어리를 얻을 것입니다."
세존께서 말씀하셨습니다.
"수보리여, 여인이나 사내가 그와 같은 세계를 칠보로 가득 채워서 여래 아라한 등정각들에게 보시를 행하는 것보다, 선남자 선여인이 이 법문(法門)에서 단지 4구게(四句偈)만을 뽑아내어 다른 사람을 위하여 가르쳐주고 설명해준다고 할지라도, 실로 이로 인해서 생기는 복덩어리가 헤아릴 수 없고 측량할 수 없이 더 많답니다."

제12 존중정교분(尊重正教分)

Api tu khalu punaḥ Subhūte yasmin pṛthivī-pradeśe ito dharma-paryāyād antaśaś catuṣpadikām api gāthām udgṛhya bhāṣyeta vā samprakāśyeta vā, sa pṛthivī-pradeśaś caitya-bhūto bhavet sa-deva-mānuṣa-asurasya lokasya; kaḥ punar vādo ya imaṃ dharma-paryāyaṃ sakala-samāptaṃ dhārayiṣyanti vācayiṣyanti paryavāpsyanti parebhyaś ca vistareṇa samprakaśayiṣyanti, parameṇa te Subhūte āścaryeṇa samanvāgatā bhaviṣyanti. tasmiṃś ca Subhūte pṛthivī-pradeśe śāstā viharaty anyataraanyataro vā vijñaguru-sthānīyaḥ.

復次 須菩提 隨說是經 乃至四句偈等 當知此處 一切世間天 人 阿修羅 皆應供養 如佛塔廟 何況有人盡能受持讀誦 須菩提 當知是人成就最上第一希有之法 若是經典所在之處 則為有佛 若尊重弟子

"그리고, 수보리여, 어떤 지역에서 이 법문에서 단지 4구게(四句偈)만을 뽑아내어 다른 사람을 위하여 가르쳐 주고 설명해 준다고 할지라도, 그 지역은 일체의 세간과 천신과 인간과 아수라가 모두 부처님의 탑묘(塔廟)가 있는 곳으로 여길 것입니다. 그런데 하물며 이 법문을 모두 외워서 독송하고 이해하고, 다른 사람을 위하여 가르쳐주고 설명해 준다면 말해 무엇 하겠습니까? 수보리여, 그들은 가장 희유한 최상의 사람일 것입니다. 그리고 그 지역이 스승이 머무는 곳이고, 현명한 존자(尊者)가 있는 곳입니다."

복(福)이란 행복을 주는 공덕(功德)을 말한다. 물질적인 풍요가 우리를 행복하게 해 주는 것임을 부인할 수는 없다. 그러나 그보다 더 중요한 것은 우리의 삶을 바르게 일깨워 주는 가르침이다. 바른 삶이 없으면 물질적인 풍요도 행복의 조건이 되지 못한다. 물질적인 풍요를 누리는 세계가 가난하지만 바른 삶을 사는 세계보다 행복지수가 떨어진다는 것은 이미 잘 알려진 사실이다. 행복한 삶을 위해서 우리에게 최우선으로 필요한 것은 보시에 의해 성취되는 물질적 풍요가 아니라, '업보는 있으나 작자는 없다'는 사실을 깨닫고, 이 진리를 널리 알려서 우리 모두가 아상을 버리고, 나와 남을 분별하지 않고 함께 행복하게 사는 세상을 만들어가는 것이다.

불교는 이렇게 고통스러운 세계에서 행복한 세계로 함께 나아가는 길을 깨닫도록 하는 가르침이다. 불교는 초월적인 능력을 가진 사람을 추종하는 종교가 아니다. 부처님은 초능력으로 우리를 구원하는 구세주가 아니라, 우리에게 다투지 않고 함께 행복하게 사는 길을 알려주신 안내자다. 그래서 우리는 부처님을 이렇게 부른다.

> 삼계도사(三界導師) : 삼계의 중생들을 열반으로 인도하시는 안내자
> 사생자부(四生慈父) : 사생(四生)의 생류(生類)들을 인자한 아버지처럼 사랑하시는 분
> 시아본사(是我本師) 석가모니불(釋迦牟尼佛) : 이 분이 우리의 스승 석가모니불입니다.

『디가 니까야』 16. **「대반열반경(Mahā-Parinibbāna Sutta)」**에 의하면, 부처님께서 열반하시기 직전에 **쑤밧다**(Subhadda)라는 외도 편력수행자가 찾아와서 부처님을 뵙고 가르침을 받기를 청한다. **아난다** 존자는 황당했다. 죽음에 임박한 세존에게 설법을 청하는 **쑤밧다**에게 **아난다** 존자는 피곤한 여래를 괴롭히지 말라고 이야기하며 가로막는다. 이 대화를 들으신 부처님께서는 이렇게 말씀하신다.

> 멈추어라! 아난다여, 쑤밧다를 막지 마라! 쑤밧다가 여래를 볼 수 있도록 하여라! 쑤밧다가 나에게 묻고자 하는 것이 무엇이든지, 그것은 모두 알기 위한 것이지 괴롭히기 위한 것이 아니다. 내가 질문을 받아 설명하

면, 그는 그것을 곧바로 이해할 것이다.[67]

이렇게 부처님께서는 죽음 앞에서도 죽음을 생각하지 않으시고, 길을 묻는 **쑤밧다**를 위하여 행복으로 가는 8정도를 가르치신다. 그리고 부처님은 이렇게 말씀하셨다.

쑤밧다여, 내 나이 스물아홉에 출가한 것은
좋은 삶(善)이 무엇인가를 알기 위함이었소.
50년이라는 긴 세월을
쑤밧다여, 나는 출가수행자로서
정리(正理)와 법도(法道)를 벗어나지 않았나니,
이밖에는 사문(沙門)이 없다오.
둘째 사문도 없고, 셋째 사문도 없고, 넷째 사문도 없다오.
다른 가르침(法)과 율(律)에는 논쟁만 있을 뿐 사문들이 없지만,
쑤밧다여, 이 가르침과 율에서 비구들이 바르게 살아간다면
이 세상은 아라한들이 사는 세상이 될 것이오.[68]

부처님께서는 이렇게 이 세상을 모든 번뇌를 멸진하고 다툼 없이 행복하게 살아가는 아라한의 세상으로 만들려고 했다. 자신의 죽음은 생각하지 않고, 죽음이 임박한 순간까지 단 한 사람이라도 더 이 진리를 깨우쳐 행복하게 살아가기를 바라면서 쑤밧다를 가르치신 것이다. **쑤밧다**를 위하여 가르침을 주신 부처님께서는 아난다 존자에게 다음

67 이중표 역해, 『정선 디가 니까야』(광주: 전남대학교출판부; 2014), p. 279.
68 위의 책, p. 281.

과 같이 당부하신다.

> 아난다여, 그대들은 '스승의 말씀은 이제 없다. 실로 스승은 존재하지 않는다.'라고 생각할지 모른다. 그러나 그렇게 보아서는 안 된다. 아난다여, 내가 그대들에게 가르치고 시설(施設)한 가르침(法)과 율(律)이 나의 사후(死後)에 그대들의 스승이다.[69]

여래는 일정 시간을 존재하는 작자(作者)가 아니라, 열반의 길을 안내하는 일(業)에 주어진 명칭(報)일 뿐이다. 여래의 육신은 사라져도 열반으로 가는 길을 안내하는 가르침이 있다면, 그곳에 여래는 상주(常住)한다. 부처님께서는 마지막 순간까지 업보(業報)는 있으나 작자는 없는 여래의 삶을 몸소 보여주신 것이다. **존중정교분(尊重正教分)**에서는 이러한 부처님의 가르침을 담고 있는 『금강경』이 여래의 법신(法身)이라는 것을 이야기하고 있다.

---

69 앞의 책, p. 283.

2. 삼계(三界)는 중생의 마음이 만든 것이다

제13 여법수지분(如法受持分)

Evam ukta āyuṣmān Subhūtir Bhagavantam etad avocat: ko nāma-ayaṃ Bhagavan dharma-paryāyaḥ, kathaṃ cainaṃ dhārayāmi?

evam ukte Bhagavān āyuṣmantaṃ Subhūtim etad avocat: prajñāpāramitā nāma-ayaṃ Subhūte dharma-paryāyaḥ, evam cainaṃ dhāraya. tat kasya hetoḥ? yaiva Subhūte prajñāpāramitā Tathāgatena bhāṣitā saiva-a-pāramitā Tathāgatena bhāṣitā. tenocyate prajñāpāramiteti.

tat kiṃ manyase Subhūte api nv asti sa kaścid dharmo yas Tathāgatena bhāṣitaḥ?

Subhūtir āha: no hīdaṃ Bhagavan, na asti sa kaścid dharmo yas Tathāgatena bhāṣitaḥ.

Bhagavān āha: tat kiṃ manyase Subhūte, yāvat

tṛsāhasramahāsāhasre loka-dhātau pṛthivī-rajaḥ kaccit tad bahu bhavet?
Subhūtir āha: bahu Bhagavan bahu Sugata pṛthivī-rajo bhavet. tat kasya hetoḥ? yat tad Bhagavan pṛthivī-rajas Tathāgatena bhāṣitam a-rajas tad Bhagavaṃs Tathāgatena bhāṣitam. tenocyate pṛthivī-raja iti. yo 'py asau loka-dhātus Tathāgatena bhāṣito 'dhatuḥ sa Tathāgatena bhāṣitaḥ. tenocyate lokadhātur iti.
Bhagavān āha: tat kiṃ manyase Subhūte dvātṛṃśan mahāpuruṣa-lakṣaṇais Tathāgato 'rhan samyaksambuddho draṣṭavyaḥ?
Subhūtir āha: no hīdaṃ Bhagavan, na dvātṛṃśan mahāpuruṣa-lakṣaṇais Tathāgato 'rhan samyaksambuddho draṣṭavyaḥ. tat kasya hetoḥ? yāni hi tāni Bhagavan dvātṛṃśan-mahāpuraṣa-lakṣaṇāni Tathāgatena bhāṣitāny, a-lakṣaṇāni tāni Bhagavaṃs Tathāgatena bhāṣitāni. tenocyante dvātṛṃśan-mahāpuruṣa-lakṣaṇāni-iti.
Bhagavān āha: yaś ca khalu punaḥ Subhūte strī vā puruṣo vā dine dine Gaṃgā-nadī- vālukā-samān ātmabhāvān parityajet, evaṃ parityajan Gaṃgā-nadī-vālukā-samān kalpāṃs tān ātma-bhāvān parityajet,, yaś ceto dharma-paryāyād antaśaś catuṣpadikām api gāthām udgṛhya parebhyo deśayet samprakāśayed, ayaṃ eva tato nidānaṃ bahutaraṃ puṇya-skandhaṃ prasunuyād aprameyam asaṃkhyeyam.
爾時 須菩提白佛言 世尊 當何名此經 我等云何奉持 佛告須菩提 是經名為 金剛般若波羅蜜 以是名字 汝當奉持 所以者何 須菩提 佛說般若波羅

蜜 則非般若波羅蜜 是名般若波羅蜜 須菩提 於意云何 如來有所說法不 須菩提白佛言 世尊 如來無所說 須菩提 於意云何 三千大千世界所有微塵是為多不 須菩提言 甚多 世尊 須菩提 諸微塵 如來說非微塵 是名微塵 如來說世界 非世界 是名世界 須菩提 於意云何 可以三十二相見如來不 不也 世尊 不可以三十二相得見如來 何以故 如來說三十二相 即是非相 是名三十二相 須菩提 若有善男子 善女人 以恒河沙等身命布施 若復有人 於此經中 乃至受持四句偈等 為他人說 其福甚多

이와 같이 말씀하시자, 수보리가 세존께 말씀드렸습니다.

"세존이시여, 이 법문은 이름이 무엇입니까? 그리고 저는 이것을 어떻게 받아 지녀야 할까요?"

이와 같이 말씀드리자, 세존께서 수보리 존자에게 말씀하셨습니다.

"수보리여, 이 법문의 이름은 '반야바라밀다(prajñāpāramitā)'입니다. 그리고 이것을 이와 같이(이름이 반야바라밀다라고) 받아 지니도록 하세요. 왜냐하면, 수보리여, 여래가 설한 반야바라밀다는 사실은 반야바라밀다가 아니라 반야바라밀다라고 불리는 것이기 때문입니다. 수보리여, 어떻게 생각하나요. 여래가 설한 그 어떤 법이 있을까요?"

수보리가 말씀드렸습니다.

"세존이시여, 여래가 설한 그 어떤 법도 없습니다."

세존께서 말씀하셨습니다.

"수보리여, 어떻게 생각하나요. 삼천대천세계(三千大千世界)에 존재하는 미진(微塵)은 많지 않나요?"

수보리가 말씀드렸습니다.

"많습니다. 세존이시여! 미진은 많이 있습니다. 선서시여! 왜냐하면, 여래가 말씀하신 미진은 사실은 미진이 아니라 미진이라고 불리는 것이기 때문입니다. 여래가 말씀하신 그 세계도 사실은 세계가 아니라 세계라고 불리는 것입니다."

세존께서 말씀하셨습니다.

"수보리여, 어떻게 생각하나요. 위대한 사람이 지닌 32가지 관상(三十二大人相)으로 여래 아라한 등정각을 볼 수 있을까요?"

수보리가 말씀드렸습니다.

"세존이시여, 그렇지 않습니다. 위대한 사람이 지닌 32가지 관상으로 여래 아라한 등정각을 볼 수 없습니다. 왜냐하면, 세존이시여, 여래가 말씀하신 위대한 사람이 지닌 32가지 관상은 관상(觀相; lakṣaṇa)이 아니라, 위대한 사람이 지닌 32가지 관상이라고 불리는 것이기 때문입니다."

세존께서 말씀하셨습니다.

"그리고 수보리여, 여인이나 사내가 날마다 갠지스 강의 모래 수와 같은 자신(自身; ātma-bhāva)을 희생하고, 이와 같이 갠지스 강의 모래 수와 같은 겁 동안 그 자신을 희생하는 것보다도, 누군가 이 법문에서 단지 사구게만이라도 뽑아서 다른 사람을 위하여 가르쳐 주고 설명해 준다면, 그로 인해서 생기는 복덩어리가 헤아릴 수 없고 측량할 수 없을 만큼 더 많답니다."

제13 여법수지분(如法受持分)은 『금강경』의 법문을 마무리하는 부분으로서 이전의 내용을 종합하여 정리하고 있다. **제2 선현기청분**(善現起請分)에서 "보살의 길로 함께 나아가려는 사람들은 어

떤 마음으로 어떻게 살아가야 하는가?"라는 수보리의 물음으로 시작된 『금강경』은 **제3 대승정종분**(大乘正宗分)에서 보살은 "중생계에 속하는 모든 부류의 중생들을 내가 모두 무여열반에 들도록 하겠다. 하지만 이와 같이 헤아릴 수 없는 중생들을 무여열반에 들게 하여도, 사실은 어떤 중생도 무여열반에 들어간 중생은 없다."라는 마음으로 살아가야 한다고 천명한다.

이것을 **여법수지분**(如法受持分)에서는 "여래가 설한 반야바라밀다(般若波羅蜜多; prajñāpāramitā)는 사실은 반야바라밀다가 아니라 반야바라밀다라고 불리는 것"이라고 표현하고 있다. 지혜로 통찰하여 열반의 피안으로 건너가는 것이 '반야바라밀다'인데, 여래는 어떤 중생도 열반에 들어간 중생이 없는 것을 '반야바라밀다'라고 한 것이기 때문에 그것은 '반야바라밀다가 아니라 반야바라밀다라고 불리는 것'이라는 것이다. 이것은 지혜로 통찰하여 얻게 되는 열반은 무소득(無所得)의 열반임을 밝힌 것이다. 다시 말해서 지혜로 통찰하여 자아라는 망상에서 벗어나는 것을 '반야바라밀다'라고 부르는 것이지, 지혜를 통해서 건너가야 할 열반의 세계가 우리의 외부에 존재하는 것이 아니라는 것이다.

"여래가 설한 그 어떤 법도 없다."는 말씀은 이러한 사실을 보다 분명하게 보여주는 말씀이다. 여래는 우리에게 자아라는 망상에서 벗어나 '업보(業報)로 살고 있는 우리의 참모습'을 깨닫게 할 뿐, 우리가 성취할 열반이라는 목적을 따로 제시한 적이 없다는 것이다. 이것은 **제7 무득무설분**(無得無說分)에서 "여래가 체험하여 깨달은 어떤 법도 없고, 여래가 가르친 어떤 법도 없다."고 밝힌 것을 다시 이야기한 것이다.

우리는 이미 이 말의 의미를 **무득무설분**에서 살펴본 바 있다. 이 말의 뜻은 '모든 중생은 불성을 가지고 있다.'는 것이다. 다시 말해서 중생과 부처는 본래 무자성(無自性)·공(空)으로서 평등하기 때문에 '중생이 곧 부처'라는 것이다. 반야바라밀다, 즉 반야로 중생들을 열반에 들게 한다는 것은 통찰지(般若)로 '중생이 곧 부처'라는 진실을 깨닫게 하는 것일 뿐, 사실은 중생도 없고, 중생들이 생사를 벗어나서 들어갈 열반도 없다. 그러므로 부처님께서 말씀하신 반야바라밀다는 사실은 반야로써 중생을 열반에 들어가게 하는 반야바라밀다가 아니다.

이어서 삼천대천세계에 존재하는 미진(微塵) 이야기가 나온다.

> 여래가 말씀하신 미진은 사실은 미진이 아니라 미진이라고 불리는 것이다. 여래가 말씀하신 그 세계도 사실은 세계가 아니라 세계라고 불리는 것이다.

그런데 왜 여기에서 갑자기 삼천대천세계와 미진을 이야기하는 것일까? 이것은 "여래가 이야기하는 중생들의 세계인 삼천대천세계는 미진으로 이루어진 세계가 아니다."라는 것을 이야기한 것이다.

우리는 '세계'라는 동일한 개념을 사용하지만, 그 개념이 의미하는 내용은 세계관에 따라 다르다. 기독교에서는 신이 세계를 창조하여 지배한다고 주장한다. 그리고 신은 이 세계에 우리가 사는 세계만 만든 것이 아니라, 지옥과 천당을 만들었다고 한다. 기독교인들에게 '세계'라는 개념은 신에 의해서 창조되고 지배되는 인간계와 지옥과 천당을 의미한다. 한편 원자론자(原子論者)들은 이 세계를 물리법칙에 의하여 운동하는 원자들의 집합으로 본다. 원자가 모여서 분자가 되고, 분자가 모여서 물질이 되며, 물질이 모여서 세계를 이루고 있다고 생각한다. 이러한 원자론자들에게 '세계'는 공간 속에서 불멸의 원자들이 기계적으로 결합되어 물리법칙의 지배를 받는 물질의 세계다.

부처님 당시에도 이와 같은 다양한 세계관이 있었다. 그 당시 사회를 지배하던 **브라만**교에서는 **브라만(Brahman)**이 개별적인 존재를 창조하고, 개별적인 존재 속에 **아트만(Ātman)**으로 들어가서 존재한다고 한다. 이러한 사실을 모르는 사람은 생사(生死)를 겪으면서 윤회하고, 이러한 사실을 깨달으면 윤회를 멈추고 **브라만**천(天)에 가서 다시는 태어나지 않고 영생(永生)을 누린다고 주장한다. 부처님 당시의 인도에서 이러한 브라만교의 세계관을 부정하는 사문(沙門)이라고 불리는 새로운 사상가들이 출현하였는데, 『디가 니까야』 **2. 「사문과경(沙門果經; Sāmañña-Phala Sutta)」**은 이들의 세계관을 다음과 같이 전하고 있다.

> 세존이시여, **뿌라나 깟싸빠**는 나에게 이렇게 말했습니다.
> "대왕이시여, 베고, 베도록 시키고, 자르고, 자르도록 시키고, 굽고, 굽도록 시키고, 슬프게 하고, 슬프게 하도록 시키고, 괴롭히고, 괴롭히도록 시키고, 겁박하고, 겁박하도록 시키고, 생명을 해치고, 강탈하고, 이간질하고, 약탈하고, 노상에서 도둑질하고, 남의 부인을 겁탈하고, 거짓말을 해도 죄가 되지 않습니다. 설령 날카로운 칼끝의 전차바퀴로 이 땅의 생명들을 한 덩어리로 짓이기고, 한 덩어리로 만들어도, 그것 때문에 죄가 있는 것이 아니며, 죄의 과보가 있는 것도 아닙니다. 설령 갠지스 강의 남쪽 언덕에 가서 때리고, 죽이고, 자르고, 자르도록 시키고, 굽고, 굽도록 시켜도 그것 때문에 죄가 있는 것이 아니며, 죄의 과보가 있는 것

도 아닙니다. 설령 갠지스 강의 북쪽 언덕에 가서 보시하고, 보시하도록 하고, 공양을 올리고, 공양을 올리게 해도, 그것 때문에 복이 있는 것이 아니며, 복의 과보가 있는 것도 아닙니다. 보시하고, 수행하고, 금욕하고, 정직함으로써 복이 있는 것이 아니며, 복의 과보가 있는 것도 아닙니다."

세존이시여, **막칼리 고쌀라**는 나에게 이렇게 말했습니다.

"대왕이시여, 중생들이 타락하는 데는 원인이 없고, 조건이 없습니다. 원인 없이, 조건 없이 중생들은 타락합니다. 중생들이 청정해지는 데는 원인이 없고, 조건이 없습니다. 원인 없이, 조건 없이 중생들은 청정해집니다. 자신의 업(業)도 없고, 타인의 업도 없고, 인간의 업도 없고, 위력도 없고, 정진(精進)도 없고, 인간의 힘도 없고, 인간의 노력도 없습니다. 모든 중생, 모든 생명, 모든 생물, 모든 목숨은 자제력(自制力)이 없고, 위력이 없고, 정진이 없이, 숙명(宿命)이 결합하여 존재로 성숙하며, 6가지 계층에서 고락을 겪습니다.

140만 6600가지의 자궁이 있고, 500가지의 업에는 5가지 업과 3가지 업이 있으며, 업과 반업(半業)이 있습니다.[70] 62가지 행도(行道)가 있고, 62가지 중겁(中劫)이 있고, 6가지 계층이 있고, 8가지 인간의 지위가 있으며, 4900가지의 직업이 있고, 4900가지의 편력수행자가 있으며, 4900가지 용(龍)의 거처가 있으며, 2000가지 감관(根)이 있으며, 3000가지 지옥이 있으며, 36가지 미진 세계(塵界)가 있고, 7가지 생각 있는 모태가 있고, 7가지 생각 없는 모태가 있으며, 7가지 마디 없는 모태가 있으며, 7가지 천신, 7가지 인간, 7가지 악귀, 7개의 호수, 7개의 산맥, 700개의 산, 7가지의 절벽, 700개의 절벽, 7가지 꿈, 700개

70 5업은 다섯 가지 감각 작용을 의미하고, 3업은 신(身)·구(口)·의(意) 삼업(三業)을 의미하며, 업은 신업과 구업을 의미하고, 반업(半業)은 의업을 의미함.

의 꿈, 그리고 840만 대겁(大劫)이 있습니다. (이들 가운데서) 어리석은 사람이든 현명한 사람이든 (숙명에 의해 정해진 만큼) 유전(流轉)하며 윤회하고 나서 괴로움을 끝냅니다.

그때 '나는 계행이나, 덕행(德行)이나, 고행이나, 범행(梵行)으로 미숙한 업을 성숙시키고, 성숙한 업을 자주 겪어 없애야겠다.'고 할 수 없습니다. 이와 같이 고락의 양이 정해진 윤회에 우열이나 증감은 없습니다. 비유하면, 던져진 실타래가 풀리면서 굴러가듯이, 어리석은 사람이든, 현명한 사람이든 (숙명에 의해 정해진 만큼) 유전하며 윤회하고 나서 괴로움을 끝냅니다."

세존이시여, **아지따 께싸깜발린**은 나에게 이렇게 말했습니다.

"대왕이시여, 보시도 없고, 제물(祭物)도 없고, 헌공(獻供)도 없으며, 선악업의 과보도 없습니다. 현세도 없고, 내세도 없으며, 부모도 없고, 중생의 화생(化生)도 없습니다. 세간에는 현세와 내세를 스스로 알고 체험하여 가르치는, 바른 수행으로 바른 성취를 한 사문과 바라문도 없습니다. 인간은 4대(四大)로 된 것이며, 죽으면 흙은 지신(地身)[71]으로 녹아 돌아가고, 물은 수신(水身)[72]으로 녹아 들어가고, 불은 화신(火身)[73]으로 녹아 돌아가고, 바람은 풍신(風身)[74]으로 녹아 돌아가며, 감관(根)들은 허공으로 흩어집니다. 상여꾼들이 상여에 죽은 자를 싣고 가면서, 화장터까지 시구(詩句)를 읊어도 해골은 비둘기색이 되고, 헌공은 재가 됩니다. 유론(有論)을 주장하는 사람들은 누구든, 그들의 주장은 허망한 거짓말이며, 낭설입니다. 어리석은 사람이든, 현명한 사람이든, 몸이 파괴되면 단멸

71 'paṭhavi-kāya'의 번역. 여기에서 신(身)으로 번역한 'kāya'는 불변의 실체(實體)를 의미한다.

72 'apo-kāya'의 번역.

73 'tejo-kāya'의 번역.

74 'vāyo-kāya'의 번역.

하여 사라지며, 사후에는 존재하지 않습니다."

세존이시여, **빠꾸다 깟짜야나**는 나에게 이렇게 말했습니다.

"대왕이시여, 7가지 실체(身)는 만들어진 것이 아니며, 만들어진 것으로 구성된 것이 아니며, 창조된 것이 아니며, 석녀(石女)처럼 생산할 수 없으며, 기둥처럼 움직일 수 없는 것입니다. 그것들은 움직이지 않고, 변화하지 않고, 상호간의 괴로움이나 즐거움이나 고락을 상호간에 부족하게 방해하지 않습니다.

7가지는 어떤 것인가? 지신(地身), 수신(水身), 화신(火身), 풍신(風身), 낙(樂), 고(苦) 그리고 명아(命我)가 일곱째입니다. 이 7가지 실체는 만들어진 것이 아니며, 만들어진 것으로 구성된 것이 아니며, 창조된 것이 아니며, 석녀처럼 생산할 수 없으며, 기둥처럼 움직일 수 없는 것입니다. 그것들은 움직이지 않고, 변화하지 않고, 상호간에 괴로움이나 즐거움이나 고락을 방해하지 않습니다. 거기에는 살해하는 자나 살해되는 자나, 듣는 자나 들리는 자, 인식하는 자나 인식되는 자가 없습니다. 누군가 날카로운 칼로 머리를 자른다 할지라도 아무도 어느 누구의 목숨을 빼앗지 못하며, 7가지 실체 사이에 칼이 지나간 틈이 생길 뿐입니다."

세존이시여, **니간타 나따뿟따**는 나에게 이렇게 말했습니다.

"대왕이시여, **니간타**(Nigaṇṭha)[75]는 네 가지 금계(禁戒)를 지켜 (자신을) 제어합니다. 대왕이시여, 그렇다면 니간타는 어떻게 네 가지 금계를 지켜 제어하는 것일까요? 대왕이시여, **니간타**는 모든 찬물을 금제(禁制)하고,[76] 모든 악을 금제하기 위해 노력하고, 모든 악의 금제를 즐기고, 모든 악의 금제를 성취합니다.

대왕이시여, 이와 같이 **니간타**는 네 가지 금계를 지켜 제어합니다. 대왕

---

75 자이나(Jaina) 교도를 의미함.

76 자이나교는 살생(殺生)을 엄격하게 금한다. 찬물 속에는 눈에 보이지 않는 생명이 살고 있을 수 있으므로 찬물을 먹는 것을 금한다고 하는 것이다.

이시여, **니간타**는 이와 같이 네 가지 금계를 지켜 제어하기 때문에, 대왕이시여, **니간타**는 자아를 성취하고, 자아를 제어하고, 자아를 확립했다고 말해지는 것입니다."

세존이시여, **싼자야 벨랏띠뿟따**는 나에게 이렇게 말했습니다.

"대왕이시여, 만약 당신이 '내세는 있는가?'라고 묻는다면, 그리고 만약 내가 '내세는 있다.'고 생각한다면, 나는 당신에게 '내세는 있다.'라고 대답할 것입니다. 그러나 나는 이와 같이 생각하지 않습니다. 나는 그렇다고도 생각하지 않습니다. 나는 달리 생각하지도 않습니다. 아니라고 생각하지도 않고, 아닌 것이 아니라고 생각하지도 않습니다. '내세는 없는가?', '내세는 있기도 하고 없기도 한가?', '내세는 있지도 않고 없지도 않은가?', '화생(化生)하는 중생은 있는가?', '화생하는 중생은 없는가?', '화생하는 중생은 있기도 하고 없기도 한가?', '화생하는 중생은 있지도 않고, 없지도 않은가?', '선악업의 과보는 있는가?', '선악업의 과보는 없는가?', '선악업의 과보는 있기도 하고 없기도 한가?', '선악업의 과보는 있지도 않고 없지도 않은가?', '여래는 사후에 존재하는가?', '여래는 사후에 존재하지 않는가?', '여래는 사후에 존재하기도 하고 존재하지 않기도 하는가?', '여래는 사후에 존재하지도 않고 존재하지 않지도 않은가?'라고 묻는다면, 그리고 만약 내가 …… '여래는 사후에 존재하지도 않고 존재하지 않지도 않는다.'라고 생각한다면, 나는 당신에게 '여래는 사후에 존재하지도 않고, 존재하지 않지도 않는다.'라고 대답할 것입니다.

그러나 나는 이와 같이 생각하지 않습니다. 나는 그렇다고도 생각하지 않습니다. 나는 달리 생각하지도 않습니다. 아니라고 생각하지도 않고 아닌 것이 아니라고 생각하지도 않습니다."[77]

---

77 이중표 역해, 『정선 디가 니까야』(광주: 전남대학교출판부; 2014), pp. 65~74.

아버지 **빔비싸라** 왕을 시해하고 **마가다**의 왕이 된 **아자따쌋뚜**는 부처님을 찾아가서 업보가 실제로 있다는 것을 현실에서 경험할 수 있는지를 묻는다. "수행을 하면 그 수행을 한 업의 과보로 행복이라는 결과를 지금, 여기에서 바로 얻을 수 있는가?" 그는 이 물음을 당시의 여러 사상가들에게 물어보았으나 만족하지 못했기 때문에 부처님을 찾은 것이다. 이 경에 등장하는 **아자따쌋뚜**가 언급한 6명의 사상가들은 소위 육사외도(六師外道)로 알려진 사람들이다.

뿌라나 깟싸빠(Pūraṇa Kassapa)는 이 세상에 죄도 없고, 복도 없다고 주장한다. 업보와 인과를 부정하는 도덕부정론자에게 행복한 삶은 도덕적 행위의 결과가 아니라, 우연히 얻게 되는 재물과 권력이 주는 것이다. 사람을 죽인다고 해서 죄가 되는 것도 아니고, 선행을 베푼다고 해서 복이 되는 것도 아니다. 그는 부왕을 죽이고 왕위에 오른 **아자따쌋뚜**에게 도덕을 부정하면서 면죄부를 주려고 한다. 그러나 **아자따쌋뚜**는 도덕을 부정하면서 면죄부를 주려는 **뿌라나 깟싸빠**에게서 위안을 받지 못한다. 도덕을 부정한다고 해서 아버지를 죽이고 왕이 된 **아자따쌋뚜**의 마음이 편안할 수는 없었기 때문이다.

이와는 반대로 **막칼리 고쌀라**(Makkhali Gosāla)는 필연적인 인과율을 주장하여 인간의 자유의지를 부정하는 결정론적 숙명론자이다. 우리의 삶을 이미 결정된 숙명으로 본다면, **아자따쌋뚜**가 아버지를 죽인 것도 어쩔 수 없는 숙명일 것이다. 모든 것이 결정된 숙명에 의해 진행된다면, 우리가 스스로 할 수 있는 일은 무엇인가?

막칼리 고쌀라는, 우연론을 극복하기 위해서 필연적인 인과론을 주장하다가, 결정론에 빠져서 인간의 자유로운 삶을 부정하게 된다.

오늘날 자연과학이 그렇다. 모든 것이 자연의 필연적인 법칙에 의해 진행된다면, 자연계의 일원인 인간의 삶도 그 필연적인 법칙에서 자유롭지 못한 것이 아니겠는가? **막칼리 고쌀라**의 결정론은 고대 인도의 사상이지만 여전히 우리가 극복해야 할 사상이다.

물질적 존재인 4대(四大)만을 실체로 인정하면서 윤리와 도덕을 부정하는 유물론자인 **아지따 께싸깜발린(Ajita Kesakambalin)**은 현대의 유물론과 크게 다르지 않다.

기계론적 실체론자인 **빠꾸다 깟짜야나(Pakudha Kaccāyana)**는 물질적 실체인 4대(四大)와 정신적 실체인 명아(命我; jīva)와 고(苦), 낙(樂)을 7가지 실체라고 주장하면서, 우리의 생명인 명아(命我)는 본래 생멸하지 않는 실체이기 때문에 육신의 분리는 실체들의 분해에 지나지 않는다고 주장한다. 그의 세계관은 인간과 세계를 실체적 요소들의 기계적 결합으로 설명하는 데카르트의 기계론과 너무나 흡사하다. 먼 옛날 인도에서 이런 사상들이 존재했다는 것이 놀랍기만 하다.

회의론자인 **싼자야 벨라티뿟따(Sañjaya Belaṭṭiputta)**는 진리를 알 수 없기 때문에 확정된 답을 할 수 없다고 횡설수설하지만, 어쩌면 그가 진실된 자인지도 모른다. 모르는 것을 모른다고 하는 것은 진실이기 때문이다. 많은 종교와 사상이 난무하는 현대와 같은 다문화 사회에서는 "이 말도 옳고, 저 말도 옳고, 이 말도 옳지 않고, 저 말도 옳지 않다."고 얼버무리는 것이 현명한 처세인지도 모른다. 그러나 회의론은 답이 아니다.

이와 같이 수많은 사상이 대립하자, 상반 대립하는 당시의 사상들을 종합하여 포용함으로써 논쟁을 회피하고, 철저한 고행(苦行)과 금계(禁戒)의 실천으로 엄격한 도덕주의를 내세우는 **자이나**교의 **니간타 나따뿟따**(Nigaṇṭha Nātaputta)는 모든 사상을 긍정함으로써 논쟁을 피하고, 철저한 계율의 실천과 고행을 주장한다. **자이나**교의 교리에 의하면, 우리는 업(業)에 의해 몸을 받았고, 몸이 있는 한 생사(生死)의 괴로움을 피할 수 없기 때문에 고행을 통해 업을 소멸하고 몸에서 해방되어야 한다. 정신적 존재인 명아(命我)가 물질적 존재인 육체에서 벗어나는 것이 해탈이며 열반이다.

그러나 이러한 해탈은 몸을 가지고 살아가는 현실에서는 결코 실현될 수 없다. 그리고 모든 주장을 인정한다고 해서 논쟁이 그치지 않는다. 논쟁은 서로 다른 견해에서 시작되기 때문에, 모두가 일치할 수 있는 바른 견해〔正見〕가 아니면 논쟁을 종식할 수 없다.

이와 같이 부처님 당시에도 여러 가지 사상과 세계관이 있었다. 모든 세계관은 인과율에 기초하고 있다. 왜냐하면 인과율은 세계를 이해하는 기본 틀이기 때문이다. 종교든, 과학이든, 철학이든, 인과율에 의해 세계를 이해한다. **브라만**(Brahman) 신이 세계를 창조했다는 **브라만**교의 세계관은 신이 모든 존재의 원인이며, 세계는 신의 창조의 결과라고 믿는 인과적 신념에 기초한 것이며, **막칼리 고쌀라**(Makkhali Gosāla)의 숙명론은 필연적인 인과율이 자연에 내재한다는 신념에 기초한 것이다.

업보(業報)를 부정하는 유물론자들은 필연적인 인과율을 부정하고 우연론(偶然論)을 주장하지만, 우연론도 필연적인 인과율을 부정할 뿐, 어떤 결과를 우연으로 설명한다는 점에서 하나의 인과율이다. 이와 같이 인과율은 모든 세계관에 내재해 있으며, 사물이 어떻게 생기고 변화하며, 어떻게 사건과 관계되는지를 원인과 결과의 상호관계로 설명한다.

인과율에는 두 가지 패턴이 있다. 하나는 직선적 단일방향적(單一方向的) 인과율이고, 다른 하나는 역동적(力動的) 상호의존적(相互依存的) 인과율이다. 직선적 단일방향적 인과율에서는 원인에서 결과로의 흐름이 일방적이다. 즉 원인은 결과에 영향을 주지만, 결과는 원인에 영향을 줄 수 없다. 시간적으로는 원인이 항상 결과에 선행한다. 이러한 인과율에 의하면, 인과의 고리는 A → B → C→ D … 와 같이 직선의 형태가 된다.[78] 동서양을 막론하고 대부분의 세계 이해는 이러한 직선적 인과율에 의한 것이다. 이와는 대조적으로 상호의존적 인과율에서는, 원인과 결과가 상호적으로 영향을 미친다. A는 B, C, D, … 등에 의존하여 존재하고, B는 A, C, D, … 등에 의존하여 존재한다. 이와 같이 모든 현상들은 상호 간에 원인이 되며, 동시에 결과가 된다.

부처님께서 깨달은 연기법(緣起法)은 이러한 상호의존적 인과율이다. 『잡아함경』(299)에서는 연기법에 대해 다음과 같이 이야기한다.

> 연기법은 내가 만든 것도 아니고 다른 사람이 만든 것도 아니다. 그러므로 여래가 세상에 나타나거나, 나타나지 않거나, 법계(法界)는 상주(常住)한다. 여래는 이 법을 깨달아 등정각(等正覺)을 이루어, 여러 중생들을 위하여 분별하여 연설하고 개발하여 현시하나니 소위 **이것이 있을 때 저것이 있고, 이것이 나타날 때 저것이 나타난다.**[79]

78 조애너 메이시, 『불교와 일반시스템이론』, 이중표 역(서울: 불교시대사, 2004), p. 33 참조.

79 대정장 2, p. 85b.

부처님에 의하면, 연기법은 인간이 고안한 것이 아니고, 법계(法界)에 변함없이 존재하는 인과법칙이다. 부처님께서 깨달은 인과율은 당시의 인도사상계에서 이해하고 있던 인과율과는 근본적으로 다른 것이었다. 부처님 당시 인도사상계는 직선적 인과율로 세계를 이해했다. 그러나 부처님은 인과관계가 직선적이 아니라 상호의존적임을 깨달았다. 이것과 저것은 일방적 인과관계로 존재하는 것이 아니라 상호의존적 인과관계로 존재하며(이것이 있을 때 저것이 있고), 이것은 저것의 생성의 원인임과 동시에 저것은 이것의 생성원인이 된다(이것이 나타날 때 저것이 나타난다).

직선적 인과율은 우리에게 사물이 발생하는 인과의 고리를 제공한다. 'D의 원인은 C이고, C는 B의 결과이며, B의 원인은 A이다'라는 형식으로 이루어지는 인과의 고리는 제일원인(第一原因)이나 무한소급(無限遡及)으로 끝을 맺게 된다.[80]

그리고 제일원인을 단일 실체로 보면 일원론이 되고, 다수의 실체로 보면 다원론이 된다. **브라만**이 전변(轉變)하여 세계를 창조했다는 **브라만**교의 일원론적인 전변설(轉變說)과 다양한 요소들이 모여서 세계를 이루고 있다는 사문들의 다원론적인 적취설(積聚說)은 직선적 인과율에 의한 세계 이해의 결과였다.

직선적 인과율은 우리에게 양자택일을 요구한다. 제일원인이 있는가, 없는가? 있다면 그것은 정신적인 것인가, 물질적인 것인가? 하나인가, 다수인가? 그러나 상호의존적 인과율에서는 이런 모순적 양자

80 조애너 메이시, 앞의 책, p. 90 참조.

택일은 무의미하다. 부처님께서 모순된 명제를 놓고 대립하던 당시의 철학적 논쟁에 대하여 침묵했던 것은, 형이상학에 관심이 없어서가 아니라, 세계를 이해하는 인과(因果) 패러다임이 그들과 달랐기 때문이다.

직선적 단일방향적 인과 패러다임은 '실체'와 '동일성'이라는 개념에 근거를 둔 논리학에서 비롯된 것이다.[81] 직선적 인과율에서 인과관계는 실체들 사이의 관계이다. 실체는 변화하지 않는 동일성을 지닌 것으로 이해되며, 변화는 실체가 지니고 있는 속성들의 전개나 전달에 의해 일어난다. 따라서 이러한 인과 패러다임에 의존하면, '무엇이 실체인가?'를 문제 삼게 된다. 당시 **우파니샤드** 사상가들은 **브라만**(Brahman)이 유일한 실체라고 주장했고, 사문들은 다수의 물질적·정신적 실체들이 있다고 주장했다.

직선적 인과 패러다임은 이들의 대립을 피할 수 없다. 변화하지 않는 실체가 존재하고, 그것이 경험될 수 있다면 대립은 발생하지 않는다. 그러나 변화하지 않는 실체는 경험된 적이 없다. 신적 존재인 **브라만**은 인식된 적이 없고, 사문들이 주장하는 요소들도 불변의 실체는 아니다. 어떤 경우에도, 불변의 실체는 경험적 근거가 없는 추상적 개념이다. 이러한 추상적 개념으로 만든 이론은 서로 대립하지 않을 수 없으며, 그 대립은 결코 종식될 수 없다.

이러한 추상적 개념을 만드는 것은 논리학이다. 논리학은 두 가지 법칙에 의존한다. 하나는 귀납법(歸納法)이고, 다른 하나는 연역법(演

81 앞의 책, p. 46 참조.

繹法)이다. 귀납법은 과거의 경험을 토대로 하는 것이고, 연역법은 순수한 추론을 토대로 한다. 따라서 경험론자는 귀납논리에 의존하고, 합리론자는 연역논리에 의존한다. 이들의 논리학은, 귀납법이건 연역법이건, 실체를 전제한다는 점에서는 다를 바가 없다. 인간과 세계는 끊임없이 변화한다. 여기에서 우리가 사용하는 인간과 세계라는 개념은 변화하는 상태를 의미하지만, '인간이 변화한다.'는 명제 속에서는 동일성을 지닌 실체로서의 인간이 존재하고, 그 존재가 본질은 변화하지 않으면서 겉모습만 바뀐다는 의미가 숨어 있다.

인도철학의 윤회설은 이러한 생각에서 비롯된 것이다. 인간과 세계는 끊임없이 변하고 있을 뿐, 잠시도 머물지 않는다. 그럼에도 불구하고 변하지 않고 존재하는 그 무엇이 있다는 실체론적 사고는 어디에서 비롯된 것일까? 부처님께서는 『디가 니까야』 1. 「범망경(梵網經; Brahmajāla Sutta)」에서 그 근거를 다음과 같이 밝힌다.

> 비구들이여, 과거(pubbantakappā)에 대하여 억측을 하는 자들로서, 여러 가지 허망한 이론들을 주장하는 사문이나 바라문들은 누구든 모두 이들 열여덟 가지나 그들 가운데 어느 하나를 가지고 주장할 뿐, 그밖에 다른 것은 없다오. 비구들이여, 여래는 이들 견해의 근거는 어떻게 이해된 것인지, 어떻게 취착된 것인지, 어디로 가는 것인지, 미래에 어떻게 될 것인지를 분명하게 안다오. 여래는 그것을 알 뿐만 아니라, 그보다 더욱 수승한 것을 알지만, 그 지식을 집착하지 않으며, 집착이 없이 스스로 적멸에 이르렀음을 안다오.
>
> 비구들이여, 여래는 감정의 일어남과 사라짐, 그것이 주는 즐거움과 재앙, 그것으로부터 벗어남을 여실하게 알아서 집착하지 않고 해탈했다

오. 비구들이여, 이것이 현자만이 알 수 있는, 심오하고, 보기 어렵고, 깨닫기 어렵고, 고요하고, 사변을 벗어난, 미묘하고, 훌륭한 진리라오. 여래는 그것을 스스로 이해하고, 체험하여 가르치나니, 사람들은 그것으로 여래의 진면목을 바르게 찬탄해야 할 것이오.

비구들이여, 과거에 대하여, 미래에 대하여, 과거와 미래에 대하여 억측을 하는 사문과 바라문들이 과거와 미래에 대하여 예순 두 가지 근거를 가지고 여러 가지 허망한 이론들을 주장하는 것은 그 사문들과 바라문 존자들이 **알지 못하고, 보지 못하고, 느끼고, 갈애에 빠져서 두려워하는 몸부림이라오.**

〈중략〉

비구들이여, 과거에 대하여, 미래에 대하여, 과거와 미래에 대하여 억측을 하는 사문들과 바라문들이 과거와 미래에 대하여 예순 두 가지 근거를 가지고 여러 가지 허망한 이론들을 주장하는 것은 또한 촉(觸) 때문(phassa-paccayā)이라오.

〈중략〉

비구들이여, 과거에 대하여, 미래에 대하여, 과거와 미래에 대하여 억측을 하는 사문들과 바라문들은 과거와 미래에 대하여 예순 두 가지 근거를 가지고 여러 가지 허망한 이론들을 주장하는데, 실로 그들이 촉(觸) 없이 지각(知覺)하는 일은 있을 수 없다오.

비구들이여, 상주론자인 사문들이나 바라문들이 네 가지로 자아와 세계는 상주한다고 주장하는 것은, …… 과거에 대하여, 미래에 대하여, 과거와 미래에 대하여 억측을 하는 사문들과 바라문들이 과거와 미래에 대하여 예순 두 가지 근거를 가지고 여러 가지 허망한 이론들을 주장하는 것은 모두 6촉입처(六觸入處)로 경험을 반복하기 때문이라오.

그들에게 수(受; vedanā)로 인하여 애(愛; taṇhā)가, 애로 인하여 취(取;

upādāna)가, 취로 인하여 유(有)가, 유로 인하여 생(生)이, 생으로 인하여 노사(老死), 우비고뇌(憂悲苦惱)가 생긴다오. 비구들이여, 비구가 6촉입처의 집(集; samudaya)과 그것의 소멸(滅; atthagama), 그것이 주는 즐거움(味; assāda)과 재앙(患; ādīnava), 그것으로부터 벗어남(出離; nissaraṇa)을 여실하게 안다면, 이 비구는 이 모든 것보다 수승한 것을 아는 것이오.[82]

이 경에서는 실체론의 근거를 무지(無明)와 느낌(受), 갈애(愛), 두려움이라고 이야기한다. 모든 것은 무상하게 변화한다. 우리는 이렇게 잠시도 멈추지 않고 변화하는 현상 속에서 자신이 느낀 감정을 토대로, 감정을 일으키는 성질을 소유하고 있는 대상이 실체로서 외부에 실재한다고 생각한다. 그리고 그것을 인식하는 자아도 실체로서 존재한다고 생각한다. 아름다운 것, 더러운 것, 맛있는 것, 맛없는 것, 감미로운 음악, 시끄러운 소음이 존재하고, 그것을 인식하는 자아가 존재한다고 생각하는 것이다.

그러나 아름다운 것은 변화하여 더러운 것이 되고, 맛있는 것은 배가 부르면 맛이 없어진다. 시끄러운 음악을 감미롭게 듣는 사람도 있고, 조용한 음악을 따분하게 느끼는 사람도 있다. 외부의 사물도 변화하며, 그것을 인식하는 주관도 변화한다. 이러한 변화 속에서도 변화하지 않는 실체가 있다는 생각을 고집하는 것은 그러한 느낌을 갈망하기 때문이다. 즉 아름다운 것을 계속하여 보고자 하는 갈망이 아름다운 것을 관념적으로 실체화하는 것이다.

---

82 이중표 역해, 『정선 디가 니까야』(광주: 전남대학교출판부; 2014), pp. 38~54.

바꾸어 말하면 관심이 없는 것은 실체화되지 않는다. 나무로 만든 책상을 예로 든다면, 책이 없어서 책상을 필요로 하지 않는 사회에 사는 사람들에게 책상은 나무일 뿐이다. 책을 놓고 보기에 좋기 때문에 우리는 우리에게 좋은 느낌을 주는 대상을 실체화하여 책상이라고 부르는 것이다. 한편 우리에게는 자아의 존재가 소멸되는 것에 대한 두려움이 있다. 죽음에 대한 공포가 그것이다. 이러한 두려움이 자아를 실체화한다. 자아와 세계는 이렇게 느낌과 갈망과 두려움을 통해서 실체화된다.

부처님께서는 느낌(受; vedana)은 촉(觸; phassa)을 조건으로 연기한 것이고, 갈애(愛; taṇhā)는 느낌을 조건으로 연기한 것이라고 말씀하신다. 실체론의 근원은 촉이라는 것이다. 촉은 우리가 감관을 통해 지각할 때 생기는 '존재에 대한 경험'이다. 이러한 경험은 자아와 세계를 개별적 실체로 생각하기 때문에 생긴 것이다. 『잡아함경』(306)에서는 촉의 발생을 다음과 같이 설명한다.

> 두 가지 법이 있다. …… 안(眼)과 색(色)이 두 가지 법이다. …… 안(眼)과 색(色)을 인연하여 식(識)이 생기고, 이들 셋이 화합한 것이 촉(觸)이다.[83]

안(眼)은 인식주관(六內入處), 즉 자아를 의미하고, 색(色)은 객관대상(六外入處), 즉 세계를 의미한다. 우리는 주관과 객관이 개별적으로 존재한다고 생각한다. 이러한 생각에서 사물을 보면, 대상을 분별하는 의식이 생긴다. 예를 들어 촛불을 본다고 하자. 촛불은 기름이 끊임없

83 대정장 2, p. 87c.

이 연소하는 현상이다. 그러나 우리는 촛불을 실체화하기 때문에 시간적으로 존속하는 사물로 인식한다.

이렇게 변화하는 현상을 관념으로 실체화하여 사물로 인식하는 의식이 식(識)이다. 우리의 의식에 실체화된 관념이 있을 때, 그 사물에 상응하는 대상을 지각하면, 우리는 '그것의 존재'를 경험한다. 책상이라는 관념을 실체화하지 않은 사람에게는 '책상이 있다.'는 경험은 생기지 않는다. 촉은 이렇게 현상을 실체화함으로써 나타난다. 따라서 실체론에 근거하여 대립하는 모든 견해는 촉을 인연으로 나타난 것이라는 부처님의 말씀은, 이들 대립된 견해가 자아와 세계, 인간과 자연을 개별적이고 대립적인 실체로 보는 데서 비롯된 것임을 지적한 것이다.

부처님께서는 모든 것은 연기하므로 무상(無常)하며, 무아(無我)라고 말씀하신다. 모든 것은 서로 인연이 되어 영향을 주고받으면서 끊임없이 변화하기 때문에, "업보(業報)는 있으나 작자(作者)는 없다."는 것이다. 인지(認知)하는 자아, 행위하는 자아는 실체로서 존재하는 것이 아니라, 조건에 의해 나타났다가 사라지는 무상한 것이다. 따라서 행위하는 실체[作者]는 없고, 오직 행위를 통해 상호 영향을 주고받는 관계[業報]만 있다. 이와 같이 불교에서는 연기설이라는 상호인과율에 의해 자아와 세계, 인간과 자연을 이원화된 실체로 보지 않고, 행위를 통해 영향을 주고받는 상호관계로 이해한다.

모든 것이 상호의존적으로 존재한다는 연기설의 입장에서는 이 세계를 실체들이 존재하는 것으로 보지 않고, 관계에 의해 모든 것이 과정적으로 존재하는 것으로 본다. 부처님은 이러한 관계의 근원을 중생들의 인지구조(認知構造)라고 이야기한다. 부처님은 이 세계의 근원에 대하여 묻는 바라문에게 『잡아함경』(319)에서 다음과 같이 대답한다.

> 일체(一切)는 12입처(入處)다. 안(眼)과 색(色), 이(耳)와 성(聲), 비(鼻)와 향(香), 설(舌)과 미(味), 신(身)과 촉(觸), 의(意)와 법, 이것을 일체라고 부른다. 만약 이것을 일체라고 하지 않고 …… 다른 일체를 세운다면, 그것은 단지 언설(言說)만 있기 때문에, 물어도 알지 못하고 의혹만 늘어갈 것이다. 그 까닭은 그것은 경계(境界)가 아니기 때문이다.[84]

여기에서 일체(一切)는 세계의 근원을 의미한다. 당시 **브라만**교에서는 **브라만**, 즉 세계를 창조한 정신적 실체인 **브라만**을 일체라고 주장했고, 사문들은 여러 가지 요소, 즉 정신적·물질적 실체들을 일체라고 주장했다. 그러나 부처님은 우리의 인지구조〔眼·耳·鼻·舌·身·意〕와 그 구조에 의존하여 함께 나타나는 것〔色·聲·香·味·觸·法〕을 일체라고 이야기한다. 우리는 인지구조의 핵심에 정신적 실체가 있다고 생각하고, 정신적 실체가 지닌 감각에 의해 지각되는 것은 물질적 실체라고 생각한다. 그러나 부처님의 생각에 따르면, 물질과 정신은 단지 언어일 뿐이다. 그래서 실체로서의 물질이 무엇인가, 정신이 무엇인가를 알려고 한다면 의혹만 증대할 뿐 결국 알 수 없다는 것이다. 그 까닭을 부처님은 그것이 우리의 인지구조의 영역〔境界〕이 아니기 때문이라고 이야기한다.

부처님의 말씀은 "세계는 인간의 감각·지각·기억의 구조물이

84 대정장 2, p. 91a.

다."[85]라는 오스트리아의 물리학자 슈뢰딩거의 이야기와 상통한다. 세계는 인간과 독립적으로 실재하는 것이 아니다. 세계는 인간이 보고, 느끼고, 생각하는 삶과 함께 있다. 동물에게는 그들의 삶과 함께 그들의 세계가 있다. 불교에서 이야기하는 세계는 이렇게 인지구조를 통해 그 구조와 함께 나타난다. 따라서 불교에서는 인지구조와 세계가 분리되지 않는다.

이러한 불교의 세계관은 인류 원리(anthropic principle)와 상통한다. 윌리스는 인류 원리를 소개하면서 그 핵심적 요소를 "인간의 존재가 우주의 설계를 결정하고, 반대로 우주의 설계가 인류의 생존을 가능케 한다."[86]는 것이라고 규정한다. 천문학자 에드워드 헤리슨은 "인류 원리는 우리 인류가 이곳에 있기 때문에 우주가 지금과 같은 방식으로 존재한다는 것을 강조하고 있다."[87]고 말한다. 인류 원리는 인간이 경험하는 우주 내부에서 인간이 차지하는 핵심적인 역할을 강조하는 것으로서, 인류뿐만이 아니라 모든 생물은 그들이 살고 있는 세계에 참여하는 역할을 한다는 것을 이야기하고 있는 것이다.[88]

인류 원리는 연기설에 근거한 불교의 '유심사상(唯心思想)'과 상통한다. 세계는 항상 삶의 구조(心)에 의해 드러나고, 그 세계에 의지하여 살아가는 삶이 다시 새로운 삶의 구조를 형성한다는 것이 연기설

---

85 Erwin Schrödinger, *Mind and Matter* (Cambridge: Cambridge University Press, 1958), p. 38. 〈앨런 월리스, 『과학과 불교의 실재 인식』, 홍동선 역(서울:범양사출판부, 1991), p.136에서 재인용〉

86 앨런 월리스, 위의 책, p. 132.

87 위의 책, p. 132.

88 위의 책, p. 133 참조.

에 근거한 불교의 업보(業報) 이론이며, 유심사상이다. 이와 같은 세계관에서 본다면 인간과 자연에 대한 모든 논의는 인간의 삶, 즉 업보와 직결된다. 모든 존재의 근원은 삶, 즉 업(業)이다. 인간도 업의 결과(業報)이고, 자연도 업의 결과이다. 불교에서 이야기하는 중생의 세계, 즉 삼계(三界)는 업보의 세계이다.

중생의 세계는 중생의 삶에 의해서 형성되고 소멸된다. 『디가 니까야』 27. **「태초경(太初經; Aggañña Sutta)」**에 의하면, 중생들의 악행으로 인하여 인간의 수명이 단축되고, 좋은 음식과 의복이 사라지며, 땅은 황폐해진다. 그리고 사람들이 정법(正法)을 행하고 선행을 닦아 모두가 천상에 올라가면, 중생들이 살던 하계(下界)의 세계는 사라진다. 천상에 살던 중생들이 복이 다하여 그 곳에서 수명을 마치면, 다시 하계에 내려오게 되는데, 이때 다시 천지(天地)가 이루어진다.[89] 이와 같이 근본불교에서는 세계를 형이상학적 실체를 가정하여 이해하지 않고 삶의 과정, 즉 업보로 이해한다.

부처님께서 말씀하신 중생의 세계, 즉 삼계도 중생들이 업(業)을 지어 그 과보로 나타난 마음의 세계일 뿐, 시공(時空) 속의 우주가 아니다. 삼계란 욕계(欲界)·색계(色界)·무색계(無色界)를 말하는데, 이 삼계를 보다 자세히 분류하면 9중생거(九衆生居; 아홉 가지 중생들이 사는 곳)가 된다. 이 내용을 간단히 정리하면 다음과 같다.

89 이중표 역해, 『정선 디가 니까야』(광주: 전남대학교출판부; 2014), pp. 353~370 참조.

삼계(三界)	9중생거(九衆生居)
1) 욕계(欲界)	(1) 인간, 육욕천(六欲天)
2) 색계(色界)	(2) 색계 초선천(色界 初禪天)
	(3) 색계 이선천(色界 二禪天)
	(4) 색계 삼선천(色界 三禪天)
	(5) 색계 사선천(色界 四禪天)
3) 무색계(無色界)	(6) 공무변처천(空無邊處天)
	(7) 식무변처천(識無邊處天)
	(8) 무소유처천(無所有處天)
	(9) 비유상비무상처천(非有想非無想處天)

이와 같은 삼계를 통틀어 일세계(一世界)라고 하는데, 일세계가 일천(一千) 개 모인 것을 소천세계(小千世界), 소천세계가 일천 개 모인 것을 중천세계(中千世界), 중천세계가 일천 개 모인 것을 대천세계(大千世界)라고 하며, 대천세계를 삼천대천세계(三千大千世界)라고 부른다. 법계(法界)에는 이러한 삼천대천세계가 셀 수 없이, 즉 미진수(微塵數)로 존재한다고 한다.

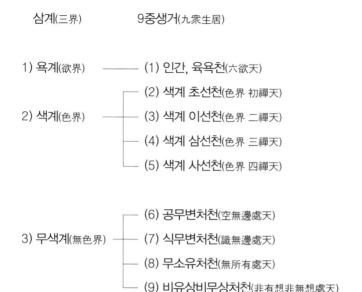

우리는 하나의 세계 속에 중생들이 모여서 살고 있는 것으로 생각한다. 그러나 세계 속에서 중생들이 살고 있는 것이 아니라, 중생들의 마음에서 세계가 연기하고 있다. 중생들이 사는 세계는 중생들의 마음에 따라 각기 다른 모습으로 나타난다. 부처님은 9차제정(九次第定)이라는 선정을 통해 중생들의 세계가 중생들의 마음에서 연기한 것이라는 사실을 깨달았다. 불교에서 이야기하는 욕계·색계·무색계, 즉 삼계는 9차제정을 통해 드러난 중생세계의 모습이다.

중생세계, 즉 '9중생거'에 대하여 『장아함경(長阿含經)』의 「십상경(十上經)」에서는 다음과 같이 이야기한다.

> 어떤 중생들은 서로 다른 몸(若干種身)을 가지고 서로 다른 생각(若干種想)을 하면서 살아간다. 〈천상(天上)의 중생과 인간; 제1 중생거〉
> 어떤 중생들은 서로 다른 몸을 가지고 한 가지 생각을 하면서 살아간다. 〈범광음천(梵光音天); 제2 중생거〉
> 어떤 중생들은 동일한 몸을 가지고 서로 다른 생각을 하면서 살아간다. 〈광음천(光音天); 제3 중생거〉
> 어떤 중생들은 동일한 몸(一身)을 가지고 동일한 생각(一想)을 하면서 살아간다. 〈변정천(遍正天); 제4 중생거〉
> 어떤 중생들은 생각도 없고, 느끼고 지각함이 없다(無想 無所覺知). 〈무상천(無想天); 제5 중생거〉
> 어떤 중생은 공처(空處)에 머물고 있다. 〈제6 중생거〉
> 어떤 중생은 식처(識處)에 머물고 있다. 〈제7 중생거〉
> 어떤 중생은 불용처(不用處, 無所有處)에 머물고 있다. 〈제8 중생거〉
> 어떤 중생은 유상무상처(有想無想處, 非有想非無想處)에 머물고 있다. 〈제9 중생거〉[90]

중생들은 이렇게 아홉 가지 형태로 살아가며, 이것을 9중생거(衆生居)라고 부른다는 것이다. 이러한 9중생거를 7식주(七識住) 2처(二處)

90 대정장 1, pp. 52c~57b 참조.

라고도 한다.

『디가 니까야』 15. 「대인연경(大因緣經; Mahā-Nidāna Sutta)」에서는 7식주 2처가 다음과 같이 설해진다.

"아난다여, 7식주[91]와 2처[92]가 있다.[93]

7식주란 어떤 것인가?

아난다여, 다양한 몸에 다양한 생각을 지닌 중생들이 있다. 예를 들면, 몇몇 인간들과 몇몇 천신들과 악처(惡處)에 떨어진 자들이 그들이다. 이것이 제1식주(第一識住)다.

아난다여, 다양한 몸에 단일한 생각을 지닌 중생들이 있다. 예를 들면, 범중천(梵衆天)에 처음 태어난 천신들이 그들이다. 이것이 제2식주(第二識住)다.

아난다여, 단일한 몸에 다양한 생각을 지닌[94] 중생들이 있다. 예를 들면, 광음천(光音天)의 천신들이 그들이다. 이것이 제3식주(第三識住)다.

아난다여, 단일한 몸에 단일한 생각을 지닌 중생들이 있다. 예를 들면, 변정천(遍淨天)의 천신들이 그들이다. 이것이 제4식주(第四識住)다.

아난다여, 일체의 형색에 대한 생각(色想)을 초월하고, 지각대상에 대한 생각(有對想)이 소멸하여, 다양한 생각에 마음을 두지 않고, '허공(虛空)은 무한하다.'라고 생각하는 공무변처(空無邊處)에 도달한 중생들이 있다. 이것이 제5식주(第五識住)다.

아난다여, 일체의 공무변처를 초월하여, '식(識)은 무한하다.'라고 생각하

---

91 'satta viññāṇaṭṭhitiyo'의 번역. '식(識)이 머무는 일곱 가지 장소'라는 의미.

92 'dve āyatanāni'의 번역. '중생들이 살고 있는 두 가지 장소'라는 의미.

93 7식주(七識住)와 2처(二處)는 식(識)의 다양한 상태와 식(識)의 상태에 따라 벌어지는 중생의 다양한 세계를 의미한다.

94 'nānatta-saññino'의 번역.

는 식무변처(識無邊處)에 도달한 중생들이 있다. 이것이 제6식주(第六識住)다.

아난다여, 일체의 식무변처를 초월하여, '어떤 것도 존재하지 않는다.'라고 생각하는 무소유처(無所有處)에 도달한 중생들이 있다. 이것이 제7식주(第七識住)다.

무상천(無想天)이 제1처(第一處)이고, 비유상비무상처(非有想非無想處)가 제2처(第二處)다.

아난다여, 그때 다양한 몸에 다양한 생각을 지닌 제1식주를, 예를 들면, 몇몇 인간들과 몇몇 천신들과 악처(惡處)에 떨어진 자들을 분명하게 알고, 그것의 집(集)을 분명하게 알고, 그것의 소멸을 분명하게 알고, 그것의 유혹을 분명하게 알고, 그것의 재앙을 분명하게 알고, 그것에서 벗어남을 분명하게 아는 사람이 그것을 즐기겠느냐?"

"그렇지 않습니다. 세존이시여!"

"아난다여, 그때 제2식주, 제3식주, 제4식주, 제5식주, 제6식주 제7식주를 분명하게 알고, 그것의 집(集)을 분명하게 알고, 그것의 소멸을 분명하게 알고, 그것의 유혹을 분명하게 알고, 그것의 재앙을 분명하게 알고, 그것에서 벗어남을 분명하게 아는 사람이 그것을 즐기겠느냐?"

"그렇지 않습니다. 세존이시여!"

"아난다여, 그때 무상천(無想天)을 분명하게 알고, 그것의 집(集)을 분명하게 알고, 그것의 소멸을 분명하게 알고, 그것의 유혹을 분명하게 알고, 그것의 재앙을 분명하게 알고, 그것에서 벗어남을 분명하게 아는 사람이 그것을 즐기겠느냐?"

"그렇지 않습니다. 세존이시여!"

"아난다여, 그때 비유상비무상처(非有想非無想處)를 분명하게 알고, 그것의 집(集)을 분명하게 알고, 그것의 소멸을 분명하게 알고, 그것의 유혹을 분명하게 알고, 그것의 재앙을 분명하게 알고, 그것에서 벗어남을 분명하게 아는 사람이 그것을 즐기겠느냐?"

"그렇지 않습니다. 세존이시여!"

"**아난다**여, 비구는 이들 7식주(七識住)와 2처(二處)의 집(集)과 소멸과 유혹과 재앙과 벗어남을 앎으로써 해탈한다. 아난다여, 이것을 지혜에 의한 해탈(慧解脫)이라고 한다.

아난다여, 이들 해탈은 여덟 가지다. 여덟 가지는 어떤 것들인가?

형색을 가지고 형색(色)들을 본다. 이것이 첫째 해탈(初解脫)이다.

안에 형색에 대한 생각 없이 밖의 형색들을 본다. 이것이 둘째 해탈(第二解脫)이다.

'청정한 상태다'라고 몰입한다. 이것이 셋째 해탈(第三解脫)이다.

일체의 형색에 대한 생각(色想)을 초월하고, 지각대상에 대한 생각(有對想)이 소멸하여, 다양한 생각에 마음을 두지 않고, '허공(虛空)은 무한하다'라고 생각하는 공무변처(空無邊處)를 성취하여 살아간다. 이것이 넷째 해탈(第四解脫)이다.

일체의 공무변처를 초월하여, '식(識)은 무한하다'라고 생각하는 식무변처(識無邊處)를 성취하여 살아간다. 이것이 다섯째 해탈(第五解脫)이다.

일체의 식무변처를 초월하여, '어떤 것도 존재하지 않는다'라고 생각하는 무소유처(無所有處)를 성취하여 살아간다. 이것이 여섯째 해탈(第六解脫)이다.

일체의 무소유처(無所有處)를 초월하여, 비유상비무상처(非有想非無想處)를 성취하여 살아간다. 이것이 일곱째 해탈(第七解脫)이다.

일체의 비유상비무상처(非有想非無想處)를 초월하여, 생각과 느껴진 것의 멸진(想受滅)을 성취하여 살아간다. 이것이 여덟째 해탈(第八解脫)이다.

아난다여, 이들이 여덟 가지 해탈이다.

아난다여, 비구는 이 팔해탈에 순관(順觀)으로 들어가고, 역관(逆觀)으로 들어가고, 순관과 역관으로 들어가고, 원하는 순서로, 원하는 대로, 원하는 데까지 들어가고 나오기 때문에, 번뇌(漏)가 지멸(止滅)하여 무루(無漏)의 마음에 의한 해탈(心解脫)과 지혜에 의한 해탈(慧解脫)을 지금, 여기에서 스스로 수승한 지혜로 체험하고, 성취하여 살아간다. **아난다**여, 이런 비구를 구분해탈자(俱分解脫者)라고 한다. **아난다**여, 이 구분해탈보다 더 훌륭하고 뛰어난 구분해탈은 없다."[95]

이와 같이 중생이 사는 세계는 중생의 의식상태가 결정한다. 바꾸어 말하면, 불교에서 이야기하는 중생의 세계는 곧 중생의 마음인 것이다. 그렇다면 7식주(七識住)와 2처(二處)는 구체적으로 무엇을 의미하는 것일까? 『잡아함경』(39)에서는 네 가지 식주(四識住)를 다음과 같이 이야기하고 있다.

비구여, 저 다섯 가지 종자는 자양분을 갖고 있는 식(取陰俱識; vinnanam saharam)을 비유한 것이고, 흙은 4식주(四識住)를 비유한 것이고, 물은 희탐(喜貪)을 비유한 것이다. 식(識)은 네 가지에 머물면서 그것에 반연(攀緣)한다. 어떤 것이 네 가지인가? 식은 색 가운데 머물면서 색을 반연하여 그것을 즐기면서 커간다. 식은 수·상·행 가운데 머물면서, 수·상·행을 반연하여 그것을 즐기면서 커간다.[96]

95 이중표 역해, 『정선 디가 니까야』(광주: 전남대학교출판부; 2014), pp. 190~195.
96 대정장 2, p. 9a.

이 경에서는 네 가지 식주(四識住)를 5온의 색·수·상·행이라고 하고 있다. 이 경에서는 4식주를 이야기하고 있기 때문에 7식주와는 그 수가 다르다. 그러나 내용을 살펴보면 4식주는 7식주와 다름이 없다는 것을 알 수 있다.

우리는 6내입처(六內入處; 眼·耳·鼻·舌·身·意)를 자기의 존재라고 생각하고, 6외입처(六外入處; 色·聲·香·味·觸·法)를 외부의 존재라고 생각한다. 그래서 6외입처에 대하여 욕탐을 일으킨다. 이와 같이 식(識)이 촉(觸)에 의해 존재로 경험되는 외부의 대상 즉, 색(色)·성(聲)·향(香)·미(味)·촉(觸)·법(法)에 욕탐을 가지고 머물고 있는 것이 제1식주(第一識住)다. 4식주의 색을 외부의 존재로 대상화하여 그 대상에 대하여 욕구를 일으켜 식이 머물면서 증장하는 세계가 욕계(欲界)다. 다시 말해서, 4식주 가운데 색에 식이 머물고 있는 상태가 욕계다.

색계(色界)는 외부의 대상에 대한 욕망은 사라졌지만 6내입처를 자신의 몸으로 생각하는 점에서는 욕계와 다름이 없다. 색계에서는 자신의 내부에서 생기는 느낌 가운데 즐거운 것을 즐기고 좋아하는 중생들의 세계다. 따라서 색계는 4식주의 수(受)에 식이 머물고 있는 상태라고 할 수 있다. 색계에 네 종류가 있다고 하는 것은 식이 수(受)에 머무는 상태의 차이에서 비롯된다.

무색계(無色界)는 색에 대한 생각을 초월하여 공간에 대한 생각, 의식에 대한 생각, 무(無)에 대한 생각, 비유비무(非有非無)에 대한 생각에 식이 머물고 있는 것을 의미한다. 따라서 무색계는 4식주의 상(想)에 식이 머물고 있는 상태를 의미한다. 무색계에 네 종류가 있는 것도 색계와 마찬가지로 식이 머물고 있는 상(想)의 차이에 의한 것이다.

이와 같이 7식주는 4식주와 근본적으로는 다를 바가 없다. 그런데 4식주 가운데 행(行)은 7식주에는 보이지 않는다. 그 까닭은 식이 식주(識住)에 욕탐을 가지고 머물면서 증장하는 것이 행이기 때문이다. 즉 삼계는 모두 업에 의해 나타난 것이기 때문이다. 이와 같이 부처님께서 말씀하신 삼계는 업에 의해서 형성된 마음의 상태(報)를 의미한다.

세계의 근원이 업이라는 근본불교의 세계관은 당시의 사람들이 그대로 받아들이기 어려웠을 것이다. **아비달마**불교가 실체론으로 흐른 것은 이런 이유에서라고 생각된다. **아비달마**불교의 여러 부파 가운데 가장 유력한 부파로서 실체론적 입장을 가장 강하게 주장한 설일체유부(說一切有部)에서는 시간과 존재가 실체로서 존재한다(三世實有 法體恒有)고 주장한다. 설일체유부에서도 근본불교의 세계관을 계승하여, 중생들의 세계가 중생들의 업력에 의해 생성, 유지, 소멸된다고 주장한다. 그러나 세계 자체가 업의 결과라고는 생각하지 않았다. 업은 단지 마음이 짓는 것일 뿐, 마음이나 업과는 독립된 물질적인 실체가 물질적인 세계를 구성하고 있다고 생각했다. 따라서 **아비달마**불교에서는 물질(色法)의 구조를 분석적으로 사유했다.

모든 물질은 유형적인 존재인 이상 반드시 그 최소 단위가 있을 것으로 생각하여 최소의 단위를 극미(極微; paramānu)라고 불렀다. 극미는 미세하여 육안으로 식별할 수 없다. 극미는 낱개로 존재하는 일이 없이 7개의 극미가 일단(一團)이 되어, 중심에 있는 하나의 극미를 6개의 극미가 사방(四方)과 상하(上下)에서 둘러싸고 있는 형태로 존재한다. 이와 같이 7개의 극미가 일단을 이루고 있는 형태를 미취(微聚)라고 한다. 미취는 다시 중심에 있는 하나의 미취를 6개의 미취가 사방과 상하에서 둘러싸는 형태를 취하게 되는데, 이것을 금진(金塵)이라고 한다. 이와 같은 형태로 7개의 금진이 모여 수진(水塵)이 되고, 7개의 수진이 모여 토모진(兎毛塵)이 되고, 7개의 토모진이 모여 양모진(羊毛塵)이 되고, 7개의 양모진이 모여 우모진(牛毛塵)이 되고, 7개의 우모진이 모여 극유진(隙遊塵)이 되는데, 극유진의 형태가 될 때 비로소 육안으로 식별할 수 있다.

개개의 극미는 지수화풍(地水火風) 4대(四大)의 성질을 가지고 있다. 물질의 견고한 성질은 지대(地大)이고, 습윤(濕潤)한 성질은 수대(水大)이며, 온난(溫暖)한 성질은 화대(火大)이고, 운동의 성질은 풍대(風大)이다. 극미 속에 있는 사대의 성질은 조건[緣]에 따라 증감이 있다. 어떤 하나의 성질이 강성하면, 다른 세 개의 성질은 잠재세력으로 은복(隱伏)한다. 현상계의 여러 차별적인 물질들은 이러한 4대의 현현(顯現)과 은복(隱伏)으로 설명된다.[97]

제13 여법수지분(如法受持分)의 "여래가 말씀하신 미진(微塵)은 사실은 미진이 아니라 미진이라고 불리는 것이기 때문입니다. 여래가 말씀하신 그 세계도 사실은 세계가 아니라 세계라고 불리는 것입니다." 라는 말씀은 **아비달마**불교의 세계관에 대한 비판이다.

아비달마불교에 의하면, 삼천대천세계라는 세계가 우주의 공간 속에 존재하고, 그 속에서 중생들이 업을 지어 그 과보에 따라 생사 윤회하며, 그 세계는 무수한 미진이 모여서 이루어진 것이다. 해탈은 이러한 중생들의 세계에서 벗어나 열반이라는 다른 차원의 세계로 가는

97 김동화, 『俱舍學』(서울:문조사; 1971), pp. 71~73 참조.

것이다.

당시의 여러 부파들은 이러한 세계관과 해탈론을 공유하고 있었지만, 구체적인 내용과 방법에 대해서는 각기 다른 이론으로 대립하고 있었다. 그러나 지금까지 살펴본 바와 같이, 부처님이 말씀하신 중생세계는 시공 속의 우주가 아니라 어리석은 중생의 마음에서 연기한 것이며, 해탈은 어리석음에서 벗어나 무아(無我)와 공(空)을 깨닫고 사는 것이다. 중생들의 세계인 삼계는 마음의 세계이므로, 마음을 닦으면 삼계의 실상(實相)을 깨달을 수 있으며, 삼계가 무지한 마음에서 연기한 망상의 세계라는 것을 깨닫기 위해서 수행하는 것이 불교의 수행이다.

불교수행은 크게 두 가지로 나눌 수 있다. 첫째는 산란한 마음을 한 곳에 집중하는 것인데, 이것을 **'싸마타(samatha)'**라 하고, 한문으로 번역하여 '지(止)'라고 한다. 다른 하나는 집중된 마음을 가지고 법을 관찰하는 것인데, 이것을 **'위빠싸나(vipassanā)'**라 하고, 한문으로 번역하여 '관(觀)'이라고 한다. 불교수행은 이 둘을 함께 닦는 것이다. 그래서 수행을 다른 이름으로 지관(止觀)이라고 한다. '지'를 통해서 마음이 안으로 모아지는 것을 '정(定)'이라 하고 '관'을 통해서 통찰하는 지혜를 '혜(慧)'라 한다. 보조(普照) 국사께서 주창하신 '정혜쌍수(定慧雙修)'나 육조 혜능의 정혜일체(定慧一體)는 모두 '지관'을 바르게 닦자는 말씀이다.

불교수행은 마음을 고요하게 하는 것이라고 생각하여 사유하는 것을 부정적으로 보는 사람들이 있다. 한편 불교의 교리를 많이 알고 이해하는 것을 불교공부라고 생각하는 사람들이 있다. 이 두 가지 방법은 바른 불교공부가 아니다. 마음을 고요하게 한다고 해서 연기의 도리가 깨달아지는 것은 아니다. 그렇다고 교리를 많이 안다고 해서 연기의 도리를 깨닫는 것도 아니다.

부처님은 '지관'을 통해서 연기의 도리를 깨달았다. 그리고 깨달은 내용을 언어로 표현한 것이 불교의 교리다. 따라서 불교의 교리는 '지관'을 통해 스스로 깨달아야 하는 것이지, 언어로 이해할 수 있는 것이 아니다.

『맛지마 니까야』 138. 「개요경(Uddesavibhaṅga-sutta)」에 지관법(止觀法)이 매우 상세하게 설해져 있다.

> 존자들이여, '분별하는 마음(識)이 밖으로 어지럽게 흩어진다'는 것은 어떤 것을 말하는 것인가? 존자들이여, 비구가 눈으로 색(色)을 본 후에, 색상(色相)을 애착(愛着)하고, 색상에 속박되고, 색상의 결박(結縛)에 묶인 분별하는 마음이 색상을 추구하는 것을 '분별하는 마음이 밖으로 어지럽게 흩어진다.'라고 말한다오.
> 귀로 소리를 듣고, 코로 냄새를 맡고, 혀로 맛을 보고, 몸으로 감촉을 느끼고, 마음으로 법을 식별하는 것도 마찬가지라오. 마음으로 법을 식별한 후에, 법상(法相)을 애착하고, 법상에 속박되고, 법상의 결박에 묶인 분별하는 마음이 법상을 추구하는 것을 '분별하는 마음이 밖으로 어지럽게 흩어진다'라고 말한다오.
> 존자들이여, '분별하는 마음(識)이 밖으로 어지럽게 흩어지지 않는다'는 것은 어떤 것을 말하는 것인가? 존자들이여, 비구가 눈으로 색(色)을 본 후에, 색상을 애착하지 않고, 색상에 속박되지 않고, 색상의 결박에 묶이지 않은 분별하는 마음이 색상을 추구하지 않는 것을 '분별하는 마음이 밖으로 어지럽게 흩어지지 않는다'라고 말한다오. 귀로 소리를 듣고,

코로 냄새를 맡고, 혀로 맛을 보고, 몸으로 감촉을 느끼고, 마음으로 법을 식별하는 것도 마찬가지라오.

비구가 마음으로 법을 식별한 후에, 법상을 애착하지 않고, 법상에 속박되지 않고, 법상의 결박에 묶이지 않은 분별하는 마음이 법상을 추구하지 않는 것을 '분별하는 마음이 밖으로 어지럽게 흩어지지 않는다.'라고 말한다오.

존자들이여, '안으로 마음이 머문다.'는 것은 어떤 것을 말하는 것인가? 존자들이여, 어떤 비구는 감각적 욕망을 멀리하고 불선법(不善法)을 멀리하며, 사유(思惟)가 있고 숙고(熟考)가 있으며, 멀리함에서 생긴 기쁨과 행복감이 있는 초선(初禪)을 성취하여 살아간다오. 그때 그의 분별하는 마음이 멀리함에서 생긴 기쁨과 행복감을 애착하고, 멀리함에서 생긴 기쁨과 행복감에 속박되고, 멀리함에서 생긴 기쁨과 행복감의 결박에 묶여서, 멀리함에서 생긴 기쁨과 행복감을 추구하는 것을 '안으로 마음이 머문다'라고 말한다오.

다음으로, 존자들이여, 어떤 비구는 사유와 숙고를 억제하고, 내적으로 평온하게 마음이 집중된, 사유가 없고, 숙고가 없는, 삼매에서 생긴 기쁨과 행복감이 있는 제2선(第二禪)을 성취하여 살아간다오. 그때 그의 분별하는 마음(識)이 삼매에서 생긴 기쁨과 행복감을 애착하고, 삼매에서 생긴 기쁨과 행복감에 속박되고, 삼매에서 생긴 기쁨과 행복감의 결박에 묶여서, 삼매에서 생긴 기쁨과 행복감을 추구하는 것을 '안으로 마음이 머문다.'라고 말한다오.

다음으로, 존자들이여, 어떤 비구는 희열(喜悅)이 사라지고 평정한 마음으로 주의집중과 알아차림을 하며 지내는 가운데, 몸으로 행복을 느끼면서, 성인들이 '평정한 마음(捨)으로 주의집중을 하는 행복한 상태'라고 이야기한 제3선(第三禪)을 성취하여 살아간다오. 그때 그의 분별하는 마음(識)이 평정한 마음을 애착하고, 평정한 마음에 속박되고, 평정한 마음의 결박에 묶여서, 평정한 마음을 추구하는 것을 '안으로 마음이 머문다'라고 말한다오.

다음으로, 존자들이여, 어떤 비구는 행복감을 포기하고, 괴로움을 버림으로써, 이전의 만족과 불만이 소멸하여, 괴롭지도 않고 즐겁지도 않은, 평정한 주의집중이 청정한 제4선(第四禪)을 성취하여 살아간다오. 그때 그의 분별하는 마음이 괴롭지도 즐겁지도 않은 느낌을 애착하고, 괴롭지도 즐겁지도 않은 느낌에 속박되고, 괴롭지도 즐겁지도 않은 느낌의 결박에 묶여서, 괴롭지도 즐겁지도 않은 느낌을 추구하는 것을 '안으로 마음이 머문다'라고 말한다오. 존자들이여, 이와 같이 하는 것을 '안으로 마음이 머문다'라고 말한다오.

존자들이여, '안으로 마음이 머물지 않는다'는 것은 어떤 것을 말하는 것인가? 존자들이여, 어떤 비구는 감각적 욕망을 멀리하고, 불선법(不善法)을 멀리하며, 사유가 있고, 숙고가 있으며, 멀리함에서 생긴 기쁨과 행복감이 있는 초선(初禪)을 성취하여 살아간다오. 그때 그의 분별하는 마음(識)이 멀리함에서 생긴 기쁨과 행복감을 애착하지 않고, 멀리함에서 생긴 기쁨과 행복감에 속박되지 않고, 멀리함에서 생긴 기쁨과 행복감의 결박에 묶이지 않아서, 멀리함에서 생긴 기쁨과 행복감을 추구하지 않는 것을 '안으로 마음이 머물지 않는다'라고 말한다오.

다음으로, 존자들이여, 어떤 비구는 사유와 숙고를 억제하고, 내적으로 평온하게 마음이 집중된, 사유가 없고, 숙고가 없는, 삼매에서 생긴 기쁨과 행복감이 있는 제2선(第二禪)을 성취하여 살아간다오. 그때 그의 분별하는 마음이 삼매에서 생긴 기쁨과 행복감을 애착하지 않고, 삼매에서 생긴 기쁨과 행복감에 속박되지 않고, 삼매에서 생긴 기쁨과 행복감의 결박에 묶이지 않아서, 삼매에서 생긴 기쁨과 행복감을 추구하지 않는 것을 '안으로 마음이 머물지 않는다'라고 말한다오.

다음으로, 존자들이여, 어떤 비구는 희열이 사라지고 평정한 마음으로 주의집중과 알아차림을 하며 지내는 가운데, 몸으로 행복을 느끼면서, 성인들이 '평정한 마음(捨)으로 주의집중을 하는 행복한 상태'라고 이야기한 제3선(第三禪)을 성취하여 살아간다오. 그때 그의 분별하는 마음이 평정한 마음을 애착하지 않고, 평정한 마음에 속박되지 않고, 평정한 마음의 결박에 묶이지 않아서, 평정한 마음을 추구하지 않는 것을 '안으로 마음이 머물지 않는다'라고 말한다오.

다음으로, 존자들이여, 어떤 비구는 행복감을 포기하고, 괴로움을 버림으로써, 이전의 만족과 불만이 소멸하여, 괴롭지도 않고 즐겁지도 않은, 평정한 주의집중이 청정한 제4선(第四禪)을 성취하여 살아간다오. 그때 그의 분별하는 마음(識)이 괴롭지도 즐겁지도 않은 느낌을 애착하지 않고, 괴롭지도 즐겁지도 않은 느낌에 속박되지 않고, 괴롭지도 즐겁지도 않은 느낌의 결박에 묶이지 않아서, 괴롭지도 즐겁지도 않은 느낌을 추구하지 않는 것을 '안으로 마음이 머물지 않는다'라고 말한다오. 존자들이여, 이와 같이 하는 것을 '안으로 마음이 머물지 않는다'라고 말한다오.

존자들이여, '집착할 것이 없기 때문에 걱정이 있다'는 것은 어떤 것인가? 존자들이여, 성인(聖人)을 무시하고, 성인의 가르침을 이해하지 못하고, 성인의 가르침에서 배우지 못하고, 참사람(正士)을 무시하고, 참사람의 가르침을 이해하지 못하고, 참사람의 가르침에서 배우지 못한, 무지한 범부는 형색(色)을 자아로 여기거나, 자아가 몸을 소유(所有)하고 있다고 여기거나, 자아 속에 몸이 있다고 여기거나, 몸속에 자아가 있다고 여긴다오.

그의 몸은 변천(變遷)하여 달라진다오. 몸이 변천하여 달라지면, 그의 분별하는 마음은 몸의 변천에 얽매인다오. 그의 분별하는 마음이 몸의 변천에 얽매이면, 몸의 변천에 얽매임으로써 그와 함께 걱정들이 생겨서 마음을 사로잡고 머문다오. 그는 마음이 사로잡혀서 두려워하고, 고뇌하고, 무관심하며, 집착할 것이 없기 때문에 걱정한다오. 느끼는 마음(受), 생각하는 마음(想), 조작하는 행위(行)들, 분별하는 마음(識)도 마찬가지라오.

무지한 범부는 분별하는 마음을 자아로 여기거나, 자아가 분별하는 마음을 소유하고 있다고 여기거나, 자아 속에 분별하는 마음이 있다고 여기거나, 분별하는 마음 속에 자아가 있다고 여긴다오. 그의 분별하는 마음은 변천하여 달라진다오. 분별하는 마음이 변천하여 달라지면, 그의 분별하는 마음(識)은 분별하는 마음의 변천에 얽매인다오. 그의 분별하는 마음이 분별하는 마음의 변천에 얽매이면, 분별하는 마음의 변천에 얽매임으로써 그와 함께 걱정들이 생겨서 마음을 사로잡고 머문다오. 그는 마음이 사로잡혀서 두려워하고, 고뇌하고, 무관심하며, 집착할 것이 없기 때문에 걱정한다오. 존자들이여, 이와 같이 집착할 것이 없기 때문에 걱정이 있다오.

존자들이여, '집착할 것이 없기 때문에 걱정이 없다'는 것은 어떤 것인가? 존자들이여, 성인(聖人)을 알아보고, 성인의 가르침을 이해하고, 성인의 가르침에서 배우고, 참사람을 알아보고, 참사람의 가르침을 이해하고, 참사람의 가르침에서 배운 성인의 제자는 형색(色)을 자아로 간주하지 않고, 자아가 형색을 지닌 것으로 간주하지 않고, 자아 속에 형색이 있다고 간주하지 않고, 형색 속에 자아가 있다고 간주하지 않는다오. 그의 몸은 변천하여 달라진다오. 몸이 변천하여 달라져도 그의 분별하는 마음은 몸의 변천에 얽매이지 않는다오. 그의 분별하는 마음이 몸의 변천에 얽매이지 않으면, 몸의 변천에 얽매이지 않음으로써 그와 함께 걱정들이 생기지 않아서 마음을 사로잡고 머물지 않는다오. 그는 마음이 사로잡히지 않아서 두려워하지 않고, 고뇌하지 않고, 무관심하지 않으며, 집착할 것이 없기 때문에 걱정하지 않는다오. 느끼는 마음(受), 생각하는 마음(想), 조작하는 행위(行)들, 분별하는 마음(識)도 마찬가지라오.

성인의 제자는 분별하는 마음을 자아로 여기지 않고, 자아가 분별하는 마음을 소유하고 있다고 여기지 않고, 자아 속에 분별하는 마음이 있다고 여기지 않고, 분별하는 마음(識) 속에 자아가 있다고 여기지 않는다오.

그의 분별하는 마음은 변천하여 달라진다오. 분별하는 마음이 변천하여 달라져도, 그의 분별하는 마음은 분별하는 마음의 변천에 얽매이지 않는다오. 그의 분별하는 마음이 분별하는 마음의 변천에 얽매이지 않으면, 분별하는 마음의 변천에 얽매이지 않음으로써 그와 함께 걱정들이 생기지 않아서 마음을 사로잡고 머물지 않는다오. 그는 마음이 사로잡히지 않아서 두려워하지 않고, 고뇌하지 않고, 무관심하지 않고, 취할 것이 없기 때문에 걱정하지 않는다오. 존자들이여, 이와 같이 취할 것이 없기 때문에 걱정이 없다오.[98]

이상이 색계(色界) 4선(四禪)을 수행하는 지관법(止觀法)이며, 지관(止觀)을 닦아서 9중생거(九衆生居), 즉 7식주(七識住) 2처(二處)에서 벗어나는 것이 해탈이다. 중생들이 윤회하는 미진수의 삼천대천세계는 헤아릴 수 없는 생명들의 마음에서 연기한 세계를 말한 것이지, 중생들이 돌아다니는 시공(時空) 속의 물질로 된 세계를 이야기한 것이 아니다.

"여래가 말씀하신 미진은 사실은 미진이 아니라 미진이라고 불리

---

98 이중표 역해, 『정선 맛지마 니까야 (하)』(광주: 전남대학교출판부; 2016), pp. 379~385.

는 것이기 때문입니다. 여래가 말씀하신 그 세계도 사실은 세계가 아니라 세계라고 불리는 것입니다."라고 한 것은 이것을 말한 것이다.

미진이 세계에 대한 이야기라면, 32상(相)은 인간에 대한 이야기로서 **제5 여리실견분(如理實見分)**을 다시 언급한 것이다. **여리실견분**에서는 몸의 특징적인 모습(身相)으로 여래를 볼 수 없다고 이야기했는데, 여기에서는 구체적으로 32상(相)을 이야기하고 있다.

여래와 중생은 태어나면서 차별을 가지고 태어난 것이 아니다. 여래는 32상을 가지고 태어났다고 하지만, 이것은 진실이 아니다. 일체가 마음에서 비롯된다는 것을 깨닫고 살면 여래이고, 나와 남을 분별하고, 자아와 세계를 분별하면 중생일 뿐이다. 마음을 근본으로 하는 중생은 마음으로 업을 지어 현재의 자기에 머물지 않고 끊임없이 자신과 자신의 세계를 창조해 가는 존재이다. 마음은 업을 통해 자신과 세계를 만든다. 부처님은 그 마음으로 부처님과 부처님의 세계를 만들고, 중생은 그 마음으로 중생과 중생의 세계를 만든다. 부처님이든, 중생이든, 자기와 세계를 만들어 가는 마음의 측면에서 보면 차별이 없다. 이것을 60권본 『화엄경(華嚴經)』에서는 다음과 같이 말한다.

마음은 화가와 같다네(心如工畵師)
갖가지로 5온을 그려낸다네(畵種種五陰)
일체의 세계 가운데(一切世界中)
마음이 만들지 않은 것은 없다네(無法而不造)
마음과 마찬가지로 부처도 그렇고(如心佛亦爾)
부처와 마찬가지로 중생도 그렇다네(如佛衆生然)

그래서 마음과 부처와 중생(心佛及衆生)
이 셋은 차별이 없는 것이네(是三無差別)[99]

중생이나 부처나 마음으로 업을 지어 자신과 세계를 만든다는 측면에서 보면 차이가 없다. 중생들은 단지 자신이 그와 같은 존재임을 깨닫지 못하고 있을 뿐이다. 그러나 깨닫지 못하고 있다고 해서 창조적인 삶을 살지 않는 것은 아니다. 자신이 알든 알지 못하든, 모든 중생은 창조적인 삶을 살고 있다. 중생이 중생의 세계를 만드는 것도 창조적인 삶의 결과이고, 부처님이 부처님의 세계를 만드는 것도 창조적인 삶의 결과인 것이다. 부처님은 이러한 진리를 깨달아 거침없이 불사(佛事)를 지으며 살아가는 사람이다. 그래서 80권본 『화엄경』에서는 다음과 같이 이야기한다.

만약 어떤 사람이 마음이 업을 지어(若人知心行)
모든 세상을 만든다는 것을 안다면(普造諸世間)
이 사람이 바로 부처를 보고(是人則見佛)
부처의 참된 성품을 깨달은 사람이네(了佛眞實性)
마음은 몸에 머물지 않고(心不住於身)
몸 또한 마음에 머물지 않고(身亦不住心)
거침없이 불사(佛事)를 지어가나니(而能作佛事)
자재함이 일찍이 없던 일이네(自在未曾有)
만약 삼세의 모든 부처님을 알고 싶다면(若人欲了知 三世一切佛)
법계의 성품을 관하여 보라(應觀法界性)

99 『大方廣佛華嚴經』 권 10(『大正新脩大藏經』 9, p. 465c).

일체는 마음이 만든 것이네(一切唯心造)[100]

중생은 자신과 세계가 창조적인 마음에서 비롯된 것임을 알지 못하기 때문에, 자아와 세계를 분별하고, 분별에 의한 망상의 세계에서 자아를 집착하며 고통스럽게 살아간다.

그러나 부처님은 모든 것이 마음에서 비롯된 것임을 알기 때문에, 자아와 세계가 '한마음(一心)'임을 깨닫고, 망상과 허망한 자아의 속박에서 벗어나, 자타의 분별이 없는 동체자비(同體慈悲)로 일체중생의 행복을 위해 불사(佛事)를 짓는다. 이와 같이 깨닫고 깨닫지 못한 차이는 있으나, 창조적인 삶으로서의 마음은 중생과 부처의 차별이 없다. 이것을 『육조단경(六祖壇經)』에서는 "번뇌가 곧 보리(菩提)이니 앞의 생각이 미혹했을 때는 범부이지만, 뒤의 생각이 깨달으면 곧 부처다."[101]라고 했던 것이다.

마지막으로 "여인이나 사내가 날마다 갠지스 강의 모래와 같은 자신(自身; ātma-bhāva)을 희생하고, 이와 같이 갠지스 강의 모래와 같은 겁 동안 그 자신을 희생하는 것보다도, 누군가 이 법문에서 단지 4구게만이라도 뽑아서 다른 사람을 위하여 가르쳐 주고 설명해 준다면, 그로 인해서 생기는 복덩어리가 헤아릴 수 없고 측량할 수 없을 만큼 더 많다"라고 한 것은 **제11 무위복승분(無爲福勝分)**에서 이야기한 법보시의 중요성을 다시 강조한 것이다.

---

100 『大方廣佛華嚴經』 권 19(『大正新脩大藏經』 10, p. 102a).

101 "卽煩惱是菩提 前念迷卽凡 後念悟卽佛." 〈정성본 역주, 『돈황본 육조단경』(서울: 한국선문화연구원; 2003), p. 158. 필자 역.〉

3. 중도(中道)는 모든 투쟁을 종식시킨다

제14 이상적멸분(離相寂滅分)은 『금강경』의 결론이라고 할 수 있다. 그런 만큼 이 부분은 양이 많기 때문에 단락으로 나누어 살펴보기로 한다.

제14 이상적멸분(離相寂滅分)

Atha khalv āyuṣmān Subhūtir dharmavegena aśrūṇi prāmuñcat, so 'śrūṇi pramṛyya Bhagavantam etad avocat: āścaryaṃ Bhagavan parama-āścaryaṃ Sugata, yāvad ayaṃ dharmaparyāyas Tathāgatena bhāṣito 'gryānassamprasthitānāṃ sattvānām arthāya śreṣṭhayānasamprasthitānāṃ arthāya, yato me Bhagavañ jñānam utpannamm. na mayā Bhagavañ jātv evaṃrūpo dharmaparyāyaḥ śrutapūrvaḥ. parameṇa te Bhagavann āścaryeṇa samanvāgatā bodhisattvā bhaviṣyanti ya iha sūtre bhāṣyamāṇe śrutvā bhūta-saṃjñām utpādayiṣyanti.

tat kasya hetoḥ? yā caiṣā Bhagavan bhūta-saṃjñā saiva-abhūtasaṃjñā. tasmāt Tathāgato bhāṣate bhūta- saṃjñā bhūta-saṃjñeti.

爾時 須菩提聞說是經 深解義趣 涕淚悲泣 而白佛言 希有 世尊 佛說如是 甚深經典 我從昔來所得慧眼 未曾得聞如是之經 世尊 若復有人得聞是經 信心清淨 則生實相 當知是人 成就第一希有功德 世尊 是實相者 則是非相 是故如來說名實相

그러자, 수보리 존자는 가르침에 감격하여 눈물을 흘렸습니다. 그는 눈물을 흘리면서 세존께 이렇게 말씀드렸습니다.

"희유한 일입니다. 세존이시여! 더없이 희유한 일입니다. 선서시여! 여래께서는 가장 뛰어난 길(agryāna; 最上乘)로 함께 나아가는 중생들을 위하여, 가장 훌륭한 길(śreṣṭhayāna; 最勝乘)로 함께 나아가도록 이 법문을 설하셨군요! 세존이시여! 그래서 저는 이제 알게 되었습니다. 세존이시여! 저는 분명히 이런 법문을 이전에는 들은 적이 없습니다. 세존이시여! 세상에서 이 경이 설해질 때, 그것을 듣고서 '진실상(眞實想; bhūta-saṃjñā)을 일으킨 보살들은 가장 희유한 것을 성취하게 될 것입니다. 왜냐하면, 세존이시여, 진실상(眞實想; bhūta-saṃjñā)은 사실은 진실상이 아니기(非眞實想; a-bhūta-saṃjñā) 때문입니다. 그래서 여래께서는 '진실상'이라고 말씀하신 것입니다."

수보리 존자는 **"여래가 설한 법이 없다."**는 말씀을 확

인하고 감격하여 눈물을 흘린다. **"여래가 설한 법이 없다."**는 말씀이 왜 그렇게 심오한 법문이며, 눈물을 흘리며 감동할 법문인가? 앞에서 이야기했듯이, **"여래가 설한 법이 없다."**는 것은 **"여래와 중생이 다 같이 자성(自性)이 없는 공성(空性)이다. 다만 여래의 행동을 하면 여래라고 불리고, 중생의 행동을 하면 중생이라고 불릴 뿐, 여래 노릇을 하도록 정해진 여래라는 존재도 없고, 중생 노릇을 하도록 정해진 중생이라는 존재도 없다. 업보(業報)만 있을 뿐, 작자(作者)는 없다."**는 것을 의미한다.

그리고 이것은 **'모든 중생은 불성(佛性)을 가지고 있으므로 중생이 곧 부처다.'**라는 말의 다른 표현이다. 수보리 존자가 감동하여 눈물을 흘린 것은 '우리 모두 부처'라는 사실을 깨달았기 때문이다. 그는 "여래와 중생은 차별이 없이 평등하므로, 누구나 자아와 세계가 '한마음〔一心〕'임을 깨닫고 허망한 자아의 속박에서 벗어나 자타(自他)의 분별이 없는 동체자비(同體慈悲)로 일체중생의 행복을 위해 살아가면, 그 사람이 곧 여래"라는 의미의 말씀이라는 것을 깨닫고 감격하여 눈물을 흘린 것이다. 그는 자타의 분별이 없는 동체자비로 일체중생의 행복을 위해 살아가는 길이 가장 뛰어난 길이며 가장 훌륭한 길이라고 이야기한다. 부처님의 가르침은 결국 자타의 분별을 떠난 동체자비로 일체중생이 다투지 않고 행복하게 살아가는 세상을 만드는 것임을 결론으로 천명한 것이다.

이것을 진실이라고 생각하고 살아가면, 이것이 가장 희유한 삶이다. 그런데 다음과 같은 말장난 같은 이야기가 우리를 혼란하게 만든다.

왜냐하면, 세존이시여, 진실상(眞實想; bhūta-saṃjñā)은 사실은 진실상이 아니기(非眞實想; a-bhūta-saṃjñā) 때문입니다. 그래서 여래께서는 '진실상', '진실상'이라고 말씀하신 것입니다.

"그것은 그것이 아니기 때문에 그것이라고 부른다."라는 어법(語法)은 『금강경』에 자주 등장하는 어법이다. 이러한 어법 때문에 『금강경』은 난해하다. 『금강경』은 이러한 어법을 사용하여 무엇을 드러내려는 것일까?

우리가 일반적으로 사용하는 어법은 형식논리학(形式論理學)에 따른다. 형식논리학은 세 가지 법칙, 즉 동일률(同一律), 모순율(矛盾律), 배중률(排中律)로 되어 있으며, 우리의 모든 판단은 이 세 가지 법칙에 따른다. 세 가지 법칙에 따르는 판단 내용을 예시하면 다음과 같다.

동일률 : A=A (A는 A다.)

예) 책상은 책상(책을 놓고 보는 상)이다. 학생은 학생(배우는 사람)이다.

모순율 : A≠-A (A는 A 아닌 것이 아니다.)

예) 책상은 책상 아닌 것(밥상)이 아니다. 학생은 학생 아닌 것(교수)이 아니다.

배중률 : 모순된 판단 가운데 하나가 진실이면 다른 하나는 반드시 허위이다.

예) A가 책상이면 A는 책상 아닌 것일 수 없다.

예) 세계가 무한하다면, 세계는 유한할 수 없다.

위에 예시한 형식논리학의 판단은 우리가 볼 때 너무나 당연한 판단이다. 그리고 "그것은 그것이 아니기 때문에 그것이라고 부른다."라는 『금강경』의 논법(論法)은 동일률에 위배되는 잘못된 판단처럼 보인다. 그러나 잘 살펴보면 형식논리에 따르는 판단에 문제가 있음을 알 수 있다.

책상이 본래부터, 그리고 언제나 책상일까? 만약 책상에 음식을 놓고 먹는다면, 그것은 무엇일까? 음식을 놓고 먹는 것은 식탁이다. 그렇다면 그것은 책상인가, 식탁인가? 학생이 본래부터, 그리고 언제나 학생일까? 학생이 졸업하여 교수가 된다면, 그 사람은 학생인가, 교수인가? 어떤 교수가 다른 것을 배우기 위해서 학교에 다닌다면, 그 교수는 학생인가, 교수인가?

우리가 쓰는 모든 언어는 본래 그것이 아닌 것을 편의상 그때그때 방편으로 지시하는 도구일 뿐이다. 따라서 언어를 실체화(實體化)하는 형식논리학으로 진리를 판단할 수는 없다. 『맛지마 니까야』 **95. 「짱끼에게 설하신 경(Caṅkī-sutta)」**에서 부처님은 다음과 같이 말씀하셨다.

> **바라드와자**여, 그대는 이전에는 신념을 따르더니, 이제는 전통을 이야기하는군요. **바라드와자**여, 지금, 여기 현실에서 두 가지 결과가 있는 다섯 가지 법이 있다오.[102] 그 다섯 가지는 어떤 것인가? 신념(信念), 기호(嗜好), 전통(傳統), **형식논리적인 추론**[103], 사변적 견해의 이해와 승인,

102 '두 가지 결과가 있다.'는 것은 모순된 결론, 즉 이율배반(二律背反)에 빠진다는 것을 의미한다.

103 'ākāraparivitakka'의 번역. 'ākāra'는 '기호, 특징, 형태, 양식' 등의 의미이고, 'parivitakka'는 '심사숙고, 성찰' 등의 의미이다. '형식논리학'은 기호나 언어에 의한 순수한 논리 형식에 의하여 추론하는 논리학인데, 'ākāraparivitakka'는 기호나 논리 형식만으로 추론하는 것을 의미하기 때문에 'ākāraparivitakka'는 '형식논리학적 추

바라드와자여, 이들이 지금, 여기 현실에서 두 가지 결과가 있는 다섯 가지 법이라오. **바라드와자**여, 굳게 믿었던 신념이 허망하고, 공허하고, 거짓일 수 있으며, 전혀 믿기지 않는 것이 사실이고, 진리이고, 진실일 수 있다오. **바라드와자**여, 진정으로 마음에 드는 것, 들어서 잘 알고 있는 전통, **잘 추론된 이론**, 잘 이해한 견해가 허망하고, 공허하고, 거짓일 수 있으며, 잘 이해되지 않는 견해가 사실이고, 진리이고, 진실일 수 있다오. **바라드와자**여, 현명한 사람이 수호(守護)하는 진리는, 이 경우에, 오로지 '이것만이 진실이고, 다른 것은 거짓이다'라는 결론에 도달할 수 없다오.

세상에 모순은 존재하지 않는다. 모든 모순 대립은 언어를 실체화(實體化)하는 형식논리에 의존할 때 발생한다. 모순 대립하는 견해에 대하여 부처님께서 침묵하신(無記) 이유는 이와 같이 언어를 실체화하는 형식논리의 문제점을 잘 알고 있었기 때문이다. 부처님께서 우리에게 가르친 중도(中道)는 이러한 형식논리에서 벗어난 것이다.

형식논리학은 언어, 즉 개념을 실체화하여 그것으로 인식하고 판단한다. 이러한 형식논리에 의지하여 인식하고 판단하는 것이 관념적으로 인식하는 **'sañjānāti'**이다. 그리고 **'sañjānāti'**에 의하여 만들어지고 판단되는 내용이 **'saṃjñā(想)'**이다. "그것은 그것이 아니기 때문에 그것이라고 부른다."라는『금강경』의 논법은 형식논리를 벗어난 중도의 논법이다.

그런데 **"왜냐하면, 세존이시여, 진실상(眞實想; bhūta-saṃjñā)**은 사실

론'을 의미한다. 부처님 당시에 이미 아리스토텔레스의 논리학과 같은 형식논리가 인도에 있었음을 알 수 있다.

은 진실상이 아니기(非眞實想; a-bhūta-saṃjñā) 때문입니다. 그래서 여래께서는 '진실상', '진실상'이라고 말씀하신 것입니다."라는 말씀에는 또 다른 의미가 있다. 여기에서 우리가 주의할 개념은 **'bhūta'**이다. **'bhūta'**는 '이다, 있다, 존재하다'라는 의미의 동사 **'bhavati'**의 과거분사로서 '있는, 존재하는'의 의미이다. 이것이 의미가 확장되어, '사실인, 진실인'이라는 의미를 지닌다. 그리고 여기에서 말하는 **'bhūta-saṃjñā'**는 진위판단(眞僞判斷) 가운데 진실판단(眞實判斷)을 의미한다. 즉 **"그것을 듣고서 진실상을 일으킨 보살들"**이란 『금강경』의 말씀을 듣고 "그 말씀이 진실이라고 판단하는 '진실판단'을 내린 보살들"을 의미한다.

그렇다면 "부처님이 깨달아서 설하신 법은 없다. 중생과 여래는 차별이 없다. 그러므로 중생이 곧 여래다."라는 『금강경』의 말씀에 대하여 그것이 진실이라고 판단한 보살들은 무엇에 의지하여 이런 판단을 내렸을까? 동일률(同一律)에 의한다면, '중생은 중생이고, 여래는 여래'일 뿐, 결코 중생이 여래일 수는 없다. 따라서 "중생이 곧 여래다."라는 판단은 형식논리에 의하면 동일률을 어긴 것이기 때문에 형식논리에 의지하여 내린 판단이 아니다. 그렇다면 무엇에 의지하여 이런 판단을 내렸을까? 앞에서 살펴본 **제6 정신희유분(正信希有分)**에서는 다음과 같이 말했다.

> 여래가 입멸(入滅)한 500년 후에 계율을 지니고 복을 닦은 사람은 이 말씀에 대하여 이것이 진실이라고 믿음을 일으킬 것입니다.

『금강경』의 말씀에 대한 진실판단은 논리적으로 내린 판단이 아니라 계율을 지니고 복을 닦은 사람들이 체험적으로 내린 판단이라는 것이다. 부처님의 가르침이 진실인가, 아닌가의 판단은 논리적으로 하는 것이 아니라 체험적으로 한다는 것은 『맛지마 니까야』 **95. 「짱끼에게 설하신 경(Caṅkī-sutta)」**에서도 확인된다.

> 탐(貪)·진(瞋)·치(癡)에 대하여 살펴보고, 탐·진·치가 없이 청정하다고 여김으로써, 이제 그에게 믿음을 일으킨다오. 믿음이 생기기 때문에 찾아가서 공경(恭敬)하고, 공경하기 때문에 귀를 기울인다오. 귀를 기울여 가르침을 듣고, 듣고 나서 가르침을 기억하고, 기억한 가르침의 의미를 확인한다오. 의미를 확인함으로써 가르침을 이해하여 승인하고, 가르침에 대한 이해와 승인이 있을 때 의욕이 생긴다오. 의욕이 생기면 시도(試圖)하고, 시도해 본 후에 비교해 보고[104], 비교해 본 후에 정근(精勤)하고, 정근하면서 몸으로 최고의 진리(第一義諦)를 체험한다오. 그리고 그것을 통찰지(般若)로 통찰한다오. **바라드와자**여, 이런 방식으로 하는 것이 진리의 인식이라오. 진리는 이런 방식으로 인식한다오.

이와 같이 불교에서의 진리에 대한 인식과 판단은 체험, 즉 **'abhijānāti'**를 통해서 이루어진다. 그런데 우리는 모든 판단을 언어, 즉 개념으로 표현할 수밖에 없다. 그리고 모든 언어는 **'saṃjñā(想, 觀念)'**이다. 『금강경』의 말씀은 형식논리에서 벗어난 것이고, 형식논리에서 벗어난 말씀에 대한 판단은 체험에 의해 이루어지지만, 체험에 의한 진실판단

104 'tūleti'의 번역. 'tūleti'는 '저울질하다'라는 의미의 동사로서, 비교하여 판단하는 것을 의미한다. 여기에서는 실천해 보고 나서 실천하기 이전과 이후를 비교해 본다는 의미이다.

(眞實判斷)도 언어로 표현할 수밖에 없기 때문에 **'saṃjñā'**의 형태를 지닐 수밖에 없다. 그렇지만 그 판단은 'saṃjñā'에 의한 판단이 아니다. 부처님께서 말씀하시는 '진실판단'은 **"언어에 의한 관념적 판단"**이 아니라 **"체험적 판단의 언어적 표현"**이다. 따라서 **"진실상은 사실은 진실상이 아니기 때문입니다. 그래서 여래께서는 '진실상', '진실상'이라고 말씀하신 것입니다."**라는 말은 **"『금강경』에 대하여 그것이 진실이라고 판단한 진실판단은 언어에 의한 관념적인 진실판단이 아니라 체험에 의한 진실판단이기 때문에 부처님께서는 진실판단이라고 말씀하신 것입니다."**라는 의미의 말이다.

Na mama Bhagavan duṣkaraṃ yad aham imaṃ dharmaparyāyaṃ bhāṣyamāṇam avakalpayāmy adhimucye. ye 'pi te Bhagavan sattvā bhaviṣyanty anāgate 'dhvani paścime kāle paścime samaye paścimāyāṃ pañcaśtyāṃ saddharmavipralope vartamāne, ya imaṃ Bhagavan dharmaparyāyaṃ udgrahīṣyanti dhārayīsyanti vācayiṣyanti paryavāpsyanti parebhyaś ca vistareṇa samprakāśayiṣyanti, te parama-āścaryeṇa samanvāgatā bhaviṣyanti. api tu khalu punar Bhagavan na teṣām ātmasaṃjñā pravartiṣyate, na sattvasaṃjñā na jīvasaṃjñā na pudgalasaṃjñā pravartiṣyate, na-api teṣāṃ kācit saṃjñā na-a-saṃjñā pravartate. tat kasya hetoḥ? yā sa Bhagavann ātmasaṃjñā saiva-a-saṃjñā, yā sattvasaṃjñā jīvasaṃjñā pudgalasaṃjñā saiva-a-saṃjñā. tat

kasya hetoḥ? sarva-saṃjñā-apagatā hi Buddhā Bhagavantaḥ.
世尊 我今得聞如是經典 信解受持不足為難 若當來世 後五百歲 其有衆生 得聞是經 信解受持 是人則為第一希有 何以故 此人無我相 人相 衆生相 壽者相 所以者何 我相 即是非相 人相 衆生相 壽者相 即是非相 何以故 離一切諸相 則名諸佛

"세존이시여, 이 법문이 설해지고 있는 지금 제가 듣고 이해하여 확신하는 것은 어려운 일이 아니지만, 세존이시여, 어떤 중생들이 미래세에, 머나먼 훗날, 500년 후 바른 가르침(正法)이 쇠멸(衰滅)한 시기에, 세존이시여, 이 법문을 배우고 외워서 독송하고, 이해하여 남들에게 자세하게 설명해 준다면 그들은 가장 희유한 것을 성취하게 될 것입니다. 뿐만 아니라 세존이시여, 그들에게는 아상이 생기지 않고, 중생상·수자상·인상이 생기지 않을 것입니다. 왜냐하면, 세존이시여, 그 아상은 사실은 관념(想)이 아니고, 중생상·수자상·인상은 사실은 관념이 아니기 때문입니다. 왜냐하면 일체의 관념이 제거된 사람이 진정으로 깨달은 분이며 세존(佛世尊)이기 때문입니다."

여기에서는 미래세에 『금강경』을 외우고 이해하여 남에게 가르쳐 주는 사람의 공덕에 대하여 이야기하고 있다. 여기에서 '가장 희유한 공덕'이 의미하는 것은 불세존(佛世尊)이다. 『금강경』을 배우고 외워서 이해하여 남에게 가르치는 사람들은 아상을 버리도록 가르친 『금강경』을 잘 이해하고 있기 때문에 결코 아상을 일으키지 않는다. 그들이 남에게 『금강경』을 가르치지만, 그들이 '나'라고 말하고 '남'이라고 말하는 것은 『금강경』을 가르치는 작자(作者)로서의 '나'와 '남', 즉 아상·인상·중생상·수자상을 지닌 '나'와 '남'이 아니라, 『금강경』을 통해서 '나'와 '남'이라는 분별을 없애는 일을 가르치고 배우는 업보(業報)로서의 '나'와 '남', 즉 아상·인상·중생상·수자상이 없는 '나'와 '남'이다.

따라서 그들이 "내가 남에게 『금강경』을 가르친다."고 이야기하지만 그들이 이야기하는 '나'와 '남'은 분별을 일으키는 관념이 아니다. 그리고 이와 같이 분별을 일으키는 관념이 모두 사라진 사람을 불세존이라고 부른다. 바꾸어 말하면 『금강경』을 외우고 이해하여 남에게 가르쳐 주는 사람이 바로 불세존이다.

Evam ukte Bhagavān āyuṣmantam Subhūtim etad avocat: evam etat Subhūte evam etat. parama-āścarya-samanvāgatās te sattvā bhaviṣyanti ya iha Subhūte sūtre bhāṣyamāṇe nottrasiṣyanti na samtrasiṣyanti na santrāsam āpatsyante. tat kasya hetoḥ? paramapāramiteyaṃ Subhūte Tathāgatena bhāṣitā yaduta-a-pāramitā. yāṃ ca Subhūte Tathāgataḥ parama-pāramitāṃ bhāṣate, tām aparimāṇā api Buddhā Bhagavanto bhāṣante, tenocyate parama-pāramiteti.

佛告須菩提 如是 如是 若復有人 得聞是經 不驚 不怖 不畏 當知是人甚為希有 何以故 須菩提 如來說第一波羅蜜 非第一波羅蜜 是名第一波羅蜜

이와 같이 말씀드리자, 세존께서 수보리 존자에게 이렇게 말씀하셨습니다. "바로 그렇습니다. 수보리여! 바로 그렇습니다. 수보리여! 세상에서 이 경이 설해질 때, 놀라지 않고, 겁내지 않고, 두려워하지 않는 중생들은 가장 희유한 것을 성취하게 될 것입니다. 왜냐하면, 수보리여, 여래가 말한 가장 뛰어난 바라밀(第一波羅蜜)은 사실은 바라밀이 아니기 때문입니다. 수보리여, 여래가 가장 뛰어난 바라밀이라고 말한 것을 헤아릴 수 없는 불세존들도 그렇게 이야기합니다. 그래서 가장 뛰어난 바라밀이라고 불리는 것입니다."

수보리 존자가 "부처와 중생은 차별이 없다. 아상을 버리고 중생들에게 『금강경』의 가르침을 전하는 사람이 부처다."라는 이야기를 하자, 부처님께서 그 말을 인정하신다. "어떤 중생이든 아상을 버리고 살아가면 그가 곧 불세존(佛世尊)이다."라는 가르침을 듣고 의심하지 않고, 두려움 없이 이를 실천하는 사람은 모두 불세존이라는 가장 희유한 과보를 성취하게 된다는 것이다. 여래가 이야기하는 가장 뛰어난 바라밀(第一波羅蜜)은 '지금, 여기에서 중생들에게 아상을 버리도록 가르쳐서 중생들과 함께 아상을 버리고 살아가는 세상을 이루는 것'이지, '중생의 세계를 떠나서 저 언덕이라는 다른 세상에 도달하는 바라밀'을 의미하는 것이 아니라는 것이다. 그리고 모든 불세존들도 이와 같은 바라밀을 설하기 때문에 가장 뛰어난 바라밀이라고 부른다는 것이다.

Api tu khalu punaḥ Subhūte yā Tathāgatasya kṣānti-pānamitā saiva- a-pāramitā. tat kasya hetoḥ? yadā me Subhūte Kaliṅga rā jā aṅga pratyanga māṃsāny acchaitsīt, tasmin samaya ātmasaṃjñā vā sattvasaṃjñā vā jīvasaṃjñā vā pudgalasaṃjñā vā na-api me kācit saṃjñā vā-a-saṃjñā vā babhūva. tat kasya hetoḥ? sacen me Subhūte tasmin samaya ātmasaṃjñā abhaviṣyad vyāpāda-saṃjñā api me tasmin samaye ’bhaviṣyat. sacet sattvasaṃjñā jīvasaṃjñā pudgalasaṃjñā abhaviṣyad, vyāpāda-saṃjñā api me tasmin samaye ’bhaviṣyat. tat kasya hetoḥ? abhijānāmy ahaṃ Subhūte ’tīte ’dhvani pañca-jāti-śtāni yad ahaṃ Kṣāntivādī ṛṣir abhūvam. tatra api me na ātmasaṃjñā babhūva, na sattvasaṃjñā na jīvasaṃjñā na pudgalasaṃjñā babhūva.

須菩提 忍辱波羅蜜 如來說非忍辱波羅蜜 何以故 須菩提 如我昔為歌利王割截身體 我於爾時 無我相 無人相 無衆生相 無壽者相 何以故 我於往昔節節支解時 若有我相 人相 衆生相 壽者相 應生瞋恨 須菩提 又念過去於五百世作忍辱仙人 於爾所世 無我相 無人相 無衆生相 無壽者相

“그리고 수보리여, 여래의 인욕바라밀(忍辱波羅蜜)은 사실은 바라밀이 아니랍니다. 왜냐하면, 수보리여, 깔리 왕(Kaliṅga-rājā)[105]이 나의 사지(四肢)를 자르고 살점을 도려냈을 때, 그때 나에게는 아상도 없었고, 중생상이나 수자상이나 인상도 없었으며, 그 어떤 상(想; saṃjñā)도 없었고, 비상(非想; a-saṃjñā)도 없었습니다. 그것을 어떻게 아느냐 하면, 수보리여, 만약 그때

105 학자들은 ‘Kaliṅga-rājā’를 ‘Kali-rājā’의 오기(誤記)로 본다. ‘가리왕(歌利王)’으로 한역(漢譯)된 것을 보면, 오기(誤記)로 보는 것이 옳다고 생각된다. 각묵 스님, 『금강경 역해』(불광출판부, 2014), p. 242 참조.

나에게 아상이 있었다면, 그때 나에게 분노의 생각(vyāpāda- saṃjñā)도 있었을 것이고, 만약 중생상이나 수자상이나 인상이 있었다면 그때 나에게 분노의 생각도 있었겠지요. 그때 나에게 분노의 생각이 없었다는 것을 알 수 있는 까닭이 있습니다. 왜냐하면, 수보리여, 나는 내가 과거세에 500생 동안 자칭(自稱) 인욕(忍辱)을 행하는(Kṣāntivādī) 선인(仙人)이었다는 것을 분명하게 알고 있기 때문입니다. 그때에도 나에게는 아상이 없었고, 중생상이나 수자상이나 인상이 없었답니다."

여기에서는 가장 뛰어난 바라밀(第一波羅蜜)을 실천하는 예를 보여준다. 여래도 자성(自性)이 없고, 중생도 자성이 없다. 따라서 누구나 부처님처럼 살면 그 사람이 곧 부처님이다. 이러한 부처님이 되는 가장 훌륭한 길(第一波羅蜜)은 '중생들에게 아상을 버리도록 가르쳐서 중생들과 함께 아상을 버리고 살아가는 세상을 이루는 것'이다. 여기에서는 인욕바라밀의 예를 들어서 가장 뛰어난 바라밀은 어떤 것인가를 보여준다. **깔리(歌利)** 왕 이야기는 여러 본생담(本生譚)에 약간씩 다른 형태로 나오는데, 『육도집경(六度集經)』의 이야기를 요약하면 다음과 같다.

> **가리(歌利)**라는 왕이 사냥을 하러 보살이 수행하는 산에 들어와서 사슴을 쫓다가, 보살의 앞에 사슴의 발자국이 나 있는 것을 보았다. 왕이 보살에게 발자국을 남긴 짐승이 어디로 갔는지를 물었으나 보살은 조용히 '중생이 걱정하는 것은 목숨이다. 죽기를 싫어하고 살기를 바라는 것이

어찌 내 마음과 다르겠는가?'라고 생각하고, 말할 수 없다고 고개를 저었다. 왕은 화가 나서 보살에게 말했다.

"너는 어떤 놈이냐?"

"저는 인욕수행자입니다."

왕이 분노하여 칼을 뽑아 오른팔을 잘랐다.

보살은 생각했다.

'나의 뜻은 높은 도에 있으니 세상 사람들과 다투지 않으리라. 이 왕은 나 같은 수행자에게도 칼질을 하는데, 하물며 불쌍한 서민들에게는 어떠하겠는가? 원컨대, 내가 깨달음을 얻으면 반드시 이 사람을 제도하여 중생들로 하여금 그의 악행을 본받는 일이 없도록 하겠다.'

왕이 말했다.

"이래도 인욕수행자라 하겠느냐? 이제 너는 누구냐?"

"저는 인욕수행자입니다."

다시 왼팔을 자르고, 한 번 묻고 한 번 답할 때마다 그의 다리를 자르고, 귀를 자르고, 코를 잘라서 피가 샘물처럼 흐르고, 고통은 헤아릴 수가 없었다. 사천왕(四天王)이 이를 보고 진노하여 왕을 죽이려 하자, 보살이 말했다.

"무슨 말씀을 그렇게 하십니까? 이 재앙은 내가 전세(前世)에 불교를 받들지 않고 다른 사람에게 몹쓸 짓을 하여, 마치 그림자가 형상을 따르듯이, 그 화가 미친 것입니다. 예전에 뿌린 것은 적었으나 지금 받는 것은 많은 것일 뿐이니, 나는 순응하겠습니다. 화가 천지와 같다 할지라도 누겁(累劫)에 받다 보면 어찌 다할 날이 오지 않겠습니까? 왕은 무고(無辜)하게 내 몸에 고통을 주지만, 자애로운 어머니가 어린 자식을 애민하듯이, 내 마음은 그를 불쌍히 여깁니다."[106]

106 대정장 3, p. 25.

그때의 인욕수행자는 부처님이었고, 가리왕은 교진여(憍陳如)라고 한다. 교진여는 녹야원에서 부처님의 첫 설법을 듣고 아라한이 된 첫 번째 제자이다. 아상 없는 바라밀행이 전생의 악연(惡緣)을 현생의 사제(師弟)의 인연으로 변화시켰다는 것이다. 이와 같이 아상 없는 보살행은 중생들에게 아상을 버리도록 가르쳐서 논쟁과 투쟁을 종식시키고, 모든 존재가 평화롭게 살아가는 세상을 이룬다. 이것이 『금강경』에서 가르치는 보살의 길이며, 무쟁(無諍)의 길이다.

Tasmat tarhi Subhūte bodhisattvena mahāsattvena sarva-saṃ jñā vivar jayitvā anuttarāyāṃ samyaksambodhau cittam utpādayitavyam. na rūpa-pratiṣṭhitaṃ cittam utpādayitavyam, na śabda-gandha-rasa-spraṣṭvya-dharma-pratiṣṭhitaṃ cittam utpādayitavyam, na dharma-pratiṣṭhitaṃ cittam utpādayitavyam, na adharma- pratiṣṭhitaṃ cittam utpādayitavyam, na kvacit-pratiṣṭhitaṃ cittam utpādayitavyam. tat kasya hetoḥ? yat pratiṣṭhitaṃ tad eva-apratiṣṭhitaṃ. tasmād eva Tathāgato bhāṣate: apratiṣṭhitena bodhisattvena dānaṃ dātavyam. na rūpa-śabda-gandha-rasa-spraṣṭvya- dharma-pratiṣṭhitena dānaṃ dātavyam.

是故須菩提 菩薩應離一切相 發阿耨多羅三藐三菩提心 不應住色生心 不應住聲香味觸法生心 應生無所住心 若心有住 則為非住 是故佛說 菩薩心不應住色布施

"수보리여, 그러므로 보살들 마하살들은 일체의 상(想)을 버리고 아뇩다라 삼먁삼보리심(阿耨多羅三藐三菩提心)을 일으켜야 합니다. 형색(色)에 머물러 마음을 일으켜서는 안 되고, 소리(聲)·냄새(香)·맛(味)·촉감(觸)·지각대상(法)에 머물러 마음을 일으켜서는 안 됩니다. 가르침(法)에 머물러 마음을 일으켜서도 안 되고, 가르침이 아닌 것(非法)에 머물러 마음을 일으켜서도 안 되며, 그 어떤 것에도 머물러 마음을 일으켜서는 안 됩니다. 왜냐하면, 머무는 것은 사실은 머무는 것이 아니기 때문입니다. 그래서 여래는 '보살은 머물지 않고 보시를 행해야 한다. 형색·소리·냄새·맛·촉감·지각대상에 머물지 않고 보시를 행해야 한다.'라고 말씀하십니다."

구마라집 삼장의 번역에서 서론에 해당하는 **제2 선현기청분**(善現起請分)에 나오는 **'發阿耨多羅三藐三菩提心(anuttarāyāṃ samyaksambodhau cittam utpādayitavyam)'**이 범본(梵本)에는 결론에 해당하는 이곳에 처음 등장한다. 『금강경』의 주제는 **'보살승으로 함께 나아가는 것'**이다. 그런데 보살승으로 함께 나아가기 위해서는 **'아뇩다라삼먁삼보리심을 일으켜야 한다'**는 것이 『금강경』의 결론이다.

왜 **'보살승으로 함께 나아가기'** 위해서는 **'아뇩다라삼먁삼보리심을 일으켜야'** 하는가? 이 물음에 답하기 위해서는 **'아뇩다라삼먁삼보리'**의 의미를 알아야 한다.

'아뇩다라삼먁삼보리'는 **'anuttarasamyaksambodhi'**의 음역이다. **'anuttarasamyaksambodhi'**는 **'an-uttara-samyak-sam-bodhi'**로 분절되는데, 'an'은 부정(否定) 접두사로서 무(無)의 의미이고, **'uttara'**는 '위(上)'

를 의미하는 'ud'의 비교급으로서 '보다 높은'의 의미이다. 따라서 **'anuttara'**는 '보다 위가 없는(無上)'의 의미를 지닌다. **'samyak'**은 '함께, 모인, 같은'을 의미하는 접두사 **'saṃ'**과 '가다'는 의미의 동사 **'yāti'**에서 파생된 '도달한'의 의미를 지닌 **'yak'**의 합성어로서 '함께 도달한, 같이 도달한, 가서 모인'의 의미를 지닌다.

'sambodhi'는 '함께, 같은'을 의미하는 접두사 **'saṃ'**과 '앎, 깨달음'을 의미하는 **'bodhi'**의 합성어로서 '함께하는 깨달음, 같이하는 깨달음, 일치하는 깨달음'을 의미한다. 따라서 **'아뇩다라삼먁삼보리'**는 '위없는(anuttara), 함께 도달한(samyak), 일치하는 깨달음(sambodhi)'을 의미한다. 이것은 부처님의 깨달음을 지칭하는 것으로서 부처님이 깨달은 진리는 '위없는 최상의 깨달음이며, 누구나 함께 도달할 수 있는 깨달음이며, 누구나 그 내용이 일치하는 깨달음'이라는 것을 의미한다. 이것을 한역에서 '무상정등정각(無上正等正覺)'으로 의역(意譯)하기도 한다.

그렇다면 **'아뇩다라삼먁삼보리'**는 구체적으로 어떤 것인가? 이 물음의 답을 구하기 위해서 우리는 부처님께서 왜 깨달음을 구했는지부터 생각해 봐야 한다. 부처님께서 깨닫기 위해 출가하신 목적은 우리의 삶 속에 있는 괴로움을 해결하기 위해서이다. 부처님은 어릴 적 **싯다르타** 태자 시절 춘경제(春耕祭)에서 삶의 갈등과 투쟁을 목격한다. 농부가 논을 갈자 벌레들이 보습에 갈려 죽어가고, 튀어나온 벌레들을 새들이 날아와서 쪼아 먹고, 그 새들을 매가 잡아먹는 것을 보고 **싯다르타**는 충격을 받는다. **싯다르타**는 다음과 같이 탄식한다.

왜 살아 있는 모든 것들은 이렇게 괴로움 속에 빠져 있는가?

모든 생명이 살기를 원하면서, 살기 위해서 서로 잡아먹는 것을 보니 불쌍하여 아픈 마음을 금할 수가 없다.

생존을 위하여 목숨을 걸고 투쟁하는 모순적인 삶을 목격한 **싯다르타**는 투쟁을 벗어난 삶의 길을 찾아 출가한다. **싯다르타**가 출가하여 추구한 깨달음은 **'모든 생명이 다투지 않고 평화롭게 살 수 있는 길'**이었다. 이것은 이전에 살펴본 『맛지마 니까야』 18. **「꿀 덩어리 경(Madhupiṇḍika-sutta)」**에서 확인된다.

나는 천신(天神)과 마라(Māra)와 브라만(Brahman; 梵天)을 포함하는 세간(世間)과 사문과 바라문과 왕과 사람들을 포함하는 인간 가운데서 누구와도 다투지 않고 세간에 머무는 가르침을 이야기한다.

싯다르타는 투쟁 없이 사는 길을 찾아 출가했고, 그것을 깨달아서 우리에게 가르친 것이 불교다. 그리고 그 내용은 4성제(四聖諦)와 12연기(十二緣起)다. 이 깨달음의 내용을 무상(無上)이라고 하는 것은 투쟁 없이 사는 길을 찾아 수행한 결과 더 이상 찾을 필요가 없는 지점에 도달했다는 의미다. 그렇다면 무상의 깨달음을 이룬 지점은 어떤 곳일까? 우리는 『맛지마 니까야』 111. **「차제경(次第經; Anupada-sutta)」**에서 그 지점을 확인할 수 있다.

비구들이여, 그 후 다시 **싸리뿟따**는 일체의 비유상비무상처(非有想非無想處)에 대한 관념을 초월함으로써 **상수멸(想受滅; saññāvedayita nirodha)**에 도달하여 머물렀다오. 그리고 통찰지(般若)로 통찰하자, 번뇌(漏)들이 멸진(滅盡)했다오.

그는 주의집중이 있는 상태에서 그 선정으로부터 나왔다오. 그가 주의집중이 있는 상태에서 그 선정으로부터 나와서, 이전의 사라지고 변해버린 그 법들을 생각했다오.

'이와 같이 지금 나에게 여러 법들이 없다가 나타났고, 있다가 없어졌다.'

그는 그 법들에 집착하지 않고, 빠져들지 않고, 의존하지 않고, 묶이지 않고, 자유롭게, 속박에서 벗어나, 해탈한 마음에 머물렀다오.

그는 **'이보다 위의 출리(出離)는 없다'라고 통찰하여 알았다오. 그는 더 닦아야 할 것이 없다고 생각했다오.**

비구들이여, 만약 어떤 사람을 '거룩한 계(戒)에서 자재(自在)와 피안(彼岸)을 얻고, 거룩한 정(定)에서 자재와 피안을 얻고, 거룩한 통찰지(般若)에서 자재와 피안을 얻고, 거룩한 해탈(解脫)에서 자재와 해탈을 얻은 사람이다.'라고 진정으로 이야기할 수 있다면, **싸리뿟따**가 진실로 그런 사람이라오.

비구들이여, 만약 어떤 사람을 '세존의 입에서 태어난, 가르침(法)에서 태어난, 가르침으로 만들어진, 재산의 상속자가 아니라 가르침의 상속자인 세존의 아들이다.'라고 진정으로 이야기할 수 있다면, **싸리뿟따**가 진실로 그런 사람이라오.

비구들이여, **싸리뿟따**는 여래가 굴리는 위없는 법륜(法輪)을 바르게 잘 굴린다고 이야기할 수 있는 사람이라오.[107]

'이보다 위의 출리(出離)는 없다'. 이것이 무상(無上)의 의미다. 그

107 이중표 역해, 『정선 맛지마 니까야 (하)』(광주: 전남대학교출판부; 2016), pp. 285~286.

리고 그 지점은 9차제정(九次第定)을 닦아서 도달한 **'상수멸(想受滅; saññāvedayitanirodha)'**이다. 그렇다면 **'상수멸'**이란 어떤 것인가? **빨리(Pāli)**어 **'saññāvedayitanirodha'**는 **'saññā'**와 **'vedayita'**와 **'nirodha'**의 합성어로서, **'saññā'**는 '개념, 관념'을 의미하는 범어(梵語) **'saṃjñā'**의 **빨리**어 표기이고, **'vedayita'**는 '느끼다. 경험하다.'는 의미의 동사 **'vedeti'**의 과거분사로서 '느낀, 경험한'이라는 의미를 지니며, **'nirodha'**는 '소멸'을 의미하는 명사다. 그러므로 **'상수멸'**은 '경험된 모든 관념(想)의 소멸'을 의미한다. 그렇다면 **'saññāvedayita'**란 어떤 것인가? 우리는 그 답을 『맛지마 니까야』 **18.「꿀 덩어리 경」**에서 찾을 수 있다.

> 존자들이여, 시각활동(眼)과 보이는 형색(色)들을 의지하여 시각(視覺)으로 분별하는 마음(眼識)이 생깁니다. 셋의 만남이 경험(觸)입니다. 경험을 의지하여 느낌(受)이 있으며, 느낀 것을 개념화하고, 개념화한 것을 논리적으로 사유(思惟)하고, 논리적으로 사유한 것으로 관념적인 이론(戱論)을 만들며, 관념적인 이론을 만들기 때문에 과거·미래·현재의 시각활동으로 분별하는 형색들에서 사람에 대한 관념적인 이론과 관념과 명칭이 통용됩니다.[108]

우리는 지각활동을 통해서 고락(苦樂)을 경험한다. 그리고 그 경험을 관념적으로 인식하여 개념(想; saññā)을 만든다. **'saññāvedayita'**란 이렇게 경험을 통해서 만들어진 개념을 의미한다. 자아라는 개념(我想)도 이렇게 경험을 통해서 만들어진 개념이고, 중생상·수자상·인상도

108 이중표 역해, 『정선 맛지마 니까야 (상)』(광주: 전남대학교출판부; 2016), p. 138.

이렇게 경험을 통해서 만들어진 개념이다.

우리는 이렇게 경험을 통해서 만든 개념으로 대상을 인식하며 살아간다. 이것이 **'sañjānāti'**이다. **'상수멸(想受滅; saññāvedayitanirodha)'**이란 경험을 통해서 만들어진 모든 개념들이 유위(有爲), 즉 망상(妄想)이라는 것을 깨닫고, **'sañjānāti'**의 삶을 버리고, 체험적으로 깨닫는 **'abhijānāti'**의 삶을 의미한다. 다시 말해서 **'아뇩다라삼먁삼보리(阿耨多羅三藐三菩提)'**는 **'상수멸'**을 의미하며, **'일체의 상(想)을 버리고 아뇩다라삼먁삼보리심을 일으키라는 것'**은 **'sañjānāti'**의 삶을 통해 만든 아상을 비롯한 모든 망상(妄想)을 없애고**(想受滅; saññāvedayitanirodha)**, 너와 나, 자아와 세계가 함께 연기하는 삶 속에는 '업보(業報)는 있으나 작자(作者)는 없다'는 것을 체험적으로 깨닫는 **'abhijānāti'**의 삶을 살라는 것이다. 이것이 부처님께서 깨달아 가르친 '무상(無上; **anuttara**)의 깨달음'이다. 이 깨달음은 누구나 도달할 수 있기 때문에 '함께 도달하는**(samyak)** 깨달음'이며, 모든 개념을 버리고 체험한 내용이기 때문에 개념에 의한 모순 대립이 없는 '일치하는 깨달음**(sambodhi)**'이다. 이것이 **'아뇩다라삼먁삼보리'**이다.

나와 남을 분별하는 것이 망상이고, 자아와 세계를 개별적인 것으로 보는 것이 망상이라는 것을 깨달은 사람은 일체중생을 자신과 동일하게 생각하는 동체자비의 마음을 일으키지 않을 수 없다. 그래서 모든 중생을 이와 같은 깨달음의 세계로 인도하는 삶을 살게 된다. 다시 말해서 **'아뇩다라삼먁삼보리'를 성취한 사람은 '보살승으로 함께 나아가지(bodhisattvayāna-samprasthitena)'** 않을 수 없다. **'아뇩다라삼먁삼보리'**는 깨달음의 체(體)이고, **'보살승으로 함께 나아가는 것'**은 깨달음의 용(用)이다. 이것이 육조 혜능(慧能)이 말하는 정혜일체(定慧一體)의 돈오돈수(頓悟頓修)다. 돈오(頓悟)는 체로서 **'아뇩다라삼먁삼보리'**를 의미하고, 돈수(頓修)는 용으로서 **'보살승으로 함께 나아가는 것'**을 의미하는 것이다.

여기에서 우리는 구마라집 삼장이 **'bodhisattvayāna-samprasthitena(菩薩乘으로 함께 나아가는)'**을 왜 **'발아뇩다라삼먁삼보리심(發阿耨多羅三藐三菩提心)'**으로 번역했는지를 알 수 있다. 이전에 언급했듯이, 구마라집 삼장은 당시의 중국불교 상황에서 깨달음이라는 체를 강조했고, 인도에서 『금강경』을 만든 사람들은 부파로 분열된 상황에서 논쟁을 버리고 보살의 길로 함께 나아가는 깨달음의 실천, 즉 용을 강조했다. 이와 같이 강조하는 것은 서로 다르지만, 체와 용은 일체(一體)이기 때문에 그 의미는 다르지 않다.

우리는 다시 난해한 어법(語法)과 마주친다.

> 그 어떤 것에도 머물러 마음을 일으켜서는 안 된다. 왜냐하면, 머무는 것은 사실은 머무는 것이 아니기 때문이다. 그래서 여래는 '보살은 머물지 않고 보시를 행해야 한다. 형색(色)·소리(聲)·냄새(香)·맛(味)·촉감(觸)·지각대상(法)에 머물지 않고 보시를 행해야 한다'라고 말한다.

이 말은 "그것은 그것이 아니기 때문에 그것이라고 부른다."와 비슷한 어법(語法)이기 때문에 『금강경』의 상투적인 표현으로 보아 넘길 수 있다. 그러나 『금강경』에 나타나는 모순된 어법들은 상투적인 표현이 아니라 각기 다른 의미를 지니고 있다.

"그 어떤 지각대상에도 머물러서 마음을 일으켜서는 안 된다. 보살은 어디에도 머물지 않고 보시를 행해야 한다."는 말씀은 이미 **제4 묘행무주분**(妙行無住分)에 나오는 말씀이다. **묘행무주분**에서는 그런 보시가 큰 공덕이 된다는 말씀을 했는데, 『금강경』의 결론이 되는 **이상적멸분**(離相寂滅分)에서는 머물러서는 안 되는 이유를 이야기하고 있다. 그 이유는 머무는 것은 사실은 머무는 것이 아니기 때문이다.

그렇다면 "머무는 것을 사실은 머무는 것이 아니다."라는 말의 의미는 무엇일까?

여기에서 '머문다'는 것은 '마음이 대상, 즉 형색〔色〕· 소리〔聲〕· 냄새〔香〕· 맛〔味〕 등에 머문다.'는 의미이다. 우리는 몸속에 있는 마음이 눈이나 귀를 통해서 외부의 공간 속에 일정한 시간 동안 머물고 있는 대상, 즉 형색이나 소리를 보거나 듣는다고 생각한다. 그리고 마음에 드는 대상에 대하여 관심이나 욕심을 일으킨다. 즉 마음이 대상에 머무는 것이다. 이것을 '머문다.'라고 이야기한 것이다.

그렇다면, '사실은 머물지 않는다.'라는 말은 무슨 의미일까?

몸속에 있는 마음이 눈이나 귀를 통해서 외부의 공간 속에 일정한 시간 동안 머물고 있는 대상, 즉 형색〔色〕이나 소리〔聲〕를 보거나 듣는다고 생각하는 우리의 생각이 과연 올바른 생각일까? 『잡아함경』(294)에서 부처님께서는 다음과 같이 말씀하신다.

> 어리석고 배우지 못한 범부는 무명(無明)에 가리고 애욕에 묶여서 분별하는 마음〔識〕이 생기면, '안에는 분별하는 마음이 있고, 밖에는 이름과 형태를 지닌 대상〔名色〕이 있다.'라고 분별한다(愚癡無聞凡夫無明覆 愛緣繫

得此識身 內有此識身 外有名色).[109]

우리가 안에 있는 마음으로 이름과 형태를 지닌 대상이 외부에 있다고 인식하는 것은 어리석은 상태에서 갈망하는 마음에 묶여서 일으킨 망상(妄想)이라는 것이다. 그렇다면, 대상을 분별하여 인식하는 마음, 즉 식(識)은 무엇인가? 앞에서 살펴본 『맛지마 니까야』 **38. 「갈망하는 마음의 소멸 큰 경(Mahātaṇhāsaṅkhaya-sutta)」**에서는 다음과 같이 이야기한다.

비구들이여, 어떤 조건(緣)에 의지하여 분별하는 마음이 생기면, 그것에 의하여 그것으로 명칭을 붙인다오. 시각활동과 형색들에 의지하여 분별하는 마음이 생기면 시각의식(眼識; cakkhuviññāṇa)이라는 명칭을 붙이고, 청각활동(耳)과 소리들(聲)에 의지하여 분별하는 마음이 생기면 청각의식(耳識)이라는 명칭을 붙이고, 후각활동(鼻)과 냄새들(香)에 의지하여 분별하는 마음이 생기면 후각의식(鼻識)이라는 명칭을 붙이고, 미각활동(舌)과 맛들(味)에 의지하여 분별하는 마음(識)이 생기면 미각의식(舌識)이라는 명칭을 붙이고, 촉각활동(身)과 촉감들(觸)에 의지하여 분별하는 마음이 생기면 촉각의식(身識)이라는 명칭을 붙이고, 마음(意)과 법들에 의지하여 분별하는 마음이 생기면 의식(意識)이라는 명칭을 붙인다오.[110]

대상을 분별하여 인식하는 마음은, 지각활동을 통해서 연기한 것

109 대정장 2, p. 83c.

110 이중표 역해, 『정선 맛지마 니까야 (상)』(광주: 전남대학교출판부; 2016), pp. 290~291.

이지, 몸속에 존재하는 실체가 아니라는 것이다. 우리의 마음은 지각활동을 통해서 그 결과로 나타나는 업보(業報)에 대한 명칭일 뿐, 외부의 대상을 인식하는 작자(作者)가 아니라는 말씀이다. 이러한 우리의 지각활동은 결코 어떤 공간 속에 일정 기간 머물지 않는다. 그리고 인식되는 대상도 그것을 인식하는 인지구조와 주변의 조건에 의해서 변화하고 있을 뿐, 공간 속에 일정 기간 머물고 있는 존재가 아니다. 승찬(僧瓚) 선사는『신심명(信心銘)』에서 다음과 같이 말한다.

> 밖에 있는 인연을 좇지도 말고
> 안에 있는 허망한 것 속에 머물지도 말라
> 사물과 하나가 되어 평안한 마음을 지니면
> 밖의 인연과 안의 망상이 저절로 사라지리라.
> 莫逐有緣 勿住空忍 一種平懷 泯然自盡
>
> 보이는 대상(對象)은 보는 주관(主觀)으로 말미암아 보이고
> 보는 주관(主觀)은 보이는 대상(對象)으로 말미암아 보나니
> 보이는 대상과 보는 주관을 알고 싶다면
> 원래 이들이 하나이며 공(空)임을 알라.
> 境由能境 能由境能 欲知兩段 原是一空

우리는 인연(因緣) 따라 무상(無常)하게 생기고 사라지는, 머물지 않는 대상과 마음을 욕탐으로 취하여 실체화한다. 이렇게 욕탐에 의해 실체화된 것이 개념(想; saṃjñā)이다. 우리는 대상을 개념으로 분별하여 인식하기 때문에 마음을 안에 존재하는 실체로 생각하고, 그 대상

을 외부에 실재하는 실체로 생각한다. 이것을 '마음이 대상에 머문다'라고 한 것이다. 그런데 실제로 통찰해 보면 마음과 대상은 머무는 것이 아니다. 이것을 '사실은 머물지 않는다'라고 한 것이다.

'머물지 말고 보시하라'는 말씀은 머물지 않는 마음과 대상을 실체시하지 말고 보시하라는 말씀이다. 이 말씀에 대한 설명은 **제4 묘행무주분(妙行無住分)**에서 충분히 했으므로 여기에서는 생략하기로 한다.

Api tu khalu punaḥ Subhūte bodhisattvenaivaṃrūpo dāna-parityāgaḥ kartavyaḥ sarva sattvānām arthāya. tat kasya hetoḥ? yā caiṣā Subhūte sattvasaṃjñā saiva- a-saṃjñā. ya evaṃ te sarva-sattvās Tathāgatena bhāṣitās ta eva asattvāḥ. tat kasya hetoḥ? bhūta-vādī Sūbhute Tathāgataḥ satyavādī tathāvādy ananyathāvādī Tathāgataḥ. na vitatha-vādī Tathāgataḥ.
須菩提 菩薩為利益一切衆生 應如是布施 如來說 一切諸相 即是非相 又說 一切衆生 則非衆生 須菩提 如來是真語者 實語者 如語者 不誑語者 不異語者

"수보리여, 그뿐만이 아니라 보살은 일체의 중생들의 이익을 위하여 이와 같은 보시(dāna-parityāgaḥ)를 행해야 합니다. 왜냐하면 수보리여, 그 중생이라는 개념(衆生想)은 사실은 개념(想)이 아니기 때문입니다. 또한 여래가 이와 같이 이야기한 '일체중생'은 사실은 중생이 아니기 때문입니다. 그럴 리가 없다고요? 수보리여, 여래는 진실을 말하는 사람입니다. 여래는 진리를 말하고, 사실을 말하는 사람입니다. 여래는 틀린 말을 하지 않고, 거짓말을 하지 않는 사람입니다."

우리가 일체중생을 위하여 나와 남의 분별이 없는 보시(布施)를 행해야 하는 이유는 무엇인가? 여기에서는 그 이유를 "중생이라는 개념(衆生想)은 개념(想)이 아니기 때문"이라고 한다. 그리고 "중생이라는 개념은 개념이 아닌 까닭"은 여래가 이야기한 모든 중생이 사실은 중생이 아니기 때문이라는 것이다.

이 말씀의 의미는 무엇인가? 개념은 그 개념이 지시하는 대상이 있어야 개념이다. 중생이라는 개념은 중생이라는 존재가 있어야 정당한 개념이 된다. 그런데 중생이라는 개념으로 지칭한 대상이 중생이라는 존재가 아니라면, 그 개념은 개념일 수가 없다. 그런데 여래가 중생이라는 개념으로 지칭한 존재가 사실은 중생이 아니라는 것이다.

여래가 중생이라고 지칭한 중생은 사실은 중생이 아니라는 말은 무슨 뜻인가? 우리는 이미 중생이나 여래나 모두가 업보에 대한 지칭일 뿐, 작자(作者)에 대한 지칭이 아니라는 것을 살펴보았다. 그리고 여래와 중생이 차별이 없음을 알았다. 부처님께서 중생이나 여래라는 말을 사용했지만, 그것은 작자로서의 중생이나 여래를 이야기한 것이 아니라 업보(業報)를 이야기한 것이기 때문에, 가명(假名)일 뿐 어떤 존재를 지칭하는 개념이 아니다. 누구나 무아(無我)를 깨달으면 여래라고 불리고, 깨닫지 못하면 중생이라고 불릴 뿐, 여래도 존재하지 않고 중생도 존재하지 않는다. 아무리 믿기 힘들어도, 이것이 진실이고, 사실이고, 진리이다.

Api tu khalu punaḥ Subhūte yas Tathāgatena dharmo ’bhisambuddho deśito nidhyāto, na tatra satyaṃ na mṛṣā. tadyathā api nāma Subhūte puruṣo ’ndhakāra-praviṣṭo na kiṃcid api paśyet, evaṃ vastu-patito bodhisattvo draṣṭvyo yo vastu-patito dānaṃ parityajati. tadyathā nāma Subhūte cakṣuṣmān puruṣah prabhātāyāṃ rātrau sūrye ’bhyudgate nānāvidhāni rūpāṇi paśyyet, evam a-vastu-patito bodhisattvo draṣṭavyo yo ’vastu-patito dānaṃ parityajati.

須菩提 如來所得法 此法無實無虛 須菩提 若菩薩心住於法而行布施 如人入闇 則無所見 若菩薩心不住法而行布施 如人有目 日光明照 見種種色

“수보리여, 그뿐만이 아니라 여래가 깨달아서 가르치고 사유하는 가르침〔法〕에는 진실도 없고, 거짓도 없습니다. 수보리여, 암흑 속에 빠진 사람은 아무것도 볼 수 없듯이, 인식대상〔對象; vastu〕에 빠져서 보시를 행하는 보살도 이와 같다고 보아야 합니다. 수보리여, 눈 있는 사람이 동트는 아침에 태양이 떠오르면 갖가지 형색〔色〕들을 볼 수 있듯이, 인식대상에 빠지지 않고 보시를 행하는 보살도 이와 같다고 보아야 합니다.”

“여래가 깨달아 가르친 가르침〔法〕에는 진실도 없고, 거짓도 없다.”는 것은 어떤 의미인가? 부처님이 깨달아 가르친 가르침은 일체의 번뇌에서 벗어나는 길이다. 그리고 그것은 4성제(四聖諦)이다. 따라서 “여래가 깨달아 가르친 가르침에는 진실도 없고, 거짓도

없다."는 말은 "4성제에는 진실도 없고, 거짓도 없다."는 것을 의미한다. 그렇다면 "4성제에는 진실도 없고, 거짓도 없다."는 말은 어떤 의미인가? 이 물음의 답은 『맛지마 니까야』 **2. 「일체의 번뇌 경(Sabbāsava-sutta)」**에서 찾을 수 있다.

> 비구들이여, 나는 알고, 보아야 번뇌(漏)가 사라진다고 이야기한다오. 알지 못하고, 보지 못하면 번뇌는 사라지지 않는다오. 비구들이여, 그러면 무엇을 알고, 무엇을 보아야 번뇌가 사라지는가?
>
> 이치에 맞는 생각하기(如理作意; yoniso manasikāra)와 이치에 맞지 않는 생각하기가 있다오. 비구들이여, 이치에 맞지 않는 생각을 하면, 생기지 않은 번뇌가 생기고, 생긴 번뇌가 커진다오. 비구들이여, 이치에 맞는 생각을 하면, 생기지 않은 번뇌는 생기지 않고, 생긴 번뇌(漏)는 사라진다오.
>
> 〈중략〉
>
> 무지한 범부는 다음과 같이 이치에 맞지 않는 생각을 한다오.
>
> '나는 진실로 과거세에 존재했을까, 존재하지 않았을까? 진실로 과거세에는 무엇이었을까? 진실로 과거세에는 어떻게 지냈을까? 나는 진실로 과거세에 무엇이 되어, 무엇으로 존재했을까? 나는 진실로 미래세에 존재하게 될까, 존재하지 않게 될까? 진실로 미래세에는 무엇이 될까? 진실로 미래세에는 어떻게 지내게 될까? 나는 진실로 미래세에 무엇이 되어, 무엇으로 존재하게 될까?'
>
> 현실에서는 현세(現世)의 자신을 의심한다오.
>
> '나는 진실로 존재하는가, 존재하지 않는가? 나는 진실로 무엇인가? 나는 진실로 (현세에) 어떻게 지낼까? 이 중생은 어디에서 와서 어디로 가게 될까?'

무지한 범부가 이와 같이 이치에 맞지 않는 생각을 하면, 그에게 여섯 가지 사견(邪見)들 가운데 하나의 견해가 생긴다오. '나의 자아는 존재한다(atthi me attā)는 것'은 진실이며 확실하다는 견해가 생기거나, '나의 자아는 존재하지 않는다(natthi me attā)는 것'은 진실이며 확실하다는 견해가 생기거나, '내가 자아를 가지고 자아를 개념적으로 인식하는(attanā attānaṁ sañjānāmi) 것'은 진실이며 확실하다는 견해가 생기거나, '내가 자아를 가지고 비아(非我)를 개념적으로 인식하는 것'은 진실이며 확실하다는 견해가 생기거나, '내가 비아(非我)를 가지고 자아를 개념적으로 인식하는 것'은 진실이며 확실하다는 견해가 생긴다오. 혹은 '말하고, 느끼고, 여기저기에서 선악업(善惡業)의 과보를 받는 나의 이 자아는 지속적이며, 일정하며, 영속적(永續的)이며, 불변하는 법이며, 영원히 그대로 머물 것이다'라는 견해가 있을 것이오.

비구들이여, 이것을 사견(邪見)[111]에 빠짐, 사견을 붙잡음, 사견의 황무지, 사견의 동요, 사견의 몸부림, 사견의 결박이라고 한다오. 비구들이여, '사견의 결박에 묶인 무지한 범부는 생(生), 노사(老死), 근심(憂), 슬픔(悲), 고통, 우울, 불안(不安)이 있는 삶에서 벗어나지 못하며, 괴로움에서 벗어나지 못한다'라고 나는 말한다오.

비구들이여, 학식 있는 성인(聖人)의 제자는 생각해야 할 법들을 알고, 생각해서는 안 될 법들을 안다오. 그는 생각해야 할 법들을 알고, 생각해서는 안 될 법들을 알기 때문에, 생각해서는 안 될 법들에 대하여 생각하지 않고, 생각해야 할 법들에 대하여 생각한다오.

비구들이여, 어떤 것들이 생각해서는 안 되는 법들로서, 성인의 제자가 생각하지 않는 법들인가? 비구들이여, 만약에 그것에 대하여 생각하면,

111 'diṭṭhi'의 번역. 문자 그대로는 '견해'를 의미하지만, 이것은 개념으로 사유하여 얻은 견해로서, 체험을 통해 얻게 되는 '정견(正見)'에서 벗어난 '사견(邪見)'을 의미한다.

아직 생기지 않은 욕루(欲漏)가 생기고 이미 생긴 욕루가 커지거나, 아직 생기지 않은 유루(有漏)가 생기고 이미 생긴 유루가 커지거나, 아직 생기지 않은 무명루(無明漏)가 생기고 이미 생긴 무명루가 커진다면, 이런 것들은 생각해서는 안 되는 법들로서, 성인의 제자가 생각하지 않는 법들이라오.

비구들이여, 어떤 것들이 생각해야 하는 법들로서, 성인의 제자가 생각하는 법들인가? 비구들이여, 만약에 그것에 대하여 생각하면, 아직 생기지 않은 욕루는 생기지 않고 이미 생긴 욕루는 소멸되거나, 아직 생기지 않은 유루는 생기지 않고 이미 생긴 유루는 소멸되거나, 아직 생기지 않은 무명루는 생기지 않고 이미 생긴 무명루는 소멸된다면, 이런 것들은 생각해야 하는 법들로서, 성인의 제자가 생각하는 법들이라오. 성인의 제자가 생각해서는 안 될 법들에 대하여 생각하지 않고 생각해야 할 법들에 대하여 생각하면, 아직 생기지 않은 번뇌(漏)는 생기지 않고 이미 생긴 번뇌는 소멸한다오.

성인의 제자는 '이것은 괴로움(苦)이다.'라고 이치에 맞는 생각을 하고, '이것은 괴로움의 쌓임(苦集)이다.'라고 이치에 맞는 생각을 하고, '이것은 괴로움의 소멸(苦滅)이다.'라고 이치에 맞는 생각을 하고, '이것은 괴로움의 소멸에 이르는 길(苦滅道)이다.'라고 이치에 맞는 생각을 한다오. 이와 같이 생각하면 그에게 세 가지 결박, 즉 자기 자신이 있다고 보는 견해(有身見)와 의심(疑心) 그리고 계율이나 의례에 대한 집착(戒禁取)이 소멸한다오.

비구들이여, 이것들을 '보면 사라지는 번뇌(漏)'라고 한다오.[112]

112 이중표 역해, 『정선 맛지마 니까야 (상)』(광주: 전남대학교출판부; 2016), pp. 35~41.

이 경에 의하면 모든 번뇌는 '이치에 맞지 않는 생각을 하기(ayoniso manasikāra)' 때문에 생기고, '이치에 맞는 생각을 하면(yoniso manasikāra)' 사라진다. 이치에 맞지 않는 생각이란 아상을 가지고 과거 · 현재 · 미래의 자아에 대하여 생각하는 것이다. 이 경에서는 이러한 자아에 대한 견해를 여섯 가지로 이야기한다.

(1) 나의 자아는 존재한다. (atthi me attā.)
(2) 나의 자아는 존재하지 않는다. (natthi me attā.)
(3) 나는 자아를 가지고 자아를 개념적으로 인식한다.
(attanā va attāṁ sañjānāmi.)
(4) 나는 자아를 가지고 비아(非我)를 개념적으로 인식한다.
(attanā va anattāṁ sañjānāmi.)
(5) 나는 비아(非我)를 가지고 자아를 개념적으로 인식한다.
(anattanā va attāṁ sañjānāmi.)
(6) 말하고, 느끼고, 여기저기에서 선악업(善惡業)의 과보(果報)를 받는 나의 이 자아는 …… 영원히 그대로 머물 것이다.

이 여섯 가지 견해는 단순한 6개의 견해가 아니다. 이것은 **'sañjānāti'**, 즉 개념적인 인식에서 비롯된 견해들이다. 여기에서 자아로 번역한 **'attā'**는 **우파니샤드**에서 모든 존재의 본질로 이야기하는 **아트만(Ātman)**의 **빨리**어 표기이다. **우파니샤드**에서 우리의 진정한 자아라고 이야기하는 아트만은 불변의 영속적인 실체이며, 여기저기 여러 세상을 윤회하면서 선악업(善惡業)의 과보(果報)를 받는 행위와 인식의 주체이다. 이것이 (6)의 내용이다. **브라만**교가 지배하던 부처님 당시에 대부분의 사람들은 이러한 **아트만**이 자신의 내부에 존재하는 참된 자아라고 믿었다. 그러나 **브라만**교를 부정하고 새롭게 출현한 사상가들은 대부분 그러한 **아트만**의 존재를 부정했다. (1)과 (2)는 이와 같은 당시의 사상적 대립을 보여준다.

아트만의 존재를 부정하는 (2)의 입장에서는 영원히 변치 않고 존재하면서 윤회하는 **아트만**의 존재를 입증할 필요가 없다. 그러나 **아트만**이 존재한다고 주장하는 (1)의 입장에서는 **아트만**의 존재를 입증해야 한다. (3), (4), (5)는 (1)의 입장에서 **아트만**의 존재를 입증하는 방법이다. 이 경에서는 **아트만**의 존재를 진실이라고 주장하는 사람들이 **아트만**의 존재를 인식하는 방법이 **'sañjānāti'**라고 이야기하고 있다. (3), (4), (5)의 의미를 명확하게 이해하기 위해서는 **'sañjānāti'**의 의미를 정확하게 이해해야 한다. 그리고 역으로 **'sañjānāti'**의 의미를 정확하게 이해하기 위해서는 (3), (4), (5)의 논리구조를 이해해야 한다.

아트만이 경험을 통해 지각될 수 있다면, 우리는 **아트만**의 존재에 대하여 논쟁(論爭)할 필요가 없다. 당시의 새로운 사상가들은 정당한 인식의 근거는 경험(現量)뿐이라고 생각하여 **아트만**의 존재를 부정했다. **아트만**은 우리가 경험할 수 없다는 것이다. 그러나 **우파니샤드** 철학자들은 논리적인 추론(比量)으로 **아트만**은 인식될 수 있다고 주장했다. (3), (4), (5)는 이러한 논리적인 추론의 구조를 보이고 있다.

논리적인 추론을 다루는 논리학의 기본법칙은 동일률(同一律), 모순율(矛盾律), 배중률(排中律)이다. (3) '나는 **아트만**을 가지고 **아트만**을 인식한다'는 것은 '**아트만은 아트만**이다'라는 동일률로 **아트만**을 인식한다는 의미이다. **우파니샤드**에서는 **아트만**에 대하여 '그것은 바로 너다(tad tvaṁ asi)'라는 표현을 한다. 이와 같이 (3)은 'A=A'의 형식을 갖는 동일률을 보여준다. (4) '나는 **아트만**을 가지고 **아트만**이 아닌 것을 인식한다'는 것은 **아트만**과 **아트만**이 아닌 것은 모순관계라는 것을 이야기한 것이다. 따라서 (4)는 'A≠-A'의 형식을 갖는 모순율을 보여준다. (5) '나는 **아트만**이 아닌 것을 가지고 **아트만**을 인식한다'는 것은 (4)의 모순율에 의해 확정된 '-A'를 통해서 'A'를 인식하는 것으로서 'A'와 '-A' 가운데 하나는 반드시 참이라는 배중률에 의한 귀류법(歸謬法)을 보여준다.

이와 같이 (3), (4), (5)는 논리적인 추론을 이야기한 것이며, 이러한 논리적인 추론을 **'sañjānāti'**라는 동사로 표현하고 있다. 따라서 **'sañjānāti'**는 '논리적인 추론', 또는 '논리적인 추론에 의한 인식'을 의미한다고 할 수 있다. 우리는 논리적인 추론이나 사유를 합리적이고 이치에 맞는 사유라고 알고 있다. 그런데 이 경에서는 이러한 논리적인 추론을 이치에 맞지 않는 사견(邪見)이라고 이야기한다.

그뿐만이 아니다. 이 경에서는 (2) '나의 자아는 존재하지 않는다'는 견해도 사견이라고 이야기한다. 부처님께서는 무아(無我)를 가르쳤는데, 이 경에서는 왜 '나의 자아는 존재하지 않는다'는 견해를 사견이라고 하는 것일까? 여기에서 우리는 불교의 무아설(無我說)이 자아의 존재를 부정하는 단순한 이론이 아니라는 것을 알아야 한다. **아트만**과 같은 영원한 자아를 부정한 당시의 새로운 사상가들은 '우리의 자아는 죽음을 통해서 단멸(斷滅)한다'는 단견(斷見)을 취했다. 한편 **아트만**과 같은 영원한 자아의 존재를 인정한 **브라만**교는 '우리의 자아는 상주(常住)하기 때문에 신체는 죽어도 자아는 죽지 않고 윤회한다'는 상견(常見)을 취했다. 이런 모순된 사상적 대립은 왜 나타나는가?

우리는 (1) '**atthi me attā**(나의 자아는 존재한다)'와 (2) '**natthi me attā**(나의 자아는 존재하지 않는다)'에서 '**me**(나의)'라는 속격(屬格)을 주목할 필요가 있다. (1)과 (2)는 '나'의 존재를 전제로 하고 있다. (2)가 부정하는 것은 '나'가 아니라 '나의 **아트만**'이다. (1)과 (2)는 다같이 '나'의 존재가 살아 있는 동안 존속된다는 것을 인정한다. 다만 육신이 죽은 후에도 존속하는 '**아트만**'의 유무(有無)에 대한 견해가 다를 뿐이다. 따라서 '**아트만**'의 존재를 인정하면 상견(常見)이 되고, 부정하면 단견(斷見)이 된다. 이와 같이 상견과 단견의 대립은 '나는 무엇인가?'라는 의문에서 비롯된 것임을 이 경은 이야기하고 있다.

우리는 일상적으로 '나'라는 말을 사용한다. 우리는 이 개념에 상응하는 '나'라는 존재가 태어나서 죽을 때까지 동일한 존재로 실재한다고 믿고 있다. 만약에 '나'라는 존재가 누구에게나 확실하게 인식된다면, 우리는 '나'에 대하여 의심하지 않을 것이다. 그러나 태어나서 죽을 때까지 동일한 존재로 실재하는 '나'라는 존재를 인식한 사람은 아무도 없다. 그래서 우리는 '나'에 대하여 갖가지 서로 다른 견해를 갖게 된다. 그 결과 '나'는 육신이 죽어도 다음 세상에 가서 존재할 것이라고 생각하는 상견을 취하거나, '나'는 육신이 죽으면 사라질 것이라고 생각하는 단견을 취하게 된다.

이와 같이 상견과 단견의 대립은 '나'라고 하는 개념에 대한 모순된 견해의 대립이다. 따라서 당시의 새로운 사상가들이 경험론에 의지하여 **아트만**의 존재를 부정하고 단견을 취했지만, 이들도 개념적 인식, 즉 '**sañjānāti**'를 벗어나지 못한 것이다.

이 경에서는 이와 같은 **'saññjānāti'**에 의한 사견(邪見)에서 모든 번뇌, 즉 욕루(欲漏), 유루(有漏), 무명루(無明漏)가 흘러나온다고 이야기하고 있다. 그리고 우리가 일상적으로 사용하는 '나'라는 언어가 지시하는 대상을 **'abhijānāti'**를 통해 있는 그대로 파악하여, '나'라는 언어가 지시하는 것은 끊임없이 변화하고 있는 무상(無常)한 5취온(五取蘊)이며, 이것을 '나'의 존재로 취하고 있을 때 괴로움이 나타난다는 사실, 즉 고성제(苦聖諦)를 바르게 알고, 이 5취온을 '나'라고 생각하는 망상(妄想)은 어리석은 삶 속에서 모여 나타나고 있다는 사실, 즉 고집성제(苦集聖諦)를 바르게 알고, 5취온을 '나'라고 생각하는 망상을 없애면 괴로움이 소멸한다는 사실, 즉 고멸성제(苦滅聖諦)를 바르게 알고, 5취온을 '나'라고 생각하는 망상을 없애는 길, 즉 고멸도성제(苦滅道聖諦)를 바르게 알아서 있는 그대로 보고 실천하면 번뇌가 사라진다고 가르치고 있다.

이와 같이 불교의 무아(無我)는 '나'의 존재를 개념적으로 부정하는 형이상학적인 이론이 아니라, 우리의 삶 속에서 고통을 일으키고 있는, 우리가 '자아'로 취하고 있는 '5취온(五取蘊)'이라는 망상 덩어리를 **'abhijānāti'**를 통해 있는 그대로 보고 제거해야 한다는 실천적인 가르침이다.

"여래가 깨달아 가르친 4성제(四聖諦)에는 진실도 없고, 거짓도 없다."는 것은 이것을 의미한다. 아상을 가지고 있기 때문에 나타난 모든 견해들은 자신의 견해를 진실이라고 주장하고 다른 견해는 거짓이라고 비난하지만, 단견(斷見)과 상견(常見)을 떠난 중도(中道)에서 아상을 버리도록 가르치는 부처님의 가르침에는 진실과 거짓을 다툴 여지가 없다는 것이다.

아상은 대상에 마음이 머물 때 생긴다. 따라서 대상에 마음이 머물러서 수행을 하면, 어둠에 떨어진 사람처럼 무아(無我)의 진실을 보지 못한다. 그러므로 무아의 진실을 있는 그대로 보기 위해서는 대상에 머물지 않고 수행해야 한다. 이것이 **"암흑 속에 빠진 사람은 아무것도 볼 수 없듯이, 인식대상(對象; vastu)에 빠져서 보시를 행하는 보살도 이와 같다고 보아야 한다. 눈 있는 사람이 동트는 아침에 태양이 떠오르면 갖가지 형색(色)들을 볼 수 있듯이, 인식대상에 빠지지 않고 보시를 행하는 보살도 이와 같다고 보아야 한다."**는 말의 의미이다.

Api tu khalu punaḥ Subhūte ye kulaputrā vā kuladuhitaro vemaṃ dharmaparyāyam udgrahīṣyanti dhārayiṣyanti vācayiṣyanti paryavāpsyanti parebhyaś ca vistareṇa samprakāśayiṣyanti, jñātās te Subhūte Tathāgatena buddha-jñānena, dṛṣṭā te Subhūte Tathāgatena buddha-cakṣuṣā, buddhās te Tathāgatena. sarve te Subhūte sattvā aprameyaṃ asaṃkhyeyaṃ puṇya-skhandhaṃ prasaviṣyanti pratigrahīṣyanti
須菩提 當來之世 若有善男子 善女人 能於此經受持讀誦 則為如來以佛智慧 悉知是人 悉見是人 皆得成就無量無邊功德

"수보리여, 그뿐만이 아니라 이 법문을 배우고 외워서 독송하고, 이해하여 남들에게 자세하게 설명하는 선남자 선여인들을 수보리여, 여래는 그들을 부처의 지혜(佛智)로 압니다. 수보리여, 여래는 그들을 부처의 눈(佛眼)으로

봅니다. 수보리여, 여래는 그들을 알아봅니다. 수보리여, 그 중생들은 모두 측량할 수 없고, 헤아릴 수 없는 복덩어리(福德)를 얻게 됩니다."

여기에서 말하는 부처의 눈(佛眼)과 부처의 지혜(佛智)는 다른 사람의 눈과 지혜가 아니라 『금강경』을 배우고 외워서 다른 사람들에게 가르치는 사람의 지혜와 눈을 의미한다. 바꾸어 말하면 『금강경』을 배워서 잘 이해하여 다른 사람들에게 설명하면, 부처의 지혜가 생기고, 부처의 안목(佛眼)이 생겨서 자신이 곧 부처라는 것을 깨닫게 된다는 것이다. 그러므로 그 중생들이 얻는 복덩어리는 헤아릴 수가 없다.

4.『금강경』을 널리 펴면 모든 업장(業障)이 소멸한다

제15 지경공덕분(持經功德分)

Yaś ca khalu punaḥ Subhūte strī vā puruṣo vā pūrva-āhṇa-kāla samaye Gaṅgā- nadī-vālukā-samān ātmabhāvān parityajet, evaṃ madhya-āhṇa- kāla samaye Gaṅgā-nadī-vālukā-samān ātmabhāvān parityajet, sāya-āhṇa- kāla samaye Gaṅgā-nadī-vālukā-samān ātmabhāvān parityajet, anena paryāyeṇa bahṇūni kalpa-koṭi-niyuta- śatasahasrāṇy ātmabhāvān parityajet; yaś cemaṃ dharmaparyāyaṃ śrutvā na pratikṣipet, ayam eva tato nidānaṃ bahutaraṃ puṇyaskandhaṃ prasunuyād aprameyam asamkhyeyam. kaḥ puanr vādo yo likhitvodgṛhṇīyād dhārayed vācayet paryavāpnuyāt parebhyaś ca vistareṇa samprakāśayet.
api tu khalu punaḥ Subhūte 'cintyo 'tulyo 'yam dharmaparyāyaḥ ayaṃ ca Subhūte dharmaparyāyās Tathāgatena bhāṣito 'gra-yāna-samprasthitānāṃ sattvānām

arthāya, śreṣṭth-yāna-samprasthitānāṃ sattvānām arthāya, ya imaṃ dharmaparyāyam udgrahīṣyanti dhārayiṣyanti vācayiṣyanti paryavāpsyanti parebhyaś ca vistareṇa samprakāśayiṣyanti. jñātās te Subhūte Tathāgatena buddhā-jñānena, dṛṣṭās te Subhūte Tathāgatena buddhā-cakṣuṣā, buddhās te Tathāgatena. sarve te Subhūte sattvā aprameyeṇa puṇya-skandhena samanvāgatā bhaviṣyanti acintyena-atulyena amāpyena-aparimāṇena puṇya-skandhena samanvāgatā bhaviṣyanti. sarve te Subhūte sattvā samāṃśena bodhiṃ dhārayiṣyanti. tat kasya hetoḥ na hi śakyaṃ Subhūte 'yaṃ dhamaparyāyo hīna-adhimuktkaiḥ sattvaiḥ śrotuṃ na-ātma-dṛṣṭikair na sattva-dṛṣṭikair na jīva-dṛṣṭikair na pudgala-dṛṣṭikaiḥ. na-abpdhisattva-pratijñaiḥ sattvaiḥ śakyam ayaṃ dharmaparyāyaḥ śrotuṃ vodgrahītuṃ vā dhārayituṃ vā vācayituṃ vā paryavātuṃ vā. nedaṃ sthānaṃ vidyate.

api tu khalu punaḥ Subhūte yatra pṛthivīpradeśa idaṃ sūtraṃ prakāśayiṣyate pūjanīyaḥ sa pṛthivīpradeśo bhaviṣyati sadeva-mānuṣa-asurasya lokasya, vandanīyaḥ pradakṣiṇīyaś ca sa pṛthivīpradeśo bhaviṣyati, caitya bhūtaḥ sa pṛthivīpradeśo bhaviṣyati.

須菩提 若有善男子 善女人 初日分以恒河沙等身布施 中日分復以恒河沙等身布施 後日分亦以恒河沙等身布施 如是無量百千萬億劫以身布施 若復有人 聞此經典 信心不逆 其福勝彼, 何況書寫 受持 讀誦 為人解說 須菩提 以要言之 是經有不可思議 不可稱量 無邊功德 如來為發大乘者說 為發最上乘者說 若有人能受持讀誦 廣為人說 如來悉知是人 悉見是人 皆得成就不可量 不可稱 無有邊 不可思議功德 如是人等 則為荷擔如來阿耨多羅三藐三菩提 何以故 須菩提 若樂小法者 著我見 人見 衆生見 壽者見 則於此經 不能聽受讀誦 為人解說 須菩提 在在處處 若有此經 一切世間天 人 阿修羅 所應供養 當知此處 則為是塔 皆應恭敬 作禮圍繞 以諸華香而散其處

"수보리여, 만약에 어떤 여인이나 사내가 아침에 갠지스 강의 모래 수와 같은 자신(自身; ātmabhāva)을 희생하고, 낮에 갠지스 강의 모래 수와 같은 자신을 희생하고, 저녁에 갠지스 강의 모래 수와 같은 자신을 희생하고, 이와 같이 무량백천만억겁(無量百千萬億劫) 동안 자신을 희생하는 것보다도 이 경전을 듣고 거부하지 않으면, 사실은 이것이 그로 인하여 헤아릴 수 없고, 측량할 수 없는 많은 복덩어리를 쌓는 것입니다. 하물며 베껴 쓰고, 마음에 간직하고, 독송하고, 다른 사람을 위하여 해설한다면, 더 할 말이 있겠습니까?

수보리여, 그뿐만이 아니라 이 법문은 불가사의(不可思議)하고 측량할 수가 없으며, 여래는 가장 높은 길(最上乘)로 함께 나아가는 중생들의 이익을 위하여, 가장 뛰어난 길로 함께 나아가는 중생들의 이익을 위하여 이 법문을 설했습니다. 이 법문을 배우고 외워서 독송하고, 이해하여 남들에게 자세하게 설명하는 사람들을, 수보리여, 여래는 그들을 부처의 지혜(佛智)로 압니다. 수보리여, 여래는 그들을 부처의 눈(佛眼)으로 봅니다. 수보리여, 여래는 그들을 알아봅니다.

수보리여, 그 모든 중생들은 헤아릴 수 없는 복덩어리를 쌓고, 불가사의하고, 측량할 수 없고, 계산할 수 없고, 한량없는 복덩어리를 쌓을 것입니다. 수보리여, 그 모든 중생들은 육신을 가진 채로 깨달음을 마음에 간직할 것입니다. 왜 그들만 그러느냐면 이 법문은 저열한 확신을 가진 자는 들을 수 없기 때문입니다. 아견(我見)을 가진 자 · 중생견(衆生見) · 수명견(壽命見) · 인견(人見)을 가진 자는 이 법문을 들을 수가 없습니다. 보살의 서원(誓願)을 지니지 않은 중생들은 이 법문을 들을 수 없으며, 배우거나, 마음에 간직하거나, 말하거나, 설명하거나 하는 일은 있을 수가 없습니다.

수보리여, 뿐만 아니라 이 경이 설해지는 장소는 어느 곳이든, 그 장소는 천신과 인간과 아수라를 포함하는 세간(世間)의 공양을 받을 것입니다. 그 곳은 마땅히 예배를 받게 되고, 오른쪽으로 도는 공양을 받을 것입니다. 그 장소는 탑묘(塔廟)가 있는 곳이 될 것입니다."

『금강경』의 요지는 '중생이 곧 부처다'라는 것이다. 이러한 사실을 세상에 널리 알리는 일이 이 세상에서 가장 중요하고 가치 있는 일이다. 여래가 깨달아 가르친 것은 이러한 진실이다. '중생이 곧 부처다'라는 사실을 깨닫고 실천하면서 다른 사람에게 가르치면, 스스로 부처님의 지혜(佛智)와 부처님의 안목(佛眼)을 얻어 스스로가 부처임을 깨닫게 된다. 이런 사람이 육신을 가진 부처, 즉 생불(生佛)이다. 따라서 이 경을 배워서 세상에 널리 펴는 공덕은 그 어떤 공덕과도 비교할 수 없는 큰 공덕이 된다. 그리고 이런 사람이 『금강경』의 가르침을 세상에 펴는 곳이, 사람들이 오른쪽으로 세 번을 돌아 예경하는 부처님이 계신 곳이고, 부처님의 탑묘(塔廟)가 있는 곳이다.

제16 능정업장분(能淨業障分)

Api tu ye te Subhūte kulaputrā vā kuladuhitaro vemān evaṃrūpān sūtrātān udgrahīṣyanti dhārayiṣyanti vācayiṣyanti paryavāpsyanti yoniśaś ca manasikariṣyanti parebhyaś ca vistareṇa samprakāśayiṣyanti, te paribhūta bhaviṣyanti, suparibhūtāś ca bhaviṣyanti. tat kasya hetoḥ? yāni teṣāṃ Subhūte sattvānāṃ paurva-janmikāny aśubhāni karmāṇi kṛtāny apāya-saṃvartanīyāni dṛṣṭa eva dharme taya paribhūtatayā tāni pūrvajanmikāny aśubhāni karmāṇi kṣapayiṣyanti, buddhabodhiṃ ca-anuprāpsyanti. tat kasya hetoḥ? abhijānāmy ahaṃ Subhūte 'tīte-adhvani asaṃkhyeyaiḥ kalpair asaṃkhyeyatarair Dīpaṅkarasya Tathāgatasya-arhataḥ samyaksambuddhasya pareṇa paratareṇa catur-aśīti-buddha-koṭi-niyuta-śatasahasrāṇy abhūvan ye mayā ārāgitā ārāgyā na virāgitāḥ. yac ca mayā Subhūte Buddhā Bhagavanta ārāgitā ārāgyā na virāgitā, yac ca paścime kāle paścime samaye paścimāyaṃ pañcaśatyāṃ saddharma-vipralopa-kāle vartamāna iman evaṃrūpān sūtrāntān udgrahīṣyanti dhārayiṣyanti vācayiṣyanti paryavāpsyanti parebhyaś ca vistareṇa samprakāśayiṣyanti, asya khalu punaḥ Subhūte puṇyaskandhasya-antikād asau paurvakaḥ puṇyaskandhaḥ śatatamīm api kalāṃ nopaiti sahasratamīm api śatasahasratamīm api, koṭitamīm api koṭi-śatatamīm api koṭi-śatasahasṛtamīm api koṭi-niyuta-śatasahasṛtamīm api, saṃkhyām api kalām api gaṇanām apy upamām apy upaniṣadam api yāvad aupamyam api na kṣamate. sacet punaḥ Subhūte teṣāṃ kulaputrāṇāṃ kuladuhitrīṇāṃ vā-ahaṃ puṇyaskandhaṃ bhāṣeyam, yāvat te kulaputrā vā kuladuhitaro vā tasmin samaye puṇyaskandhaṃ prasaviṣyanti pratigrahīṣyanti, unmādaṃ sattvā anuprāpnuyuś citta-vikṣepaṃ vā gaccheyuḥ. api tu khalu punaḥ Subhūte 'cintyo 'yaṃ dharmaparyāyas Tathāgatena bhāṣitaḥ, asya-acintya eva vipākaḥ pratikāṅkṣitavyaḥ.

復次 須菩提 善男子 善女人 受持讀誦此經 若為人輕賤 是人先世罪業 應墮惡道 以今世人輕賤故 先世罪業則為消滅 當得阿耨多羅三藐三菩提 須菩提 我念過去無量阿僧祇劫 於然燈佛前 得值八百四千萬億那由他諸佛 悉皆供養承事 無空過者 若復有人 於後末世 能受持讀誦此經 所得功德 於我所供養諸佛功德 百分不及一 千萬億分 乃至算數譬喻所不能及 須菩提 若善男子 善女人 於後末世 有受持讀誦此經 所得功德 我若具說者 或有人聞 心則狂亂 狐疑不信 須菩提 當知是經義不可思議 果報亦不可思議

"수보리여, 그렇지만 이 경을 이와 같이 배우고 외워서 독송하고, 이해하고 이치에 맞게 생각하여 남들에게 자세하게 설명해 주는 선남자나 선여인들이 경멸받을 수도 있고, 심한 모욕을 당할 수도 있습니다. 왜 그런가 하면 수보리여, 그 중생들이 과거의 삶에서 지은 불선업(不善業)은 악취(惡趣)에 떨어져야 마땅한 것들인데, 지금, 여기에서 경멸받음으로써 과거의 삶에서 지은 불선업(不善業)들이 소멸되기 때문입니다. 그리고 그들은 부처님의 깨달음을 증득하게 됩니다. 그것을 어떻게 알 수 있는지 궁금할 텐데 수보리여, 나는 체험하여 알고 있습니다. 과거 무량(無量) 아승기겁(阿僧祇劫) 전에, 연등(然燈) 여래 아라한 등정각 훨씬 이전에, 팔백사천만억 나유타의 부처님들이 계셨는데, 나는 그분들을 빠짐없이 모셨습니다.

수보리여, 내가 그 불세존(佛世尊)들을 빠짐없이 모셨지만, 어떤 사람이 미래세에, 머나먼 훗날, 500년 후 바른 가르침[正法]이 쇠멸(衰滅)한 시기에, 이 경을 이와 같이 배우고 외워서 독송하고, 이해하고 이치에 맞게 생각하여 남들에게 자세하게 설명한다면, 수보리여, 이 복덩어리에 비하면 저 복덩어리는 백 분의 일에도 미치지 못하고, 천 분의 일, 십만 분의 일, 백억 분의 일, 만억 분의 일, 천만 억 분의 일, 백 천 만억 나유타 분의 일에도 미치지 못하며, 셈(數)이나 구분(區分)이나 계산이나 비유나 은유 내지는 비교가 불가능합니다. 수보리여, 만약에 내가 그 선남자 선여인들이 그때 지어서 얻게 될 복덩어리를 이야기한다면, 중생들은 미쳐버리거나 마음이 혼란해질 것입니다. 수보리여, 이 법문은 불가사의하다고 여래는 이야기하며, 실로 이 법문은 불가사의한 과보가 있습니다."

『금강경』을 외우고 남을 위해 가르치면 멸시와 모욕을 당하게 되지만, 모든 업장이 소멸되고 불가사의한 과보를 얻게 된다는 말씀이다. 여기에서 이야기하는 업장(業障)은 개인의 업장이 아니라 사회의 업장이다. 왜냐하면, 『금강경』의 가르침은 아상을 없애라는 가르침이고, 아상이 없으면, 자타(自他)의 분별심이 사라지기 때문이다. 아상을 지니고 살아가는 사회, 즉 개인주의 사회에서 자신을 희생하고 타인을 위해 살아가는 사람은 멸시당하거나 비웃음을 받는 경우가 많다. 왜 이런 사회가 되었는가? 우리가 과거에 아상을 가지고 살았기 때문에 그 과보로 오늘의 사회가 되었기 때문이다. 이런 사회 속에서 살아가는 삶은 고통스럽다. 보살이 당하는 멸시와 모욕은 이 고통스러운 세상을 행복한 세상으로 만드는 과정에 겪어야 할 필연이다. 따라서 고통스러운 사회를 변화시키기 위해서는 온갖 멸시와 모욕을 무릅쓰고 『금강경』의 가르침, 즉 '중생이 곧 부처라는 사실'을 세상에 알리는 삶을 살아야 한다. 이러한 삶을 『법화경(蓮華經)』 「제20 상불경보살품(常不輕菩薩品)」에서는 다음과 같이 이야기한다.

> 과거 무량(無量) 무변(無邊) 불가사의(不可思議) 아승기겁(阿僧祇劫) 전에 위음왕여래(威音王如來)라는 부처님이 입멸(入滅)하신 후, 정법(正法)이 멸하여 개인주의가 만연하던 시기에 상불경(常不輕)이라고 불리는 보살이 있었다.
> 그는 모든 사람들에게 예배하고 찬탄하면서 "나는 마음 깊이 여러분을 존경합니다. 감히 가볍게 여기지 않습니다. 왜냐하면 여러분은 모두 보살도를 행하여 부처님이 되실 분들이기 때문입니다."라고 말했다.
> 사람들이 이 말을 듣고 화를 내며 "이 무식한 놈은 어디에서 온 놈이기에 제가 감히 우리에게 '부처가 될 것이다.'라고 수기(授記)를 준다는 말인가? 우리는 그런 허망한 수기(授記)는 필요 없다."라고 하면서 욕하고 꾸짖었다.
> 그러나 그는 항상 모욕을 당하면서도 화를 내지 않고 "여러분은 부처님이 되실 분들입니다."라고 말했다. 이렇게 말할 때 사람들이 지팡이나 나무나 기와나 돌을 던지면 피하여 멀리 도망가면서도, 큰 소리로 "나는 여러분을 가볍게 여기지 않습니다. 왜냐하면 여러분은 모두 보살도를 행하여 부처님이 되실 분들이기 때문입니다."라고 말했다.
> 그래서 사람들이 그를 상불경(常不輕)이라고 불렀다. 이 보살이 전생의 석가모니불이었다.

개인의 욕망을 최고의 가치로 생각하는 개인주의 사회에서 불교를 실천한다는 것은 쉬운 일이 아니다. 그렇기 때문에 개인주의 사회에서 부처님의 가르침을 실천하여 아상을 버리고 모든 사람이 부처로 살아가는 행복한 사회를 이룩하는 일은 그 무엇과도 비교할 수 없는 가치 있는 일이다.

제5장

지금, 여기에서
현재의 법을 통찰하는
행복한 삶

1. 여래는 '모두가 한생명이며 평등한 진실'을 보았을 뿐이다

제17 구경무아분(究竟無我分)

Atha khalv āyuṣmān Subhūtir Bhagavantam etad avocat: kathaṃ Bhagavan bodhisattva-yāna-saṃprasthitena sthātavyam, kathaṃ pratipattavyaṃ, kathaṃ cittaṃ pragrahītavyaṃ? Bhagavān āha: iha Subhūte bodhisattva-yāna-saṃprasthitenaivaṃ cittam utpādayitavyaṃ: sarve sattvā mayā-anupadhiśeṣe nirvāṇadhātau parinirvāpayitavyāḥ. evaṃ ca sattvān parinirvāpya, na kaścit sattvaḥ parinirvāpito bhavati. tat kasya hetoḥ? sacet Subhūte bodhisattvasya sattva-saṃjñā pravarteta, na sa bodhisattva iti vaktavyaḥ. jīva-saṃjñā vā yāvat pudgala-saṃjñā vā pravarteta, na sa bodhisattva iti vaktavyaḥ. tat kasya hetoḥ? na-asti Subhūte sa kaścit dharmo yo bodhisattva-yāna-saṃprasthito nāma. tat kiṃ manyase Subhūte asti sa kaścid dharmo yas Tathāgatena Dīpaṅkarasya Tathāgatasyaantikād anuttarāṃ samyaksaṃbodhim abhisaṃbuddhaḥ? evam ukta āyuṣmān Subhūtir Bhagavantam etad avocat: yathā-ahaṃ Bhagavan Bhagavato bhāṣitasya-artham ājānāmi, na-asti sa Bhagavan kaścid dharmo yas Tathāgatena Dīpaṅkarasya Tathāgatasya-arhataḥ samyaksambuddhasyā-antikād anuttarāṃ samyaksaṃbodhim abhisaṃbuddhaḥ. evam ukte Bhagavān āyuṣmantaṃ Subhūtim etad avocat: evam etat Subhūte evam etat, na-asti Subhūte sa kaścid dharmo yas Tathāgatena Dīpaṅkarasya Tathāgatasya-arhataḥ samyaksambuddhasya-antikād anuttarāṃ samyaksambodhim abhisambuddhaḥ. sacet punaḥ Subhūte kaścid dharmas Tathāgatena-abhisambuddho 'bhaviṣyat, na māṃ Dīpaṅkaras Tathāgato vyākariṣyad: bhaviṣyasi tvaṃ māṇava-anāgate 'dhvani Śākyamunir nāma Tathāgato 'rhan samyaksambuddha iti. yasmāt tarhi Subhūte Tathāgatena-arhatā samyaksambuddhena na-asti sa kaścid dharmo yo 'nuttarāṃ samyaksambhodhim abhisambuddhas, tasmād ahaṃ Dīpaṅkareṇa Tathāgatena vyākṛto: bhaviṣyasi tvaṃ māṇava-anāgate 'dhvani Śākyamunir nāma Tathāgato 'rhan samyasaṃbuddhaḥ. tat kasya hetos? Tathāgata iti Subhūte bhūtatathatāyā etad adhivacanam. Tathāgata iti Subhūte anutpādadhammatāyā etad adhivacanam. Tathāgata iti Subhūte dharmocchedasyaitad adhivacanam. Tathāgata iti Subhūte atyantānutpannasyaitad adhivacanam. tat kasya hetoḥ? eṣa Subhūte anutpādo yaḥ paramārthaḥ. yaḥ kaścit Subhūta evaṃ vadet, Tathāgatena-arhatā samyaksambuddhenaanuttarā samyaksaṃbodhir abhisambuddheti, sa vitathaṃ vadet, abhyācakṣīta māṃ sa Subhūte asatodgṛhītena. tat kasya hetoḥ? na-asti Subhūte sa kaścid dharmo yas Tathāgatena-anuttarāṃ samyaksaṃbodhim abhisaṃbuddhaḥ yaś ca Subhūte Tathāgatena dharmo 'bhisaṃbuddho deśito vā, tatra na satyaṃ na mṛṣā. tasmāt Tathāgato bhāṣate sarva-dharmā Buddha-dharmā iti. tat kasya hetoḥ? sarva-dharmā iti Subhūte a-dharmās Tathāgatena bhāṣitā. tasmād ucyante sarva-dharmā Buddha-dharmā iti.

tad yathā-api nāma Subhūte puruṣo bhaved upetakāyo mahākāyaḥ.

āyuṣmān Subhūtir āha: yo 'sau Bhagavaṃs Tathāgatena puruṣo bhāṣita upetakāyo mahākāya iti, a-kāyaḥ sa Bhagavaṃs Tathāgatena bhāṣitaḥ. tenocyata upetakāyo mahākāya iti.

Bhagavān āha: evam etat Subhūte. yo bodhisattvo evaṃ vaded: ahaṃ sattvān parinirvāpayiṣyāmi-iti, na sa bodhisattva iti vaktavyaḥ. tat kasya hetoḥ, asti Subhūte sa kaścid dharmo yo bodhisattvo nāma?

Subhūtir āha: no hīdaṃ Bhagavan, na asti sa kaścid dharmo yo bodhisattvo nāma.

Bhagavān āha: sattvāḥ sattvā iti Subhūte a-sattvās te Tathāgatena bhāṣitas, tenocyante sattvā iti. tasmāt Tathāgato bhāṣate: nirātmānaḥ sarvadharmā niḥsattvāḥ nirjīvā niṣpudgalāḥ sarva-dharmā iti. yaḥ Subhūte bodhisattva evaṃ vaded: ahaṃ kṣetra-vyūhān niṣpādayiṣyāmi-iti, so 'pi tathaiva vaktavyaḥ. tat kasya hetoḥ? kṣetra-vyūhā kṣetra-vyūhā iti Subhūte 'vyūhās te

Tathāgatena bhāṣitāḥ, tenocyante kṣetra-vyūhā iti.
yaḥ Subhūte bodhisattvo nirātmāno dharmā nirātmāno dharmā ity adhimucyate, sa Tathāgatena-arhatā samyaksaṃbuddhena bodhisattvo mahāsattva ity ākhyātaḥ.

爾時 須菩提白佛言 世尊 善男子 善女人 發阿耨多羅三藐三菩提心 云何應住 云何降伏其心 佛告須菩提 善男子 善女人 發阿耨多羅三藐三菩提者 當生如是心 我應滅度一切衆生 滅度一切衆生已 而無有一衆生實滅度者 何以故 須菩提 若菩薩有我相 人相 衆生相 壽者相 則非菩薩 所以者何 須菩提 實無有法發阿耨多羅三藐三菩提者

須菩提 於意云何 如來於然燈佛所 有法得阿耨多羅三藐三菩提不 不也世尊 如我解佛所說義 佛於然燈佛所 無有法得阿耨多羅三藐三菩提 佛言如是 如是 須菩提 實無有法如來得阿耨多羅三藐三菩提 須菩提 若有法如來得阿耨多羅三藐三菩提者 然燈佛則不與我受記 汝於來世 當得作佛號釋迦牟尼 以實無有法得阿耨多羅三藐三菩提 是故然燈佛與我受記 作是言 汝於來世 當得作佛 號釋迦牟尼 何以故 如來者 即諸法如義

若有人言 如來得阿耨多羅三藐三菩提 須菩提 實無有法 佛得阿耨多羅三藐三菩提 須菩提 如來所得阿耨多羅三藐三菩提 於是中無實無虛 是故如來說 一切法皆是佛法 須菩提 所言一切法者 即非一切法 是故名一切法

須菩提 譬如人身長大 須菩提言 世尊 如來說人身長大 則為非大身 是名大身 須菩提 菩薩亦如是 若作是言 我當滅度無量衆生 則不名菩薩 何以故 須菩提 實無有法名為菩薩 是故佛說 一切法無我 無人 無衆生 無壽者

須菩提 若菩薩作是言 我當莊嚴佛土 是不名菩薩 何以故 如來說莊嚴佛土者 即非莊嚴 是名莊嚴 須菩提 若菩薩通達無我法者 如來說名真是菩薩

그러자 수보리 존자가 세존께 말씀드렸습니다.

"세존이시여, 보살승으로 함께 나아가는 사람들은 어떻게 머물고, 어떻게 실천하고, 어떻게 마음을 다잡아야 합니까?"
세존께서 말씀하셨습니다.
"수보리여, 보살승으로 함께 나아가는 사람들은 '모든 중생들을 내가 무여열반계(無餘涅槃界)에 들도록 하겠다. 하지만 이와 같이 중생들을 열반에 들게 하여도, 사실은 어떤 중생도 열반에 들어간 중생은 없다'는 마음을 일으켜야 합니다. 왜냐하면, 수보리여, 만약 보살에게 중생상이 생긴다면, 그는 보살이라고 할 수 없기 때문입니다. 수자상이나 인상이 생겨도 그는 보살이라고 할 수 없습니다. 왜냐하면 수보리여, 보살승으로 나아가는 사람이라고 하는 그 어떤 법도 없기 때문입니다. 수보리여, 어떻게 생각합니까? 여래가 연등(然燈) 여래 곁에서 깨달은 아뇩다라삼먁삼보리라고 하는 어떤 법이 있겠습니까?"
세존께서 이와 같이 말씀하시자, 수보리 존자가 세존께 말씀드렸습니다.
"세존이시여, 제가 세존께서 하신 말씀의 의미를 이해한 것에 의하면, 세존이시여, 여래께서 연등 여래 아라한 등정각 곁에서 깨달은 아뇩다라삼먁삼보리라고 하는 어떤 법도 없습니다."
이와 같이 말씀드리자, 세존께서 수보리 존자에게 말씀하셨습니다.
"그렇습니다. 수보리여, 그렇습니다. 수보리여, 여래가 연등 여래 아라한 등정각 곁에서 깨달은 아뇩다라삼먁삼보리라고 하는 어떤 법도 없습니다. 수보리여, 뿐만 아니라 만약 여래가 깨달은 어떤 법이 있었다면, 연등 여래께서는 나에게 '젊은이여, 그대는 미래세(未來世)에 석가모니(釋迦牟尼)라고 하는 여래 아라한 등정각이 될 것이다'라고 기별(記別)을 주지 않았을 것입니다.

수보리여, 여래 아라한 등정각이 깨달은 아뇩다라삼먁삼보리라고 하는 어떤 법도 없기 때문에 나는 연등 여래로부터 '젊은이여, 그대는 미래세에 석가모니라고 하는 여래 아라한 등정각이 될 것이다'라고 기별을 받은 것입니다. 왜냐하면 수보리여, 여래(如來; Tathāgata)란 진실(眞實; bhūta)과 진여(眞如; tathatā)에 대한 명칭(adhivacana)입니다. 수보리여, 여래란 무생법성(無生法性; anutpādadharmatā)에 대한 명칭입니다. 수보리여, 여래란 유위법(有爲法)의 단절(斷絶; dharmoccheda)에 대한 명칭입니다. 수보리여, 여래란 필경불생(畢竟不生; atyantānutpanna)에 대한 명칭입니다. 왜냐하면, 수보리여, 무생(無生; anutpādo)이 최상의 이치(paramārthaḥ)이기 때문입니다.

수보리여, 어떤 사람이 '여래 아라한 등정각은 아뇩다라삼먁삼보리를 깨달았다.'라고 말한다면, 그는 거짓을 말하는 것이며, 실재(實在)하지 않은 것을 집착하여(asat-udgṛhitena) 나를 비방하는 것입니다. 왜냐하면 수보리여, 여래·아라한·등정각이 깨달은 아뇩다라삼먁삼보리라고 하는 어떤 법도 없기 때문입니다.

그리고 여래가 깨달아서 가르친 법에는 진실(satya)도 없고, 거짓(mṛṣā)도 없답니다. 그래서 여래는 '일체법(一切法; sarva-dharmā)이 불법(佛法; Buddha-dharmā)이다'라고 이야기한답니다. 그렇게 이야기하는 까닭은, '일체법'이란 여래가 법이 아닌 것을 말한 것이며, 그래서 '일체법'이라고 불리기 때문입니다. 수보리여, 그것은 구족한 몸(upetakāyo)을 가진 사람, 큰 몸(mahākāyo)을 가진 사람이라고 하는 것과 같습니다."

수보리 존자가 말씀드렸습니다.

"세존이시여, 여래께서 구족한 몸, 큰 몸을 가진 사람이라고 말씀하신 것은, 세존이시여, 여래께서 몸 아닌 것을 그렇게 말씀하신 것이며, 그로 인해서 구족한 몸, 큰 몸이라고 불리는 것입니다."

세존께서 말씀하셨습니다.

"그렇습니다. 수보리여! '내가 중생들을 열반에 들게 하겠다.'라고 말하는 보살은 보살이 아니라고 해야 합니다. 왜 그렇겠습니까? 수보리여, 보살이라고 하는 어떤 법이 있을까요?"

수보리가 말씀드렸습니다.

"그렇지 않습니다. 세존이시여! 보살이라고 하는 어떤 법도 없습니다."

세존께서 말씀하셨습니다.

"중생이란 중생이 아닌 것을 여래가 그렇게 말한 것입니다. 그로 인해서 중생이라고 불린 것입니다. 그래서 여래는 '일체법(一切法)은 자아가 없고(nirātmānaḥ), 일체법은 중생이 없고(niḥsattvāḥ), 수명(壽命)이 없고(nirjīvā), 인간이 없다.(niṣpudgalāḥ)'라고 말한답니다. 수보리여, '내가 국토를 장엄(莊嚴)하겠다(아름다운 세상을 만들겠다)'라고 말하는 보살도 마찬가지라고 해야 합니다. 왜냐하면, 수보리여, '국토장엄(莊嚴; kṣetra-vyūhā)'이란 여래가 장엄이 아닌 것을 그렇게 이야기한 것이며, 그래서 '국토장엄'이라고 불리는 것이기 때문입니다. 수보리여, 여래 아라한 등정각은 '법들은 자아가 없다(nirātmānaḥ)'라고 확신하는 사람을 보살, 마하살(摩訶薩)이라고 합니다."

『금강경』은 상권과 하권으로 나뉜다. **제16 능정업장분(能淨業障分)**까지가 상권이고, **제17 구경무아분(究竟無我分)**부터 하권이다. 상권은 **제1 법회인유분(法會因由分)**에서 시작하여 하나하나 내용을 전개하다가 **제14 이상적멸분(離相寂滅分)**에 이르러서 종합하여 결론을 맺는 형식을 띠고 있는데, 하권은 하권이 시작되는 **제17 구경무아분**(究竟無我分)에서 전체의 개요를 밝힌 뒤에 하나하나 서술하는 형식을 띠고 있다. 이것은 같은 내용을 반복하여 강조하려는『금강경』의 편집 의도를 잘 드러낸 것이다. 상권에서는 기승전결(起承轉結)의 순서에 따라서 결론을 도출하고, 하권에서는 상권에서 도출된 결론을 내세워 그 의미를 다시 설명하고 있는 것이다.

하권이 시작되는 **제17 구경무아분**은 상권(上卷)의 내용을 압축하여 보여주고 있다. 이미 살펴본 바와 같이,『금강경』의 주제는 '보살의 길로 함께 나아가려는 사람들은 어떤 마음으로 살아가야 하는가?'이다. 그리고 이에 대한 답변은 '모든 중생들을 열반의 세계에 들어가게 하려는 마음으로 살아가면서, 많은 중생을 열반에 들게 하지만 어떤 중생도 열반에 들어간 중생은 없다'고 생각해야 한다는 것이다. 그런데 왜 많은 중생들을 열반의 세계에 들어가게 하고서도, 열반에 들어간 중생은 하나도 없다고 생각해야 하는 것일까?『금강경』은 이 물음에 대한 해명이다.

부처님은 우리의 현실을 있는 그대로〔眞如〕, 진실(眞實)을 보았을 뿐, 현실을 벗어난 어떤 다른 것을 보거나 깨달은 것이 아니다. '진여(眞如)'로 한역된 'tathatā'는 '바로 그것'이라는 뜻이다. 우리는 어떤 것을 이름(개념, 관념)으로 인식한다. 관념적으로 인식하는 것이다. 그래서 이름이 없거나 이름을 모르는 것은 인식하지 못한다.

예를 들어 목탁을 보지도 못하고, 알지도 못하는 사람에게 보여주면, 그 사람은 목탁을 보지 못하고 나무를 볼 것이다. 나무라는 개념이 없는 사람은 나무도 보지 못할 것이다. 그렇다면, 목탁은 무엇인가? 우리가 목탁으로 사용하기 위해서 만들어 이름을 붙이기 전에는 세상에 목탁이 없었다. 따라서 본래 목탁은 목탁이 아니다. 우리가 목탁으로 사용할 때 목탁이라고 부를 뿐이다. 부처님도 목탁을 목탁이라고 부르고, 우리도 목탁을 목탁이라고 부른다. 그런데 부처님은 목탁이 본래부터 목탁이 아니라는 것을 알고 목탁이라고 부르고, 우리는 목탁이 본래부터 목탁인 줄로 알고 목탁이라고 부른다. 부처님은 목탁의 진실, 즉 목탁이 바로 그런 것임(眞如)을 보고 깨달은 것이다.

그렇다면, 여래가 깨달은 진실과 진여는 어떤 것인가? 『잡아함경』 (37)에서 부처님은 다음과 같이 말씀하신다.

> 나는 세간과 다투지 않는다오. 세간이 나와 다툴 뿐이라오. 왜냐하면, 비구들이여, 여법(如法)하게 말하면 세간과 다투지 않기 때문이라오. 세간의 지혜로운 사람들이 '있다'고 말하는 것은 나도 '있다'고 말한다오. 세간의 지혜로운 사람들이 '있다'고 말하는 것은 나도 '있다'고 말한다는 것은 어떤 것인가?
>
> 비구들이여, 무상(無常)하고, 괴롭고, 변해가는 형색(色; 몸)을 세간의 지혜로운 사람들은 '있다'고 말하고, 나도 역시 '있다'고 말한다오. 마찬가지로, 무상하고, 괴롭고, 변해가는 것을 느끼는 마음(受), 생각하는 마음(想), 조작하는 행위(行), 분별하는 마음(識)을 세간의 지혜로운 사람들은 '있다'고 말하고, 나도 역시 '있다'고 말한다오. 세간의 지혜로운 사람들이 '없다'고 말하는 것은 나도 '없다'고 말한다오.
>
> 비구들이여, 지속하고, 항존(恒存)하며, 변하지 않고 머무는 형색을 세간의 지혜로운 사람들은 '없다'고 말하고, 나도 역시 '없다'고 말한다오. 마찬가지로, 지속하고, 항존(恒存)하며, 변하지 않고 머무는 느끼는 마음,

생각하는 마음, 조작하는 행위, 분별하는 마음을 세간의 지혜로운 사람들은 '없다'고 말하고, 나도 역시 '없다'고 말한다오.

있는 것을 있다고 말하고, 없는 것을 없다고 말하는 것이 진실이다. 진실을 이야기하는 사람들은 다투지 않는다. 진실을 알지 못하기 때문에 다툰다. 있는 것을 없다고 말하고, 없는 것을 있다고 말하기 때문에 다투게 되는 것이다. 이렇게 거꾸로 된 생각이 전도몽상(顚倒夢想)이다. 『잡아함경』(301)과 『쌍윳따 니까야』 12. **15. 「깟짜야나 곳따(Kaccāyanagotta)」**에서는 다음과 같이 말한다.

세상 사람들이 전도(顚倒)되어 있는 것은 유무(有無) 두 편견(偏見)에 의지하기 때문이다. 세상 사람들은 여러 가지 경계(境界)를 취하여 마음으로 계착(計着)한다. 깟짜야나여, 만약 (마음이) 경계를 취하지 않고, 경계에 머물지 않고, 자아(自我)를 계탁(計度)하지 않으면, 고(苦;五取蘊)가 생길 때 생기는 것에 대하여, 멸할 때 멸하는 것에 대하여 의혹이 없이 다른 사람을 의지하지 않고 능히 알 수가 있다. 이것을 정견(正見)이라고 하며, 여래가 설하는 것은 이것이다. ……
세간(世間)의 집(集)을 있는 그대로 통찰하면 세간의 무견(無見)은 생기지 않고, 세간의 멸(滅)을 있는 그대로 통찰하면, 세간의 유견(有見)은 생기지 않는다. 그래서 여래는 (모순 대립하는) 두 편견(偏見)을 버리고 중도에서 이야기한다. 이른바, 이것이 있는 곳에 이것이 있고, …… 무명(無明)을 의지하여 행(行)이 있고…….

부처님께서는 모순 대립하는 편견을 버리고 중도(中道)에서 연기법을 깨달았으며, 그것이 진실(眞實)이고, 진여(眞如)라는 말씀이다. 이 연기법은 여래가 현실을 초월하여 새롭게 발견한 진리가 아니라, 언제나 '지금, 여기'에 항상 있는 진리이다. 『잡아함경』(299)에서는 다음과 같이 말한다.

> 연기법(緣起法)은 내가 만든 것도 아니고, 다른 사람이 만든 것도 아니다. 여래가 세상에 나오든 나오지 않든, 법계(法界)는 상주(常住)하며, 여래는 이 법을 몸소 깨달아 등정각을 이루어 중생들을 위해서 분별하고, 연설하고, 개발하여 현시(顯示)한다. 이른바, 이것이 있는 곳에 이것이 있고, 이것이 일어날 때 이것이 일어난다는 것이다. 무명을 의지하여 행이 있고, 내지 큰 괴로움덩어리가 집기(集起)하며, 무명이 멸할 때 행이 멸하고, 내지 큰 괴로움덩어리가 멸한다.

세상의 모든 것(一切法)은 이와 같이 인연에 의해서 나타나고 사라진다. 이것이 불법이다. 따라서 일체법이 불법이다. 이 일체법은 유(有)나 무(無)로 파악되는 것이 아니다. 부처님이 깨달은 진리는 유와 무로 판단할 수 있는 존재가 아니라, 어리석게 살면 괴로운 삶이 나타나고, 이러한 진실을 알고 지혜롭게 살면 괴로운 삶에서 벗어나게 된다는 진실이다. 업보는 있으나, 유무로 파악할 수 있는 작자(作者)의 존재는 없다는 것을 여래는 깨달은 것이다.

불교를 통해서 성취해야 할 열반과 해탈은 이와 같이 연기의 이치를 깨달아서 자아라는 망상을 버리는 것이다. 우리가 성취해야 할 열반은 '지금, 여기'의 현실을 떠나 따로 존재하지 않으며, 보살이 제도해야 할 생사 윤회하는 중생도 무명 속에서 자아라는 망상(妄想)을 집착하고 살아가는 삶에 대한 지칭일 뿐 업을 지어서 그 결과 윤회의 세계를 돌아다니는 작자(作者)로서 중생은 존재하지 않는다.

따라서 중생 제도(濟度)라는 것은 중생들이 자아라는 망상에서 벗어나게 하는 것을 말하는 것이지, 중생들이 들어갈 열반의 세계가 있어서 그곳으로 건네주는 것을 의미하는 것이 아니다. 그리고 자아라는 망상에서 벗어난 사람에게는 나와 남을 분별하는 마음이 있을 수 없다. 이와 같이 자아라는 망상에서 벗어난 사람〔菩薩〕이 자아라는 망상 속에 있는 사람〔衆生〕으로 하여금 자아라는 망상에서 벗어나도록 하는 것이 보살의 중생제도이기 때문에, 보살이 수많은 중생을 제도하지만 실제로는 열반에 들어간 중생이 하나도 없다고 하는 것이다.

'업보는 있으나 작자는 없다'는 공(空)의 입장에서 보면, 여래도 업의 결과이고 중생도 업의 결과이다. 여래의 업을 지으면 여래라 불리고, 중생의 업을 지으면 중생이라고 불릴 뿐 여래와 중생이 차별되게 존재하는 것이 아니다. 그리고 깨달으면 여래가 되고, 깨닫지 못하면 중생이 되는 아뇩다라삼먁삼보리라고 하는 어떤 진리〔法〕가 존재하는 것도 아니다. '업보는 있으나 작자는 없다'는 공의 도리에 의해서 '모든 존재는 평등하다'는 것을 깨닫는 것을 아뇩다라삼먁삼보리라고 부를 뿐이다. 다시 말해서 여래는 중생과는 다른 여래의 경지를 깨달아서 여래가 된 것이 아니라, 우리 모두가 본래 평등하다는 것을 깨달아서 여래라고 불리는 것이다.

'업보는 있으나 작자는 없다'는 공의 입장에서 보면, 모든 생명은 서로 인연이 되어 살아갈 뿐, 본래부터 태어나서 죽는 일은 없다. 이것을 깨닫는 것이 무생법인(無生法忍)이다. 무생법인은 생멸의 모습을 지닌 유위법(有爲法)의 단절을 의미하며, 본래부터 일체법은 생멸이 없다는 사실을 깨달은 사람을 여래라고 부른다.

이러한 여래에 대하여 모든 것을 구족한 몸을 가졌다고 말하고, 수미산과 같이 큰 몸을 가졌다고 말하지만, 이것은 육신의 몸을 말하는 것이 아니다. 깨달은 사람, 즉 여래는 모든 생명이 연기하는 법계(法界)를 자신의 몸으로 생각한다. 이와 같은 여래의 몸을 구족한 몸, 큰 몸이라고 부른다. 다시 말해서 일체법이 부처님의 몸이기 때문에 일체법은 불법이라고 하는 것이며, 이러한 일체법은 단지 법이라고 불릴 뿐, 무아를 깨달은 사람의 입장에서 보면 자아와 상대적인 대상, 즉 법이 아니다.

일체법은 연기하는 한생명이기 때문에, 여기에는 중생도 없고, 중생을 제도하는 보살도 없다. 모두가 함께 연기하는 한생명이기 때문에 개개인의 자아라고 할 수 있는 것도 없고, 본래 생멸이 없기 때문에 수명이라고 할 수 있는 것도 없으며, 다른 동물이나 식물과 별개의 인간이 존재하는 것도 아니다. 연기하는 법계는 자아와 세계가 분별되지 않기 때문에 장엄해야 할 세계가 밖에 존재하지 않는다. 불국토 장엄이란 우리의 마음에서 아상이나 중생상(衆生想)과 같은 차별상을 버리고, 연기하는 법계를 자신의 몸으로 삼아 한생명으로 살아가는 것을 의미하며, 이와 같이 차별상을 버리고 일체법을 평등하게 보고 살아가는 사람을 보살이라고 부른다.

2. '지금, 여기'만 있을 뿐이다

제18 일체동관분(一體同觀分)

Bhagavān āha: tat kiṃ manyase Subhūte, saṃvidyate Tathāgatasya māṃsa-cakṣuḥ?
Subhūtir āha: evam etad Bhagavan, saṃvidyate Tathāgatasya māṃsacakṣuḥ.
Bhagavān āha: tat kiṃ manyase Subhūte, saṃvidyate Tathāgatasya divyaṃ cakṣuḥ?
Subhūtir āha: evam etad Bhagavan, saṃvidyate Tathāgatasya divyaṃ cakṣuḥ.
Bhagavān āha: tat kiṃ manyase Subhūte, saṃvidyate Tathāgatasya prajñā-cakṣuḥ?
Subhūtir āha: evam etad Bhagavan, saṃvidyate Tathāgatasya prajñā-cakṣuḥ.
Bhagavān āha: tat kiṃ manyase Subhūte, saṃvidyate

Tathāgatasya dharma-cakṣuḥ?
Subhūtir āha: evam etad Bhagavan, saṃvidyate Tathāgatasya dharma-cakṣuḥ.
Bhagavān āha: tat kiṃ manyase Subhūte, saṃvidyate Tathāgatasya buddha-cakṣuḥ?
Subhūtir āha: evam etad Bhagavan, saṃvidyate Tathāgatasya buddha-cakṣuḥ.
Bhagavān āha: tat kiṃ manyase Subhūte, yāvantyo Gaṅgāyāṃ mahā-nadyāṃ vālukā, api nu tā vālukās Tathāgatena bhāṣitāḥ?
Subhūtir āha: evam etad Bhagavan, evam etat Sugata, bhāṣitās Tathāgatena vālukāḥ.
Bhagavān āha: tat kiṃ manyase Subhūte, yāvantyo Gaṅgāyāṃ mahā-nadyāṃ vālukās tāvantya eva Gaṅgā-nadyo bhaveyuḥ, tāsu yā valukās tāvantaś ca lokadhātavo bhaveyuḥ kaccid bahavas te lokadhātavo bhaveyuḥ?
Subhūtir āha: evam etad Bhagavann evam etat Sugata bahavas te loka-dhātavo bhaveyuḥ.
Bhagavān āha: yāvantaḥ Subhūte teṣu loka-dhātuṣu sattvās teṣām ahaṃ nānābhāvāṃ citta-dhārāṃ prajānāmi. tat kasya hetoḥ? citta-dhārā citta-dhāreti Subhūte a-dhāraiṣā Tathāgatena bhāṣitās. tenocyate citta-dhāreti. tat kasya hetoḥ? atītaṃ Subhūte cittaṃ nopalabhyate, anāgataṃ cittaṃ nopalabhyate, pratyutpannaṃ cittaṃ nopalabhyate.
須菩提 於意云何 如來有肉眼不 如是 世尊 如來有肉眼 須菩提 於意云何 如來有天眼不 如是 世尊 如來有天眼 須菩提 於意云何 如來有慧眼不 如是 世尊 如來有慧眼 須菩提 於意云何 如來有法眼不 如是 世尊 如來有

法眼 須菩提 於意云何 如來有佛眼不 如是 世尊 如來有佛眼 須菩提 於意云何 恒河中所有沙 佛說是沙不 如是 世尊 如來說是沙 須菩提 於意云何 如一恒河中所有沙 有如是等恒河 是諸恒河所有沙數 佛世界如是 寧為多不 甚多 世尊 佛告須菩提 爾所國土中 所有衆生 若干種心 如來悉知 何以故 如來說諸心 皆為非心 是名為心 所以者何 須菩提 過去心不可得 現在心不可得 未來心不可得

세존께서 말씀하셨습니다.

"수보리여, 어떻게 생각하나요. 여래에게 육안(肉眼)이 있나요?"

수보리가 말씀드렸습니다.

"그렇습니다. 세존이시여! 여래에게 육안(肉眼)이 있습니다."

세존께서 말씀하셨습니다.

"수보리여, 어떻게 생각하나요. 여래에게 천안(天眼)이 있나요?"

수보리가 말씀드렸습니다.

"그렇습니다. 세존이시여! 여래에게 천안(天眼)이 있습니다."

세존께서 말씀하셨습니다.

"수보리여, 어떻게 생각하나요. 여래에게 혜안(慧眼)이 있나요?"

수보리가 말씀드렸습니다.

"그렇습니다. 세존이시여! 여래에게 혜안(慧眼)이 있습니다."

세존께서 말씀하셨습니다.

"수보리여, 어떻게 생각하나요. 여래에게 법안(法眼)이 있나요?"

수보리가 말씀드렸습니다.

"그렇습니다. 세존이시여! 여래에게 법안(法眼)이 있습니다."

세존께서 말씀하셨습니다.

"수보리여, 어떻게 생각하나요. 여래에게 불안(佛眼)이 있나요?"

수보리가 말씀드렸습니다.

"그렇습니다. 세존이시여! 여래에게 불안(佛眼)이 있습니다."

세존께서 말씀하셨습니다.

"수보리여, 어떻게 생각하나요. 갠지스와 같은 큰 강의 모래만큼 많은 모래들에 대하여 여래가 이야기한 적이 있지요?"

수보리가 말씀드렸습니다.

"그렇습니다. 세존이시여! 그렇습니다. 선서시여! 여래께서 그 모래들에 대하여 말씀하신 적이 있습니다."

세존께서 말씀하셨습니다.

"수보리여, 어떻게 생각하나요. 갠지스와 같은 큰 강의 모래만큼 많은 갠지스가 있고, 거기에 있는 모래만큼의 세계가 있다면, 그 세계는 많지 않나요?"

수보리가 말씀드렸습니다.

"그렇습니다. 세존이시여! 그렇습니다. 선서시여! 그 세계는 많습니다."

세존께서 말씀하셨습니다.

"수보리여, 그 세계 속에 있는 중생들의 갖가지 마음의 흐름을(citta-dhārāṃ) 나는 반야로 통찰합니다(prajñānāmi). 어떻게 그것이 가능한가 하면 수보리여, 여래는 흐름이 아닌 것을 마음의 흐름이라고 말합니다. 그것이 마음의 흐름이라고 불립니다. 왜냐하면, 수보리여, 지나간 마음은 파악되지 않고〔過去心不可得〕, 오지 않은 마음은 파악되지 않고〔未來心不可得〕, 지금 일어난 마음은 파악되지 않기〔現在心不可得〕 때문입니다."

여래는 5안(五眼)을 구족했다고 한다. 5안이란 육안(肉眼), 천안(天眼), 혜안(慧眼), 법안(法眼), 불안(佛眼)을 말한다. 그렇다면 여래가 구족한 5안은 구체적으로 어떤 것인가? 육안은 신체적인 눈이다. 우리는 신체를 통해서 보고 듣는 지각활동을 한다. 이와 같은 신체적인 지각활동을 통해 사물을 인식하는 것을 육안이라고 한다. 중생들도 신체적인 지각활동을 하지만 중생들은 '눈이 없다(無目)'고 한다. 왜냐하면, 중생들은 실상(實相)을 보지 못하고 허상(虛像)을 보기 때문이다.

우리는 눈으로 사물을 보면서 보는 작자(作者)가 몸속에서 밖의 대상(法)을 본다고 생각한다. 그러나 이것은 사실이 아니다. 눈(眼)과 눈의 대상인 색(色)은 서로 분리된 존재가 아니다. 눈이 있기 때문에 세상에는 색이 있고, 색이 있기 때문에 보는 눈이 존재한다. 소동파(蘇東坡)는 적벽부(赤壁賦)에서 다음과 같이 노래한다.

> 대저 천지지간의 만물은 각기 주인으로 존재하나니
> 실로 나의 소유가 아니라서 터럭 하나도 취할 수가 없지만
> 오직 강 위에 부는 맑은 바람과 산 사이에 떠 있는 밝은 달만은
> 귀가 그것을 얻으면 소리가 되고
> 눈이 그것을 만나면 빛이 되어서
> 아무리 취하여도 막는 자가 없고, 아무리 써도 닳지 않으니
> 이것이 만물을 만드는 자의 무진장(無盡藏)이라네.
> 且夫天地之間 物各有主
> 苟非吾之所有 雖一毫而莫取

惟江上之淸風與山間之明月
耳得之而爲聲 目遇之而成色
取之無禁 用之不竭 是造物者之無盡藏也.

강 위를 흐르는 바람은 듣는 사람이 없으면 소리가 되지 못한다. 한 사람이 들으면 하나의 소리가 되고, 백 사람이 들으면 백의 소리가 된다. 많은 사람이 듣는다고 해서 소리가 줄어들지 않는다. 산 위의 달도 마찬가지다. 강이 천 개이면 천 개의 달이 강에 비치듯이, 천 사람이 보면 천 개의 달이 비친다.

이것이 우리가 사는 세상이다. 여래는 육신의 눈으로 이것을 본다. 앞에서 살펴보았듯이 승찬(僧璨) 선사도 『신심명(信心銘)』에서 다음과 같이 말한다.

보이는 대상(對象)은 보는 주관(主觀)으로 말미암아 보이고
보는 주관(主觀)은 보이는 대상(對象)으로 말미암아 보나니
보이는 대상과 보는 주관을 알고 싶다면
원래 이들이 하나이며 공(空)임을 알라.
境由能境 能由境能 欲知兩段 原是一空.

중생들은 보는 나와 보이는 세계를 주관(我)과 객관(法)으로 분별하지만, 연기를 깨달은 여래는 이 둘이 본래 하나이며 공(空)이라는 것을 본다. 이것이 여래의 육안(肉眼)이다.

천안(天眼)이란 중생들이 업에 따라 윤회하는 세계를 보는 눈이다. 그렇다면 이러한 천안에 의해서 보이는 세계는 어떤 세계일까? 우리

는 중생들이 윤회하는 세계가 공간 속에 존재하는 것으로 알고 있다. 그러나 이미 살펴보았듯이 여래가 깨달은 중생들의 세계는 중생들의 업을 통해 형성된 마음에서 연기한 것이다. 중생들은 욕망을 통해서 욕계(欲界)를 만들고, 지각(知覺)을 통해서 색계(色界)를 만들고, 사유를 통해서 무색계(無色界)를 만든다.[114] 9차제정(九次第定)이라는 선정을 통해서 이와 같은 중생세계의 실상을 보는 것을 천안이라고 한다.

혜안(慧眼)은 반야로 통찰하는 지혜를 의미한다. 혜안에 의해서 일체법의 무상(無常)과 무아(無我)를 알게 된다.

법안(法眼)은 일체법이 연기하는 것임을 아는 눈이다.

불안(佛眼)은 일체중생이 한 생명이며, 평등한 부처임을 아는 것이다.

여래는 이와 같은 5안(五眼)으로 중생이 마음으로 벌려 놓은 세계를 통찰한다. 중생들은 아상을 일으켜, 자신들의 마음에서 연기한 세계를 이리저리 떠돌아다닌다. 그러나 이것은 모두가 환상일 뿐이다. 왜냐하면 지나간 마음은 파악되지 않고, 오지 않은 마음은 파악되지 않고, 지금 일어난 마음은 파악되지 않기 때문이다.

"지나간 마음은 파악되지 않고, 오지 않은 마음은 파악되지 않고, 지금 일어난 마음은 파악되지 않는다.〔過去心不可得 現在心不可得 未來心不可得〕" 이해하기도 어렵고 논란도 많은 말씀이다. 덕산(德山) 스님이 떡장수 노파에게 희롱당한 이야기로 널리 알려진 이 말씀은 선가(禪家)에서 자주 언급되는 법문의 주제이기도 하다. 그러나 대부분 이

114 제4장 2절 참조.

문장을 맥락 속에서 보려고 하지 않는다. 그것은 구마라집 삼장의 번역 때문이기도 하다. 구마라집 삼장은 '마음의 흐름'을 '마음'으로 번역했다. 그리고 "과거심도 얻을 수 없고 미래심도 얻을 수 없고, 현재심도 얻을 수 없다"라고 맺어버렸다.

그런데 범본(梵本)의 원문은 "마음의 흐름은 흐름이 아니다. 그것은 마음의 흐름이라고 불리는 것이다. 왜냐하면 지나간 마음은 파악되지 않고, 오지 않은 마음은 파악되지 않고, 지금 일어난 마음은 파악되지 않기 때문이다."라고 하고 있다. 이 말을 논리적으로 재구성하면, "지나간 마음은 파악되지 않고, 오지 않은 마음은 파악되지 않고, 지금 일어난 마음은 파악되지 않기 때문에 마음의 흐름은 흐름이 아니다. 그것이 마음의 흐름이라고 불린다."가 된다. 지나가버린 마음은 결코 붙잡을 수가 없다. 아직 오지 않은 마음도 붙잡을 수가 없다. 지금 일어나고 있는 마음도 붙잡을 수가 없다. 마음은 이렇게 무상(無常)한 것이다. 이렇게 무상한 마음을 여래는 '마음의 흐름'이라고 말씀하셨을 뿐, 마음이 과거에서 현재를 거쳐 미래로 흘러가는 것은 아니다. 이것이 마음의 흐름이라고 불리는 것이다.

그렇다면 왜 『금강경』은 여기에서 '마음의 흐름'을 이야기할까? **제17 구경무아분(究竟無我分)**에서는 '일체법이 모두 불법이다'라는 말씀을 통해서 여래가 깨달은 불법은 공간적으로 우리가 살고 있는 현실세계, 즉 **'여기'**를 벗어난 것이 아님을 이야기했다. **제18 일체동관분(一體同觀分)**에서는 여래의 깨달음이 시간적으로 **'지금'**을 벗어나지 않음을 이야기하고 있다. 여래가 5안(五眼)을 가지고 갠지스 강의 모래알보다 많은 수의 세계 속에 사는 중생들이 마음 따라 흘러 다니는 것을 보지만, 그것은 모두 '지금, 여기'에서 일어나는 여래의 마음일 뿐이다.

윤회란 마음이 흘러서 다른 세계로 가는 것이다. **아비달마**불교에서는 시간을 과거·현재·미래로 나누고, 그 삼세(三世)라는 시간이 실재한다(三世實有)고 생각하여, 과거에서 현재로, 현재에서 미래로 중생의 마음이 윤회한다고 이야기한다. 그러나 마음은 흐를 수가 없다. 왜냐하면 흐른다는 것은 과거에서 현재로, 현재에서 미래로 흘러가는 것인데, 과거·현재·미래가 실재하지 않기 때문이다.

과거는 지나가버린 시간이기 때문에 존재하지 않는 시간이다. 미래는 아직 오지 않은 시간이기 때문에 존재하지 않는 시간이다. 현재는 과거와 미래 사이에 있는 시간인데, 과거와 미래가 존재하지 않으므로 현재도 존재하지 않는 시간이다. 따라서 과거라는 시간 속에서도 마음은 존재할 수 없고, 미래·현재에도 존재할 수 없다. 마음은 지금, 여기에 여러 조건에 의지하여 일어날 뿐, 시간 속에서 흐르는 존재가 아니다. 그럼에도 불구하고 중생들은 흐른다고 생각하기 때문에, 그것을 흐르는 마음이라고 부른 것이다. 그러나 그것은 본래 흐르는 것이 아니기 때문에 마음의 흐름, 즉 윤회는 망상이다. 여래는 이것을 본다는 것이다.

우리의 마음은 항상 시간적으로는 지금, 공간적으로는 여기에 있을 뿐이다. 부처님의 깨달음과 삶은 '지금, 여기'를 떠나지 않으며, 이것이 생사(生死)가 없는 열반이다. 이것을 의상 조사(義湘祖師)는 「법성게(法性偈)」에서 "일념즉시무량겁(一念卽是無量劫) 무량원겁즉일념(無量遠劫卽一念)"이라고 노래했다. '지금, 여기'는 과거와 미래와 분리된, 과거와 미래 사이에 있는 현재라는 사이(時間)가 아니라, 공(空)한 일념(一念)일 뿐이다. 이 일념은 찰나(刹那)의 순간도 아니다. 찰나는 아무리 짧아도 시간이기 때문이다.

용수는 『중론(中論)』의 19. 「관시품(觀時品)」에서 다음과 같이 말한다.

(1) pratyutpanno 'nāgataś ca yady atītam apekṣya hi/
pratyutpanno 'nāgataś ca kāle 'tīte bhaviṣyataḥ//
若因過去時 有未來現在 未來及現在 應在過去時
현재와 미래가 과거와 관계가 있다면,(관계는 동시에 존재할 때 이루어지므로)
과거시간에 현재와 미래가 존재할 것이다.

(2) pratyutpanno 'nāgataś ca na stas tatra punar yadi/
pratyutpanno 'nāgataś ca syātāṃ katham apekṣya taṃ//
若過去時中 無未來現在 未來現在時 云何因過去
그러나 만약 거기에(과거시간에)
현재와 미래가 존재하지 않는다면,
현재와 미래가 어떻게 그것(과거)과 관계가 있을 수 있겠는가?

(3) anapekṣya punaḥ siddhir nātītaṃ vidyate tayoḥ/
pratyutpanno 'nāgataś ca tasmāt kālo na vidyate//
不因過去時 則無未來時 亦無現在時 是故無二時
과거와 무관하게는 현재와 미래를 입증할 수가 없다.
그러므로 현재시간과 미래시간은 존재하지 않는다.

(4) etenaivāvaśiṣṭau dvau krameṇa parivartakau/
uttamādhama-madhyādin ekatvādiṃśca lakṣayet//
以如是義故 則知餘二時 上中下一異 是等法皆無
나머지 둘이 자리를 바꾸는 그런 방식으로

상(上)·중(中)·하(下) 그리고 동일성(同一性) 등도 이해된다(알려진다. 정의된다.)

(5) na-astito gṛhyate kālaḥ sthitaḥ kālo na vidyate/
yo gṛhyetāgṛhītaś ca kālaḥ prajñapyate katham//
時住不可得 時去亦叵得 時若不可得 云何說時相
머물지 않는 시간은 파악되지 않는다.
머물고 있는 시간은 존재하지 않는다.
파악되지 않는 시간이 어떻게 파악되고 인식될 수 있겠는가?

(6) bhāvaṃ pratītya kālas cet kālo bhāvād ṛte kutaḥ/
na ca kaścana bhāvo 'sti kutaḥ kālo bhaviṣyati//
因物故有時 離物何有時 物尚無所有 何況當有時
존재를 연(緣)하여 시간이 있다고 한다면,
존재 없이 어떻게 시간이 있을 수 있겠는가?
그 어떤 존재도 없는데, 어떻게 시간이 존재할 수 있겠는가?

이것이 시간의 실상이다. 그런데 중생들의 마음은 지나가버린 과거로 흘러가고, 아직 오지도 않은 미래로 흘러간다. 그리고 그 사이(현재)에서 헤맨다. 『맛지마 니까야』 **131. 「행복에 전념하는 사람 경(Bhaddekaratta-sutta)」**에서 부처님은 이러한 생사윤회의 망상에서 벗어나 열반의 즐거움을 누리는 삶을 다음과 같이 이야기한다.

이와 같이 나는 들었습니다.
한때 세존께서는 싸왓티의 제따와나 아나타삔디까 승원에 머무시었습니다. 그때 세존께서 "비구들이여!"라고 비구들을 불렀습니다.

비구들은 "존경하는 스승님!" 하고 대답했습니다.

세존께서는 이렇게 말씀하셨습니다.

"비구들이여, 내가 그대들에게 행복에 전념하는 사람에 대한 개요(槪要)와 해석(解釋)을 가르쳐 주겠소. 듣고 잘 생각해 보시오. 내가 이야기하겠소."

그 비구들은 "세존이시여, 그렇게 하겠습니다."라고 대답했습니다.

세존께서 말씀하셨습니다.

이미 버려진 과거를 돌아보지 않고,
아직 오지 않은 미래를 갈망하지 않는 사람.
현재의 법을 그때그때 그곳에서 통찰하는 사람.
지배되지 않고, 동요하지 않고, 그것을 알고 실천하는 사람.
내일 죽을지를 그 누가 알겠는가?
오늘 열심히 해야 할 일을 하면서,
대군(大軍)을 거느린 죽음의 신과 결코 타협하지 않는 사람.
이와 같은 삶을 열심히 살면서 밤낮으로 게으르지 않는 사람.
그를 진실로 행복에 전념하는 사람,
평온한 성자(聖者)라고 부른다네.

비구들이여, 어떻게 과거를 돌아보는가? '나는 과거에 이런 형색(色)이 있었다.'라고 생각하면서 거기에서 즐거워하고, '나는 과거에 이런 느끼는 마음(受)이 있었다.'라고 생각하면서 거기에서 즐거워하고, '나는 과거에 이런 생각하는 마음(想)이 있었다.'라고 생각하면서 거기에서 즐거워하고, '나는 과거에 이런 조작하는 행위(行)들이 있었다.'라고 생각하면서 거기에서 즐거워하고, '나는 과거에 이런 의식(識)이 있었다.'라고 생각하면서 거기에서 즐거워한다오. 비구들이여, 이와 같이 과거를 돌아본다오.

비구들이여, 어떻게 과거를 돌아보지 않는가? '나는 과거에 이런 형색(色)이 있었다.'라고 생각하면서 거기에서 즐거워하지 않고, '나는 과거에 이런 느끼는 마음(受), 생각하는 마음(想), 조작하는 행위(行)들, 의식(識)이 있었다.'라고 생각하면서 거기에서 즐거워하지 않는다오. 비구들이여, 이와 같이 과거를 돌아보지 않는다오.

비구들이여, 어떻게 미래를 갈망하는가? '나는 미래에 이런 형색이 있으면 좋겠다.'라고 생각하면서 거기에서 즐거워하고, '나는 미래에 이런 느끼는 마음, 생각하는 마음, 조작하는 행위들, 의식이 있으면 좋겠다'라고 생각하면서 거기에서 즐거워한다오. 비구들이여, 이와 같이 미래를 갈망한다오.

비구들이여, 어떻게 미래를 갈망하지 않는가? '나는 미래에 이런 형색이 있으면 좋겠다'라고 생각하면서 거기에서 즐거워하지 않고, '나는 미래에 이런 느끼는 마음, 생각하는 마음, 조작하는 행위들, 의식이 있으면 좋겠다'라고 생각하면서 거기에서 즐거워하지 않는다오. 비구들이여, 이와 같이 미래를 갈망하지 않는다오.

비구들이여, 어떻게 현재의 법에 지배되는가? 비구들이여, 성인(聖人)을 무시하고, 성인의 가르침을 이해하지 못하고, 성인의 가르침에서 배우지 못하고, 참사람(正士)을 무시하고, 참사람의 가르침을 이해하지 못하고, 참사람의 가르침에서 배우지 못한, 무지한 범부는 형색(色)을 자아로 여기거나, 자아가 몸을 소유하고 있다고 여기거나, 자아 속에 몸이 있다고 여기거나, 몸속에 자아가 있다고 여긴다오. 느끼는 마음, 생각하는 마음, 조작하는 행위들, 의식에 대해서도 마찬가지라오. 느끼는 마음, 생각하는 마음, 조작하는 행위들, 의식을 자아로 여기거나, 자아가 느끼는 마음, 생각하는 마음, 조작하는 행위들, 의식을 소유하고 있다고 여기거나, 자아 속에 느끼는 마음, 생각하는 마음, 조작하는 행위들, 의식이 있다고 여기거나, 느끼는 마음, 생각하는 마음, 조작하는 행위들, 의식 속에 자아가 있다고 여긴다오. 비구들이여, 이와 같이 현재의 법에 지배된다오.

비구들이여, 어떻게 현재의 법에 지배되지 않는가? 비구들이여, 성인(聖人)을 알아보고, 성인의 가르침을 이해하고, 성인의 가르침에서 배우고, 참사람을 알아보고, 참사람의 가르침을 이해하고, 참사람의 가르침에서 배운 성인의 제자는 형색(色)을 자아로 간주하지 않고, 자아가 형색을 지닌 것으로 간주하지 않고, 자아 속에 형색(色)이 있다고 간주하지 않고, 형색 속에 자아가 있다고 간주하지 않는다오. 느끼는 마음, 생각하는 마음, 조작하는 행위들, 의식에 대해서도 마찬가지라오. 느끼는 마음, 생각하는 마음, 조작하는 행위들, 의식을 자아로 여기지도 않고, 자아가 느끼는 마음, 생각하는 마음, 조작하는 행위들, 의식을 소유(所有)하고 있다고 여기지도 않고, 자아 속에 느끼는 마음(受), 생각하는 마음(想), 조작하는 행위(行)들, 의식(識)이 있다고 여기지도 않고, 느끼는 마음(受), 생각하는 마음(想), 조작하는 행위(行)들, 의식(識) 속에 자아가 있다고 여기지도 않는다오. 비구들이여, 이와 같이 현재의 법에 지배되지 않는다오.

비구들이여, 이것이 '내가 그대들에게 행복에 전념하는 사람에 대한 개요(槪要)와 해석(解釋)을 가르쳐주겠다.'라고 말했던 것이오.

중생들의 괴로움은 전생이나 내세를 생각하고, 현재의 자신을 지속적이며 일정한 자아라고 생각하기 때문에 생긴다. 행복에 전념하는 사람은 이미 버려진 과거를 돌아보지 않고, 아직 오지 않은 미래를 갈망하지 않고, 현재의 법을 그때그때 그곳에서 통찰하는 사람이라는 것이다.

"지나간 마음은 파악되지 않고, 오지 않은 마음은 파악되지 않고,

지금 일어난 마음은 파악되지 않는다.〔過去心不可得 現在心不可得 未來心不可得〕”는 말씀도 같은 말씀이다. 과거는 이미 버려진 것이므로 존재하지 않는다. 미래는 아직 오지 않았기 때문에 존재하지 않는다. 과거도 존재하지 않고, 미래도 존재하지 않기 때문에 과거와 미래 사이의 현재도 존재하지 않는다.

혜가(慧可)가 달마에게 “마음을 찾았으나 파악할 수 없다.〔覓心不可得〕”라고 한 말씀도 같은 의미다. 그런데 우리는 우리 자신을 과거에서 현재로 와서, 미래로 가는 존재로 생각한다. 행복하고 평화롭게 살고 싶다면 이러한 망상을 버리고 **지금, 여기에서** 연기하는 법을 통찰하면서, 해야 할 일을 열심히 실천하며 살아가야 한다. 이것이 부처님의 가르침이다.

제19 법계통화분(法界通化分)

Tat kiṃ manyase Subhūte yaḥ kaścit kulaputro vā kuladuhitā vemaṃ trisāhasramahāsāhasraṃ lokadhātuṃ sapta-ratna-paripūrṇaṃ kṛtvā Tathāgatebhyo ‘rhadbhyaḥ samyaksabuddhebhyo dānaṃ dadyāt, api nu sa kulaputro vā kuladuhitā vā tato nidānaṃ bahu puṇya-skandhaṃ prasunuyāt?
Subhūtir āha: bahu Bhagavan bahu Sugata.
Bhagavān āha: evam etat Subhūte evam etat, bahu sa

kulaputro vā kuladuhitā vā tato nidānaṃ bahu puṇya-skandhaṃ prasunuyād. tat kasya hetoḥ? puṇya-skandhaḥ puṇya-skandha iti Subhūte a-skandhaḥ sa Tathāgatena bhāṣitaḥ tenocyate puṇya-skandha iti. sacet Subhūte puṇya-skandho 'bhaviṣyan, na Tathāgato 'bhāṣiṣyat puṇya-skandhaḥ puṇya-skandha iti.

須菩提 於意云何 若有人滿三千大千世界七寶以用布施 是人以是因緣 得福多不 如是 世尊 此人以是因緣 得福甚多 須菩提 若福德有實 如來不說得福德多 以福德無故 如來說得福德多

"수보리여, 어떻게 생각하나요. 어떤 선남자나 선여인이 이 삼천대천세계를 칠보로 가득 채워서 여래 아라한 등정각(等正覺)들에게 보시를 행한다면, 그 선남자나 선여인은 그로 인하여 많은 복덩어리를 얻지 않을까요?"

수보리가 말씀드렸습니다.

"많습니다. 세존이시여! 많습니다. 선서시여!"

세존께서 말씀하셨습니다.

"그렇습니다. 그렇습니다. 수보리여, 그 선남자나 선여인은 그로 인하여 많은 복덩어리를 얻습니다. 왜냐하면, 수보리여, 여래는 덩어리가 아닌 것을 복덩어리라고 말했으며, 그래서 복덩어리라고 불리기 때문입니다. 수보리여, 만약 복덩어리가 있다면, 여래는 복덩어리라고 말하지 않았을 것입니다."

제19 법계통화분(法界通化分)은 **제8 의법출생분**(依法出生分)을 강조한 부분이다. **법계통화분**은 **의법출생분**과 마찬가지로 세상의 모든 것을 보시할지라도 그 대가를 바라지 않는 것이 참된 공덕임을 강조하고 있다. 그런데 다른 사람에게 『금강경』을 가르치고 설명해 주는 법보시의 공덕을 강조하기 위해서 재보시의 공덕을 이야기하는 **의법출생분**과는 달리, **법계통화분**에서는 재보시의 공덕만을 이야기하고 있다. 이것은 뒤에 이어지는 **제24 복지무비분**(福智無比分)에서 재보시(財布施)의 공덕과 법보시(法布施)의 공덕을 비교하면서 법보시의 공덕이 재보시의 공덕보다 크다고 강조하고 있기 때문에, 반복을 피하기 위한 것으로 생각된다.

제20 이색이상분(離色離相分)

Tat kiṃ manyase Subhūte, rūpa-kāya-pariniṣpattyā Tathāgato draṣṭavyaḥ?
Subhūtir āha: no hīdaṃ Bhagavan, na rūpa-kāya-pariniṣpattyā Tathāgato draṣṭavyaḥ. tat kasya hetoḥ? rūpa-kāya-pariniṣpattī rūpa-kāya-pariniṣpattir iti Bhagavan a-pariniṣpattir eṣā Tathāgatena bhāṣitā. tenocyate rūpa-kāya-pariniṣpattir iti
Bhagavān āha: tat kiṃ manyase Subhūte, lakṣaṇa-saṃpadā

Tathāgato draṣṭavyaḥ?
Subhūtir āha: no hīdaṃ Bhagavan na lakṣaṇa-saṃpadā Tathāgatho draṣṭavyaḥ. tat kasya hetoḥ? yaiṣā Bhagavaṃ lakṣaṇa-sampat Tathāgatena bhāṣitā, a-lakṣaṇasaṃpad eṣā Tathāgatena bhāṣitā. tenocyate lakṣaṇasaṃpad iti.
須菩提 於意云何 佛可以具足色身見不 不也 世尊 如來不應以具足色身見 何以故 如來說具足色身 即非具足色身 是名具足色身 須菩提 於意云何 如來可以具足諸相見不 不也 世尊 如來不應以具足諸相見 何以故 如來說諸相具足 即非具足 是名諸相具足

"수보리여, 어떻게 생각하나요. 색신(色身)을 구족했기 때문에 여래라고 보아야 할까요?"
수보리가 말씀드렸습니다.
"그렇지 않습니다. 세존이시여! 색신(色身)을 구족했기 때문에 여래라고 보아서는 안 됩니다. 왜냐하면, '색신(色身)의 구족(具足)'이란 여래께서 '(어떤 색신도) 구족하지 않은 것'을 그렇게 말씀하신 것이며, 그래서 '색신의 구족'이라고 불리기 때문입니다."
세존께서 말씀하셨습니다.
"수보리여, 어떻게 생각하나요. 특징을 구족했기 때문에 여래라고 보아야 할까요?"
수보리가 말씀드렸습니다.
"그렇지 않습니다. 세존이시여! 특징을 구족했기 때문에 여래라고 보아서는 안 됩니다. 왜냐하면, 세존이시여, 여래께서 말씀하신 '특징의 구족'은 '특징 없음의 구족'을 여래가 그렇게 말씀하신 것이며, 그래서 '특징의 구족'이라고 불리기 때문입니다."

제20 이색이상분(離色離相分)은 **제5 여리실견분**(如理實見分)을 강조한 부분이다. 차이가 있다면, **여리실견분**에서는 특징의 구족(lakṣaṇa-sampat)만을 이야기하고 있는데, **이색이상분**에서는 특징의 구족을 이야기하기 전에 색신(色身)의 구족(rūpakāya-pariniṣpattī)을 이야기한다는 점이다. **여리실견분**에서 이야기했듯이 32상과 같은 신체적 특징으로 여래를 파악하려 해서는 안 된다. 왜냐하면 여래만이 지닌 신체적 특징은 없기 때문이다.

그런데 부처님께서 열반하신 후에 세월이 흘러가면서 부처님은 신앙의 대상이 되었다. 부처님이 인간의 존재를 벗어난 초인적인 존재로 인식되었던 것이다. 그 결과 부처님은 일반인들과는 다른 존재라고 생각하게 되었고, **아비달마**불교에서는 부처님에게는 일반인과는 다른 점이 18가지가 있다고 주장하였다. 이것을 18불공법(不共法)이라고 하는데, 부처님은 일반인들과는 달리 10력(力), 4무외(無畏), 3념주(念住), 대비(大悲) 등 18가지 특징을 가지고 있다는 것이다.

색신의 구족은 18불공법 가운데 대비(大悲)에 속하는 특징이다. 부처님들은 보살로 수행할 때 큰 자비심을 실천하여 그 과보로 중생들과는 다른 몸을 받는다는 것이다. 『아비달마구사론(阿毗達磨俱舍論)』 제7 분별지품(分別智品)에서는 부처님이 대비의 과보로 구족하는 색신에 대하여 다음과 같이 이야기한다.

색신(色身) 원덕(圓德)에는 네 가지가 있다. 1은 여러 가지 상(32相)을 구족한다. 2는 여러 가지 수형호(80隨形好)를 구족한다. 3은 큰 힘(大力)을 구족한다. 4는 안으로는 몸과 뼈가 금강(金剛)보다 더 견고하고, 밖으로는 백천(百千)의 태양보다 더 밝은 신광(神光)을 낸다.[115]

色身圓德有四種 一具衆相 二具隨好 三具大力 四內身骨堅越金剛 外發神光踰百千日

caturvidhā rūpakāyasaṃpat lakṣaṇasaṃpat anuvyañjanasaṃpat balasaṃpat vajrasārāsthisaṃpat

『아비달마구사론(阿毗達磨俱舍論)』에서 '색신원덕(色身圓德)'으로 번역한 말의 범어(梵語)는 **'rūpakāya-saṃpat'**이다. **'saṃpat'**는 한역 『금강경』에서 '구족(具足)'으로 번역하기 때문에 『아비달마구사론(阿毗達磨俱舍論)』의 '색신원덕(色身圓德)'은 『금강경』의 색신구족(色身具足)과 다름이 없다. 그런데 **이색이상분**에서 이야기하는 '색신(色身)의 구족(具足)'은 범어로 **'rūpakāya-pariniṣpattī'**이다. 그렇지만 **'pariniṣpattī'**는 '완전한, 완벽한'의 의미를 지니기 때문에 '빠짐없이 갖춘'의 의미를 지닌 **'saṃpat'**와 의미상 차이가 없다.

이상의 고찰에서 알 수 있듯이, **이색이상분**에서 이야기하는 '색신구족(色身具足)'은 부처님의 18불공법으로 이야기되는 '색신원덕(色身圓德)'이다. 색신원덕(色身圓德)의 내용을 한역과 범본의 내용을 비교하여 살펴보면, '一具衆相'은 **'lakṣaṇa-saṃpat'**의 번역이고, '二具隨好'는 **'anuvyañjana-saṃpat'**의 번역이며. '三具大力'은 **'bala-**

115 대정장 29, p. 141b.

saṃpat'의 번역이고, '四內身骨堅越金剛 外發神光踰百千日'은 '**vajrasārāsthi-saṃpat**'의 번역이다. 이것을 간단히 설명하면, '具衆相'은 32상(相)을 구족한 것을 의미하고, '具隨好'는 80가지 뛰어난 용모, 즉 80수형호(隨形好)를 구족한 것을 의미한다. 그리고 '具大力'은 초인적인 힘을 구족한 것을 의미하고, '內身骨堅越金剛 外發神光踰百千日'은 금강처럼 견고하고 빛나는 몸을 구족한 것을 의미한다. 부처님의 몸은 우리의 몸과는 달리 32가지 특이한 관상[32相]과 80가지 훌륭한 몸매[80隨形好]를 갖추었으며, 힘이 매우 세고, 신체는 금강처럼 단단하며 광채가 난다는 것이다.

이색이상분에서는 이와 같은 '색신(色身)의 구족(具足)'을 부정함으로써 부처님을 우리와는 다른 특별한 존재로 보는 **아비달마**불교의 18불공법을 비판하고 있다. 그리고 결론적으로 부처님은 우리와 다른 점이 없다는 것을 강조함으로써 모든 중생이 부처님처럼 살아갈 수 있음을 이야기하고 있다.

제21 비설소설분(非說所說分)

Bhagavān āha: tat kiṃ manyase Subhūte, api nu Tathāgatasyaivaṃ bhavati: mayā dharmo deśita iti?
Subhūtir āha: no hīdaṃ Bhagavan, na Tathāgatasyaivaṃ bhavati: mayā dharmo deśita iti.

Bhagavān āha: yaḥ Subhūte evaṃ vadet: Tathāgatena dharmo deśita iti, sa vitathaṃ vadet, abhyācakṣīta māṃ sa Subhūte 'satodgṛhītena. tat kasya hetoḥ? dharma-deśanā dharma-deśaneti Subhūte, na-asti sa kaścit dharmo yo dharma-deśanā nāmopalabhyate.
evam ukta āyuṣmān Subhūtir Bhagavantam etad avocat: asti Bhagavan kecit sattvā bhaviṣyanty anāgate 'dhvani paścime kāle, paścime samaye paścimāyāṃ pañca-śatyāṃ saddharma-vipralope vartamāne ya imān evaṃrūpān dharmāñ śrutvā-abhiśraddadhāsyanti?
Bhagavān āha: na te Subhūte sattvā na-a-sattvāḥ. tat kasya hetoḥ? sattvāḥ sattvā iti Subhūte sarve te Subhūte a-sattvās Tathāgatena bhāṣitāḥ tenocyante sattvā iti.
須菩提 汝勿謂如來作是念 我當有所說法 莫作是念 何以故 若人言 如來有所說法 即為謗佛 不能解我所說故 須菩提 說法者 無法可說 是名說法 爾時 慧命須菩提白佛言 世尊 頗有衆生 於未來世 聞說是法 生信心不 佛言 須菩提 彼非衆生 非不衆生 何以故 須菩提 衆生 衆生者 如來說非衆生 是名衆生

세존께서 말씀하셨습니다.
"수보리여, 어떻게 생각하나요. 여래는 '내가 법을 설했다'라고 생각할까요?"
수보리가 말씀드렸습니다.
"그렇지 않습니다. 세존이시여! 여래께서는 '내가 법을 설했다'라고 생각하시지 않습니다."

세존께서 말씀하셨습니다.

"수보리여, '여래가 법을 설했다.'라고 말하는 사람은 거짓말을 하는 것입니다. 수보리여, 그는 사실이 아닌 것을 가지고 나를 비방하는 것입니다. 왜냐하면, 수보리여, '설법(說法)'이란 '설법'이라고 할 수 있는 어떤 법도 없는 것이기 때문입니다."

이와 같이 말씀하시자, 수보리 존자가 세존께 말씀드렸습니다.

"세존이시여, 미래세에, 머나먼 훗날, 500년 후 바른 가르침(正法; saddharma)이 쇠멸한 시기에, 이와 같은 법을 듣고 확고하게 믿는 중생들이 있겠습니까?"

세존께서 말씀하셨습니다.

"수보리여, 그들은 중생(衆生)이 아니고, 중생이 아닌 것도 아닙니다. 왜냐하면 수보리여, '중생'이란 모두가 '중생이 아닌 것'을 여래가 그렇게 말한 것이며, 그래서 '중생'이라고 불립니다."

제21 비설소설분(非說所說分)은 **제7 무득무설분(無得無說分)**을 강조한 부분이다. **무득무설분**에서 이야기했듯이, 부처님께서 깨달아 가르친 것은 4성제와 12연기이다. 4성제와 12연기는 여래가 수행을 하여 얻은 어떤 결과물이 아니다. 그것은 단지 우리의 괴로운 현실이 무명(無明)에서 비롯된 착각이기 때문에 착각에서 깨어날 것을 촉구하는 것일 뿐이지 현실을 떠나 다른 세계로 가는 길을 이야기한 것이 아니다.

어떤 사람들은 불교수행을 생사 윤회하는 중생에서 해탈하여 열반을 성취한 부처가 되기 위해서 하는 것으로 생각한다. 그러나 불교 수행은 깨달아서 새로운 존재가 되기 위해서 하는 것이 아니다. 벽돌을 간다고 해서 벽돌이 거울이 될 수 없듯이, 중생이 선정을 닦아서 여래가 되는 것이 아니다. 4성제와 12연기는 우리 자신의 삶의 진실을 보지 못하는 무지에서 벗어나는 길일 뿐, 중생이 부처가 되는 비결이 아니다. 이것을 **무득무설분**에서는 "여래가 깨달은 법도 없고, 가르친 법도 없다."라고 표현했고, **비설소설분**에서는 "'여래가 법(法)을 설했다.'라고 말하는 사람은 거짓말을 하는 것이다. '설법(說法)'이라고 할 수 있는 어떤 법(法)도 없다."라고 이야기하고 있다.

그런데 왜 "여래가 법을 설했다."라고 말하는 것이 여래를 비방하는 것이 될까? '법을 설한다.'는 것은 여래가 중생에게 하는 행위이다. 여기에는 여래와 중생의 차별이 있다. 그런데 여래가 깨달은 것은 모든 존재가 차별이 없이 평등하다는 것이다. 이것을 깨달은 여래는 여래와 중생을 차별하여 '중생들에게 법을 설한다.'라는 생각을 하지 않는다. 만약에 이런 생각을 한다면 그것은 유위(有爲)의 행(行)이다. 따라서 "여래가 중생에게 법을 설한다."라고 말하는 것은 "여래가 유위의 행을 한다."라고 말하는 것이므로 비방이 되는 것이다.

그렇기 때문에 **비설소설분**에서는 결론으로 "중생(衆生)이란 모두가 중생이 아닌 것을 여래가 그렇게 말한 것이다."라고 이야기한다. 중생이라는 존재가 있어서 중생이라고 부르는 것이 아니라, 깨닫지 못한 상태에 있기 때문에 중생이라고 부를 뿐, 부처와 중생의 차별이 없다는 것을 강조하고 있는 것이다.

제22 무법가득분(無法可得分)

Tat kiṃ manyase Subhūte, api nv asti sa kaścid dharmo yas Tathāgatena-anuttarāṃ samyaksaṃbodhim abhisaṃbuddhaḥ?
āyuṣmān Subhūtir āha: no hīdaṃ Bhagavan, na-asti sa Bhagavan kaścid dharmo yas Tathāgatena-anuttarāṃ samyaksaṃbodhim abhisaṃbuddhaḥ.
Bhagavān āha: evam etat Subhūte evam etat, aṇur api tatra dharmo na saṃvidyate nopalabhyate. tenocyate 'nuttarā samyaksaṃbodhir iti.
須菩提白佛言 世尊 佛得阿耨多羅三藐三菩提 為無所得耶 如是 如是 須菩提 我於阿耨多羅三藐三菩提乃至無有少法可得 是名阿耨多羅三藐三菩提

"수보리여, 어떻게 생각하나요. 여래가 깨달은 아뇩다라삼먁삼보리라는 그 어떤 법이 있을까요?"
수보리 존자가 말씀드렸습니다.
"그렇지 않습니다. 세존이시여! 세존이시여, 여래가 깨달은 아뇩다라삼먁삼보리라는 그 어떤 법도 없습니다."
세존께서 말씀하셨습니다.
"그렇습니다. 수보리여, 그렇습니다. 거기에서 발견한 법이나 얻은 법은 조금도 없습니다. 그래서 '아뇩다라삼먁삼보리(위없는 바르고 평등한 깨달음)'라고 불리는 것입니다."

제22 무법가득분(無法可得分)도 **제21 비설소설분**(非說所說分)과 마찬가지로 **제7 무득무설분**(無得無說分)을 강조한 부분이다. **비설소설분**에서는 '중생이라고 할 수 있는 존재가 있는 것이 아니다.'라는 것을 이야기하고 있고, **무법가득분**에서는 '여래라고 할 수 있는 존재가 있는 것이 아니다.'라는 것을 이야기하고 있다. 여래는 **아뇩다라삼먁삼보리**(阿耨多羅三藐三菩提)를 성취한 사람을 일컫는 말이다. 그런데 여래가 성취한 **아뇩다라삼먁삼보리**는 '일체의 존재는 함께 연기하기 때문에 너와 나의 차별이 없이 평등하다.'는 진리다. 이러한 진리를 알지 못하고 분별심, 즉 아상(我想)을 일으키기 때문에 중생이라고 불리고, 이러한 진리를 알아서 분별심을 버리고 살아가면 여래라고 불릴 뿐, 그것을 얻으면 여래가 되고 얻지 못하면 중생이 되는 **'아뇩다라삼먁삼보리'**라는 존재가 있는 것은 아니다.

따라서 **아뇩다라삼먁삼보리**를 성취한다고 해서 중생이 갑자기 부처가 되는 것이 아니며, 여래라고 하는 존재가 중생과는 차별된 모습으로 존재하는 것도 아니다. 한마디로 말하면, 여래와 중생은 차별이 없이 평등하기 때문에 '중생이 곧 부처'라는 말이다. 이어지는 **제23 정심행선분**(淨心行善分)에서는 이러한 **아뇩다라삼먁삼보리**에 대하여 보다 구체적으로 이야기한다.

제23 정심행선분(淨心行善分)

Api tu khalu punaḥ Subhūte samaḥ sa dharmo na tatra kiṃcid viṣamam. tenocyate 'nuttara samyaksaṃbodhir iti. nirātmatvena niḥsattvatvena nir jīvatvena niṣpudgalatvena samā sānuttarā samyaksaṃbodhiḥ sarvaiḥ kuśalair dharmair abhisaṃbuddhyate. tat kasya hetoḥ? kuśalā dharmāḥ kuśalā dharmā iti Subhūte a-dharmāś caiva te Tathāgatena bhāṣitāḥ. tenocyante kuśalā dharmā iti.

復次 須菩提 是法平等 無有高下 是名阿耨多羅三藐三菩提 以無我 無人 無衆生 無壽者 修一切善法 則得阿耨多羅三藐三菩提 須菩提 所言善法 者 如來說 非善法 是名善法

"수보리여, 그리고 그 법은 평등(平等)하며, 거기에는 어떤 차별(差別)도 없습니다. 그래서 '아뇩다라삼먁삼보리(위없는 바르고 평등한 깨달음)'라고 불리는 것입니다. 자아의 성품(自我性)이 없고, 중생의 성품(衆生性)이 없고, 수명의 성품(壽者性)이 없고, 인간의 성품(個人性)이 없어서 평등한 그 '아뇩다라삼먁삼보리'는 모든 선법(善法)에 의해서 깨달아집니다. 왜냐하면, 수보리여, '선법'이란 '법이 아닌 것'을 여래가 그렇게 말한 것이며, 그래서 '선법'이라고 불리기 때문입니다.

제23 정심행선분(淨心行善分)은 **'아뇩다라삼먁삼보리(阿耨多羅三藐三菩提)'**에 대하여 이야기한다. 여래가 깨달은 연기(緣起)

의 진리는 모든 존재가 서로 의지하여 함께 나타난다는 사실이다. 그렇기 때문에 모든 존재는 평등하며, 차별이 없다. 모든 생명은 서로 의지하여 살아가는 '한생명'이므로 어떤 차별도 있을 수 없다. 나와 남을 분별할 수도 없고, 나와 세계를 분별할 수도 없다.

이러한 진리를 깨닫기 위해서는 어떤 수행을 해야 할까? **정심행선분**은 이 물음에 대한 답을 주고 있다. **'아뇩다라삼먁삼보리'**, 즉 모든 존재는 평등하며, 차별이 없다는 사실은 모든 선법(善法)에 의해서 깨달을 수 있다는 것이다. 선법(善法)이란 착한 삶이다. **'아뇩다라삼먁삼보리'**가 선법에 의해서 깨달아진다는 것은 **'아뇩다라삼먁삼보리'**는 관념적으로 이해되는 것이 아니라 실천을 통해 체험된다는 것을 의미한다. 『금강경』에서 강조하는 것은 깨달음은 관념적인 이해가 아니라 실천을 통한 체험이라는 것이다.

칠불통계(七佛通戒)가 보여주듯이, 삼세의 모든 부처님이 가르친 것은 '못된 짓 하지 말고 착하게 살라'는 것이다.〔諸惡莫作 衆善奉行〕이것이 여기에서 이야기하는 선법(善法)이다. 그렇다면 모든 부처님이 우리에게 가르치는 선(善)은 어떤 것인가? **정심행선분**에서는 **"선법(善法)이란 법(法)이 아닌 것"**이라고 이야기한다. 이 말의 의미는 무엇일까?

기독교의 경우, 선(善)과 악(惡)은 모순 대립하는 것이다. 기독교에서는 이 세상을 선과 악이 대립하고 있다고 본다. 천사와 악마, 여호와와 사탄, 이 둘은 영원히 대립 투쟁하는 존재다. 천사는 악마가 될 수 없고, 악마는 천사가 될 수 없다. 악은 싸워서 없애야 할 대상이기 때문에 공존할 수 없다. 기독교에서 선법(善法)은 신이 내린 율법이다.

십계명(十誡命)이 곧 선법이다. 그래서 기독교는 다른 종교를 용납하지 않는다. 기독교에서 평화는 기독교 이외의 모든 종교를 이 세상에서 몰아내고 기독교가 온 세상을 지배할 때 가능하다. 대부분의 종교는 기독교와 비슷하다. 그래서 종교의 이름으로 행해지는 전쟁은 그 어떤 전쟁보다 잔인하다.

이전에 살펴보았듯이, 『맛지마 니까야』 **18. 꿀 덩어리 경(Madhupiṇḍika-sutta)**에서 부처님은 "나는 천신(天神)과 **마라(Māra)**와 **브라만(Brahman; 梵天)**을 포함하는 세간(世間)과 사문과 바라문과 왕과 사람들을 포함하는 인간 가운데서 그 누구와도 다투지 않고 세간에 머무는 가르침을 이야기한다."라고 말씀하셨다. 여기에 등장하는 **마라(Māra)**는 죽음의 신이다. 굳이 선악을 구분한다면, 악(惡)에 속하는 신이다. 부처님은 우리에게 아상(我想)을 버리고 그 누구와도 평화롭게 사는 법을 가르쳤으며, 이것이 선법(善法)이다. **"선법(善法)이란 법(法)이 아닌 것을 여래가 그렇게 말한 것이며, 그래서 '선법(善法)'이라고 불린다."**는 말씀은 부처님께서 선법이라고 가르쳐 준 것이 선법이 아니라, 어떤 것이든 우리의 삶을 평화롭게 만드는 것이 선법이라는 의미의 말씀인 것이다.

부처님 당시에 어떤 왕비는 음주로 계(戒)를 삼았다고 한다. 그 나라의 왕은 성격이 포악하여 백성들이 조그만 죄를 지어도 모두 죽였다. 그런데 술을 마시면 마음이 너그러워져서 왕비의 말을 잘 들었다. 왕비는 왕이 사람을 죽이지 않도록 송사가 있는 날은 왕과 함께 술을 마시면서 왕에게 죽이지 말고 가벼운 벌을 주도록 청하면, 왕은 왕비의 말을 들어주었다. 술을 마셔서 모두가 평화롭게 살 수 있다면, 술을 마시는 것이 선법이다. 그러나 대부분 술을 마시면 이성을 잃기 때문에 음주를 금한 것이다. 이와 같이 어떤 것이 선법으로 정해져 있는 것은 아니다. 자비로운 마음으로 모든 생명을 사랑하고, 누구와도 다투지 않고 평화롭게 살아가는 것이 선법이다. 그리고 이렇게 살아갈 때, "모든 존재는 평등하며, 차별이 없다."는 진리를 체험하게 된다는 것이 **정심행선분**의 취지이다.

제24 복지무비분(福智無比分)

Yaś ca khalu punaḥ Subhūte strī vā puruṣo vā yāvantas trisāhasramahāsāhasre lokadhātau Sumeravaḥ parvata-rājānas tāvato rāśīn saptānāṃ ratnānām abhisaṃhṛtya Tathāgatebhyo 'rhadbhyaḥ samyaksambuddhebhyo dānaṃ dadyāt, yaś ca kulaputro vā kuladuhitā vetaḥ prajñāpāramitāyā dharma-paryāyād antaśaś catuṣpadikām api gāthām udgṛhya parebhyo deśayed, asya Subhūte puṇyaskandhasya-asau pūrvakaḥ puṇyaskandhaḥ śatatamīm api kalān nopaiti yāvad upaniṣadam api na kṣamate.

須菩提 若三千大千世界中所有諸須彌山王 如是等七寶聚 有人持用布施 若人以此般若波羅蜜經 乃至四句偈等 受持讀誦 為他人說 於前福德百分不及一 百千萬億分 乃至算數譬喻所不能及

"수보리여, 어떤 여인이나 사내는 삼천대천세계에 있는 산들의 왕인 수미산들만큼 많은 칠보(七寶)를 가지고 여래 아라한 등정각에게 보시를 행하고, 어떤 선남자나 선여인은 이 반야바라밀다 법문에서 단지 사구게(四句偈)만이라도 뽑아서 다른 사람을 위하여 설명해 준다면, 수보리여, 이 복덩어리에 저 앞의 복덩어리는 백분의 일에도 미치지 못하며, 비교할 수조차 없습니다."

제24 복지무비분(福智無比分)에서는 **제11 무위복승분(無爲福勝分)**에서 이야기한 반야바라밀의 중요성을 강조하고 있다. **제19 법계통화분(法界通化分)**에서는 삼천대천세계에 가득 찬 칠보로 여래에게 보시하는 공덕이 크다는 것을 이야기했는데, 여기에서는 어떤 재보시(財布施)보다도 반야바라밀법을 가르쳐 주는 법보시(法布施)의 공덕이 크다는 것을 강조하고 있다. 따라서 **법계통화분**에서 재보시의 공덕이 크다고 이야기한 것은 **복지무비분**에서 법보시의 공덕을 강조하기 위한 것이라고 할 수 있다.

불교의 목적은 모든 생명이 다투지 않고 평화롭게 사는 것이다. 이러한 세상을 이루기 위해서는 물질적인 풍요가 필요하다. 그러나 그보다 더 중요한 것은 우리 모두가 함께 의존하여 존재하는 한생명이라는 사실의 자각이다. 아무리 물질적으로 풍요로운 세상이라 할지라도, 아상(我想)을 일으켜서 나와 남을 분별하면 평화로운 세상은 실현되지 않는다. 현대의 자본주의 사회는 그 어느 시대보다 물질적으로 풍요롭지만, 개인주의와 이기심에 의해서 갈등과 투쟁이 그치지 않으며, 사람들의 삶은 더욱 고통스럽다. 이러한 현대사회에 필요한 것은 더 많은 부(富)가 아니라, '모든 존재는 함께 의존하고 있기 때문에 평등하며, 차별이 없다.'는 진리의 자각이다. 이 시대에 가장 필요한 것은 불교의 연기와 무아에 대한 깨달음인 것이다.

제25 화무소화분(化無所化分)

Tat kiṃ manyase Subhūte api nu Tathāgatasyaivaṃ bhavati: mayā sattvā parimocitā iti? na khalu punaḥ Subhūte evaṃ draṣṭavyaṃ. tat kasya hetoḥ? na-asti Subhūte kaścit sattvo yas Tathāgatena parimocitaḥ. yadi punaḥ Subhūte kaścit sattvo 'bhaviṣyat yas Tathāgatena parimocitaḥ syāt, sa eva Tathāgatasya-ātma-grāho 'bhaviṣyat, sattva-grāho jīva-grāhaḥ pudgala-grāho 'bhaviṣyat. ātma-grāha iti Subhūte agrāha eṣa Tathāgatena bhāṣitaḥ. sa ca bālapṛthag-janair udgṛhītaḥ. bālapṛthag-janā iti Subhūte a-janā eva te Tathāgatena bhāṣitāḥ. tenocyaṃte bālapṛthagjanā iti

須菩提 於意云何 汝等勿謂如來作是念 我當度衆生 須菩提 莫作是念 何以故 實無有衆生如來度者 若有衆生如來度者 如來則有我 人 衆生 壽者 須菩提 如來說 有我者 則非有我 而凡夫之人以為有我 須菩提 凡夫者 如來說則非凡夫

"수보리여, 어떻게 생각하나요. 여래는 '내가 중생들을 해탈시켰다'라고 생

각할까요? 수보리여, 이와 같이 생각해서는 안 됩니다. 왜냐하면 수보리여, 여래가 해탈시킬 그 어떤 중생도 없기 때문입니다. 수보리여, 만약 여래가 해탈시킨 어떤 중생이 있다면, 실로 여래에게는 자아에 대한 집착이 있고, 중생(衆生)에 대한 집착, 수명(壽命)에 대한 집착, 개인(個人)에 대한 집착이 있는 것이 될 것입니다. 수보리여, 자아에 대한 집착이란 집착할 수 없는 것을 여래가 그렇게 말한 것입니다. 그런데 어리석은 범부(凡夫)들은 그것을 집착합니다. 수보리여, (지금 여래가 말하는) 어리석은 범부들이란 범부가 아닌 것을 여래가 그렇게 말한 것입니다. 그래서 범부라고 불리는 것입니다."

제20 이색이상분(離色離相分)에서는 여래의 특징이 없음을 밝혀서 중생과 여래가 차별이 없음을 이야기했고, **제21 비설소설분**(非說所說分)에서는 중생과 부처의 차별이 없기 때문에 여래가 중생에게 설할 법도 없음을 이야기했다. **제25 화무소화분**(化無所化分)에서는 이러한 말씀에 근거하여 **제3 대승정종분**(大乘正宗分)에서 "헤아릴 수 없는 중생들을 열반에 들게 하여도, 사실은 어떤 중생도 열반에 들어간 중생은 없다."고 했던 말의 의미를 드러내고 있다. 간단히 말해서 한생명으로 살아가는 삶 속에는 자타(自他)의 분별이 있을 수 없으므로 교화를 하는 자와 교화를 받는 자의 분별도 있을 수 없다는 말씀이다.

이색이상분에서 주목할 부분은 **"자아(自我)에 대한 집착이란 집착할 수 없는 것을 여래가 그렇게 말한 것입니다."**라는 부분이다. '자아에 대한 집착'으로 번역한 부분은 범어(梵語)로는 **'ātma-grāha'**로서 **'ātma'**는 '아트만', 즉 '영속적인 자아'를 의미하고, **'grāha'**는 '고집, 집착'을 의미한다. 그러므로 **'ātma-grāha'**는 영속적인 자아가 있다는 생각을 버리지 못하고 집착하는 것을 의미한다.

우리가 윤회를 이야기하고, 내세를 걱정하는 것은 영속적인 자아가 있다는 생각을 버리지 못하고 집착하기 때문이다. 집착이란 그 대상이 있어야 한다. 예를 들면, 돈에 대한 집착은 돈이라는 대상이 실재하기 때문에 가능하다. 그런데 영속적인 자아는 존재하지 않는다. 따라서 우리는 자아를 집착하려고 해도 그것이 존재하지 않기 때문에 집착할 수가 없다. 그럼에도 불구하고 우리는 자아를 집착하고 있다.

이것은 마치 꿈속에서 본 미녀를 집착하는 것과 같다. 부처님께서 우리에게 버리라고 하는 자아에 대한 집착은 이와 같이 실재하지 않기 때문에 집착할 수도 없는 자아에 대한 집착이다. 어리석은 범부들이 자아라는 망상에 집착하기 때문에 부처님께서는 그 망상에서 벗어나라는 의미에서 자아에 대한 집착을 버리라고 하신 것이다.

제26 법신비상분(法身非相分)

Tat kiṃ manyase Subhūte, lakṣaṇa-saṃpadā Tathāgato draṣṭavyaḥ?
Subhūtir āha: no hīdaṃ Bhagavan, yathā-ahaṃ Bhagavato

bhāṣitasya-artham ājānāmi na lakṣaṇa-saṃpadā Tathāgato draṣṭavyaḥ.

Bhagavān āha: sādhu sādhu Subhūte, evam etat Subhūte evam etad, yathā vadasi: na lakṣaṇa-saṃpadā Tathāgato draṣṭavyaḥ. tat kasya hetoḥ? sacet punaḥ Subhūte lakṣaṇa-saṃpadā Tathāgato draṣṭavyo 'bhiviṣyad, rājā-api cakravartī Tathāgato 'bhiviṣyat. tasmān na lakṣaṇa-saṃpadā Tathāgato draṣṭavyaḥ.

āyuṣmān Subhūtir Bhagavantam etad avocat: yathā-ahaṃ Bhagavato bhāsitasya-artham ājānāmi, na lakṣaṇa-saṃpadā Tathāgato draṣṭavyaḥ.

atha khalu Bhagavāṃs tasyāṃ velāyām ime gāthe abhāṣata:

ye māṃ rūpeṇa adrākṣur
ye māṃ ghoṣeṇa anvayuḥ
mithyā-prahāṇa-prasṛtā
na māṃ drakṣyanti te janāḥ
dharmato buddho draṣṭavyā
dharmakāyā hi nāyakāḥ
dharmatā ca na vijñeyā
na sā śakyā vijānituṃ

須菩提 於意云何 可以三十二相觀如來不 須菩提言 如是 如是 以三十二相觀如來 佛言 須菩提 若以三十二相觀如來者 轉輪聖王則是如來 須菩提白佛言 世尊 如我解佛所說義 不應以三十二相觀如來 爾時 世尊而說偈言

若以色見我　以音聲求我
是人行邪道　不能見如來

"수보리여, 어떻게 생각하나요. 특징을 구족했기 때문에 여래라고 보아야 할까요?"

수보리가 말씀드렸습니다.

"그렇지 않습니다. 세존이시여! 제가 세존께서 하신 말씀의 의미를 이해한 바로는, 특징을 구족했기 때문에 여래라고 보아서는 안 됩니다."

세존께서 말씀하셨습니다.

"옳습니다. 수보리여, 옳습니다. 바로 그렇습니다. 수보리여, 그대가 '특징을 구족했기 때문에 여래라고 보아서는 안 된다'라고 말한 그대로입니다. 왜냐하면, 특징을 구족했기 때문에 여래라고 봐야 한다면, 전륜성왕(轉輪聖王)도 여래라고 봐야 하기 때문입니다. 그러므로 특징을 구족했기 때문에 여래라고 봐서는 안 되는 것입니다."

수보리 존자가 세존께 말씀드렸습니다.

"제가 세존께서 하신 말씀의 의미를 이해한 바로는, 특징을 구족했기 때문에 여래라고 봐서는 안 됩니다."

그러자 세존께서 그때 다음과 같은 게송(偈頌)을 읊으셨습니다.

형색(形色)으로 나를 보거나
명성(名聲)으로 나를 따르는 사람들은
그릇된 수행을 하는 것이니
그 사람들은 나를 보지 못하리라.

부처님들은 법으로 보아야 한다네
법신(法身)이 안내자라네

법성(法性)은 분별(分別)되지 않나니
그것은 분별할 수가 없다네.

제26 법신비상분(法身非相分)에서는 **제5 여리실견분(如理實見分)**의 내용을 강조하고 있다. **여리실견분**에서 여래를 32상과 같은 신체적 특징으로 보아서는 안 된다는 점을 이야기했는데, **법신비상분**에서는 **여리실견분**의 내용에 덧붙여서 법신(法身)이 진정한 여래임을 밝히고 있다. 법신(法身)은 **'dharma-kāya'**의 한역으로서 부처님의 가르침을 의미한다. 『디가 니까야』 16. **대반니원경(大般泥洹經; Mahā-Parinibbāna Sutta)**에서 부처님께서는 열반에 즈음하여 다음과 같이 말씀하셨다.

> 그대들은 자신을 등불로 삼고, 자신을 귀의처로 삼고, 다른 사람을 귀의처로 삼지 말라. 가르침(法)을 등불로 삼고, 가르침을 귀의처로 삼고, 다른 것을 귀의처로 삼지 않고 살아가도록 하라.[116]
> **아난다**여, 그대들은 '스승의 말씀은 이제 없다. 실로 스승은 존재하지 않는다.'라고 생각할지도 모른다. **아난다**여, 그러나 그렇게 보아서는 안 된다. **아난다**여, 내가 그대들에게 가르치고 시설(施設)한 가르침(法)과 율(律)이 나의 사후에는 그대들의 스승이다.[117]

이와 같은 부처님의 유훈(遺訓)으로 인해서 부처님께서 열반하신

116 이중표 역해, 『정선 디가 니까야』(광주: 전남대학교출판부; 2014), pp. 228~229.
117 위의 책, p. 283.

후에 부처님의 육신(肉身)은 사라졌지만 가르침은 사라지지 않고 영원히 남는 법신(法身)으로 인식되었다. 4부 아함경(阿含經) 가운데 가장 후대에 성립된 것으로 알려진 『증일아함경(增一阿含經)』 권 44에서는 다음과 같이 이야기한다.

> 나 석가모니불은 수명(壽命)이 매우 길다. 왜냐하면, 육신(肉身)은 비록 멸도(滅度)를 취하지만 법신(法身)은 존재하기 때문이다.
> 我釋迦牟尼佛 壽命極長 所以然者 肉身雖取滅度 法身存在[118]

이와 같이 부처님의 가르침은 일찍이 법신(法身)으로 인식되었으며, 후대에 다양한 의미로 발전한다. 아무튼 **법신비상분**에서는 육신(肉身)으로 여래를 보아서는 안 되고, 부처님의 가르침, 즉 법신을 진정한 여래로 보아야 한다는 점을 강조하고 있다.

제27 무단무멸분(無斷無滅分)

Tat kiṃ manyase Subhūte lakṣaṇa-saṃpadā Tathāgatena-anuttarā samyaksaṃbodhir abhisaṃbuddhā? na khalu punas te Subhūte evaṃ draṣṭavyam. tat kasya hetoḥ? na hi Subhūte lakṣaṇa-saṃpadā Tathāgatena-anuttarā samyaksaṃbodhir

118 대정장, 2. p. 787b.

abhisaṃbuddhā syāt. na khalu punas te Subhūte kaścid evaṃ vaded: bodhisattva-yāna-saṃprasthitaiḥ kasyacid dharmasya vināśaḥ prajñapta ucchedo veti. na khalu punas te Subhūte evaṃ draṣṭavyaṃ. tat kasya hetoḥ? na bodhisattva-yāna-saṃprasthitaiḥ kasyacid dharmasya vināśaḥ prajñapto nocchedaḥ.

須菩提 汝若作是念 如來不以具足相故 得阿耨多羅三藐三菩提 須菩提 莫作是念 如來不以具足相故 得阿耨多羅三藐三菩提 須菩提 汝若作是念 發阿耨多羅三藐三菩提者 說諸法斷滅相 莫作是念 何以故 發阿耨多羅三藐三菩提心者 於法不說斷滅相

"수보리여, 어떻게 생각하나요. 여래는 특징을 구족했기 때문에 아뇩다라삼먁삼보리를 깨달았을까요? 수보리여, 그대는 이렇게 봐서는 안 됩니다. 왜냐하면 수보리여, 여래는 결코 특징을 구족했기 때문에 아뇩다라삼먁삼보리를 깨달은 것이 아니기 때문입니다. 수보리여, 그리고 누구라도 '보살승으로 함께 나아가는 사람들은 어떤 법이든 소멸(消滅)하거나 단멸(斷滅)한다고 선언한다'라고 말해서는 안 될 뿐만 아니라, 그렇게 봐서도 안 됩니다. 왜냐하면, 보살승으로 함께 나아가는 사람들은 어떤 법이든 소멸하거나 단멸한다고 선언하지 않기 때문입니다."

『금강경』에서 끊임없이 강조하는 것은 특별한 사람만이 **아뇩다라삼먁삼보리**를 깨달을 수 있는 것이 아니라 누구나 선법(善法)을 실천하면 깨달을 수 있다는 것이다. **제27 무단무멸분(無斷無**

滅分)에서도 이 점이 강조된다. 그런데 **무단무멸분**에서는 **"보살의 길로 함께 나아가는 사람들은 어떤 법이든 소멸하거나 단멸한다고 선언하지 않는다."**라고 이야기한다. **무단무멸분**에서 우리가 살펴보아야 할 것은 바로 이 말씀의 의미이다.

『금강경』에서는 수기를 받은 사람만이 깨달을 수 있거나, 32상과 같은 특징을 가진 사람만이 깨달을 수 있는 것이 아니라, 누구나 선법(善法)을 실천하면 깨달을 수가 있다는 점을 강조하면서, 모두 함께 보살의 길로 나아갈 것을 촉구하고 있다. 이러한 주장은 모든 것은 연기(緣起)하기 때문에 '업보는 있으나 작자는 없다.'는 무아(無我)와 공(空)에 근거하고 있다. 그런데 무아와 공은 단멸론(斷滅論), 즉 허무주의로 오해되기 쉽다. '무아(無我)라면 죽은 후에 허무가 되지 않겠는가?'라고 생각하게 되는 것이다.

『맛지마 니까야』 **22. 독사의 비유 경(Alagaddūpama-sutta)**에서 부처님은 불교를 허무주의로 보는 것에 대하여 다음과 같이 말씀하신다.

> "비구들이여, 나의 이와 같은 말에 대하여 어떤 사문과 바라문들은 이렇게 이야기하는 것은 옳지 않고, 공허하며, 허망하고, 진실이 아니라고 하면서 '사문 고따마(Gotama)는 진실한 중생의 단멸과 소멸과 허무를 가르치는 허무주의자다.'라고 비난한다오. 비구들이여, 나는 그 사문과 바라문들이 나를 비난하는 것과 같은 그런 허무주의자가 아니며, 나는 그런 말을 하지도 않는다오. 비구들이여, 이전에도, 지금도 나는 괴로움과 괴로움의 소멸에 대하여 가르친다오.
> 비구들이여, 다른 사람들이 여래를 비난하고, 비방하고, 괴롭힌다 할지라도, 비구들이여, 거기에서 여래는 미워하지 않고, 낙담하지 않고,

마음에 불만을 품지 않는다오. 비구들이여, 다른 사람들이 여래를 찬탄하고, 존중하고, 공경하고, 공양한다 할지라도, 비구들이여, 거기에서 여래는 즐거워하지 않고, 기뻐하지 않고, 의기양양(意氣揚揚)하지 않는다오. 비구들이여, 다른 사람들이 여래를 찬탄하고, 존중하고, 공경하고, 공양하면, 비구들이여, 그때 여래는 '나는 이전에 이것을 완전히 이해했고, 그곳에서 나는 이에 상응하는 행위를 했을 뿐이다.'라고 생각한다오.

비구들이여, 그러므로 다른 사람들이 그대들을 비난하고, 비방하고, 괴롭힌다 할지라도, 비구들이여, 거기에서 그대들은 미워하지 않고, 낙담하지 않고, 마음에 불만을 품지 않아야 한다오. 비구들이여, 다른 사람들이 그대들을 찬탄하고, 존중하고, 공경하고, 공양한다 할지라도, 비구들이여, 거기에서 그대들은 즐거워하지 않고, 기뻐하지 않고, 의기양양하지 않아야 한다오. 비구들이여, 다른 사람들이 그대들을 찬탄하고, 존중하고, 공경하고, 공양하면, 비구들이여, 그때 그대들은 '우리는 이전에 이것을 완전히 이해했고, 그곳에서 우리는 이에 상응하는 행위를 했을 뿐이다.'라고 생각해야 한다오.

비구들이여, 그러므로 그대들은 그대들의 소유가 아닌 것을 버리도록 하시오. 그것을 버리면, 그것은 그대들에게 오래도록 이익과 행복이 될 것이오. 비구들이여, 무엇이 그대들의 소유가 아닌가? 비구들이여, 형색(色)은 그대들의 소유가 아니오. 그것을 버리도록 하시오. 그것을 버리면, 그것은 그대들에게 오래도록 이익과 행복이 될 것이오. 비구들이여, 느끼는 마음(受), 생각하는 마음(想), 조작하는 행위(行)들, 분별하는 마음(識)은 그대들의 소유가 아니오. 그것을 버리도록 하시오. 버리면, 그것은 그대들에게 오래도록 이익과 행복이 될 것이오.

비구들이여, 어떻게 생각하는가? 사람들이 이 제따와나 숲에 있는 풀과 나무토막, 나뭇가지, 나뭇잎을 집어가거나, 태우거나, 제멋대로 한다면, 그대들은 '사람들이 나의 소유를 집어가거나, 태우거나, 제멋대로 한다.'라고 생각하겠는가?"
"아닙니다. 세존이시여! 왜냐하면, 그것은 자아(我)도 아니고, 자아에 속하는 것(我所)도 아니기 때문입니다."
"비구들이여, 바로 이와 같이, 그대들은 그대들의 소유가 아닌 것을 버리도록 하시오. 그것을 버리면, 그것은 그대들에게 오래도록 이익과 행복이 될 것이오."[119]

부처님께서 말씀하신 무아(無我)는 자기 존재를 부정하는 이론이 아니라, 중생들이 '영속하는 자아'를 집착하여 그로 인해서 고통을 받고 있기 때문에, '영속하는 자아가 있다.'는 망상을 버리고 행복하게 살라는 가르침이다. **제20 이색이상분(離色離相分)**에서 "자아(自我)에 대한 집착이란 집착할 수 없는 것을 여래가 그렇게 말한 것이다."라고 했듯이, 여래가 말씀하시는 무아(無我)는 망상에 대한 부정일 뿐 지금, 여기에서 살아가는 업보(業報)로서의 삶을 부정하는 것이 아니다. 오히려 '자아'라는 망상에 사로잡혀서 '지금, 여기'를 놓치고, 과거와 미래를 오가는 중생들의 고통스러운 삶을 '지금, 여기'에 충실한 삶으로 돌려 놓으려는 가르침일 뿐이다. 한마디로 말하면, 부처님의 무아(無我)의 가르침은 '자아(自我)가 있느냐, 없느냐'를 논하는 관념적인 이론이 아니라, 자아가 아닌 것을 자아로 집착하여 고통 받는 중생들에게 그것을 바로보고 집착에서 벗어나 괴로움을 소멸하도록 가르친 현실

---

119 이중표 역해, 『정선 맛지마 니까야 (상)』(광주: 전남대학교출판부; 2016), pp. 177~179.

적인 가르침인 것이다.

제28 불수불탐분(不受不貪分)

Yaś ca khalu punaḥ Subhūte kulaputro vā kuladuhitā vā gaṅgānadī-vālukā-samāṃl lokadhātūn sapta-ratna-pratipūrṇān kṛtvā Tathāgatebhyo 'rhadbhyaḥ samyaksambuddhebhyo dānaṃ dadyāt, yaś ca bodhisattvo nirātmakeṣv anutpattikeṣu dharmeṣu kṣāntiṃ pratilabhate, ayam eva tato nidānaṃ bahutaraṃ puṇya-skandhaṃ prasaved aprameyam asaṃkhyeyam. na khalu punaḥ Subhūte bodhisattvena mahāsattvena puṇya-skandhaḥ parigrahītavyaḥ.
āyuṣmān Subhūtir āha: nanu Bhagavan bodhisattvena puṇyaskhandhaḥ parigrahītavyaḥ?
Bhagavān āha: parigrahītavyaḥ Subhūte nodgrahītavyaḥ tenocyate parigrahītavya iti.
須菩提 若菩薩以滿恒河沙等世界七寶布施 若復有人知一切法無我 得成於忍 此菩薩勝前菩薩所得功德 須菩提 以諸菩薩不受福德故 須菩提白佛言 世尊 云何菩薩不受福德 須菩提 菩薩所作福德 不應貪著 是故說不受福德

"수보리여, 그리고 어떤 선남자나 선여인이 갠지스 강의 모래 수와 같은 수의 세계를 칠보(七寶)로 가득 채워서 여래 아라한 등정각(等正覺)들에게 보

시를 행하는 것보다, 보살이 무아법(無我法)·무생법(無生法)들 가운데서 인욕(忍辱)을 성취하면, 이것이 그로 인하여 측량할 수 없고, 헤아릴 수 없이 더 많은 복덩어리를 낳습니다. 수보리여, 그렇지만 보살들, 마하살들은 복덩어리를 취해서는 안 됩니다."

수보리 존자가 말씀드렸습니다.

"세존이시여, 어찌 보살들, 마하살들이 복덩어리를 취하겠습니까?"

세존께서 말씀하셨습니다.

"수보리여, 취한다면 파악하지 못한 것입니다. 그래서 '취한다'라고 합니다."

제28 불수불탐분(不受不貪分)에서는 인욕(忍辱)의 공덕을 강조하고 있다. 다투지 않고 살기 위해서 가장 필요한 것은 인욕이다. 상대가 나를 욕하고 해를 가해도 악심을 일으키지 않고 자비로 대하는 것이 인욕이다. 이렇게 인욕을 실천한다면 다툴 일이 없을 것이다. 그렇지만 이러한 인욕을 실천하는 일은 아상(我想)을 가진 사람에게는 불가능한 일이다. 그렇기에 **불수불탐분**에서는 무아법(無我法)과 무생법(無生法) 가운데서 인욕을 성취해야 한다고 이야기한다.

제3 대승정종분(大乘正宗分)에서 살펴보았듯이, 우리는 '지금, 여기'에 연기(緣起)하고 있을 뿐, 시간과 공간 속에서 과거, 현재, 미래를 관통하여 윤회하는 자아(自我)는 없다. 이것이 무아법(無我法)이다. 중생들은 무아법(無我法)을 알지 못하기 때문에 생사(生死) 윤회(輪廻)라는 망상(妄想)에서 벗어나지 못한다. 생사는 중생들이 자아라는 망상을 고집할 때 나타나는 착각이다. 따라서 아상(我想)을 버리면 생사 윤회는 사라진다. 이렇게 아상을 버림으로써 생사를 벗어나는 것이 무생법(無生法)이다. 진정한 인욕은 이러한 무아법과 무생법 가운데서 이루어진다.

무아법)과 무생법 가운데서 인욕을 행하면 많은 공덕이 생기지만 무아(無我)이기 때문에 그 어떤 것도 내 것이라고 할 만한 것이 없다. 따라서 보살은 중생들을 위하여 많은 복덕을 짓지만, 그 결과를 자신의 것으로 취하지 않는다. 바꾸어 말하면 우리가 지은 복은 개인의 복이 아니라 사회 전체의 복이 되어야 하며 진정한 행복은 혼자 누리는 것이 아니라 함께 누리는 것이라는 말씀이다.

제29 위의적정분(威儀寂靜分)

Api tu khalu punaḥ Subhūte yaḥ kaścid evaṃ vadet: Tathāgato gacchati vā-agacchati vā tiṣṭati vā niṣīdati vā śayyāṃ vā kalpayati, na me Subhūte sa bhāṣitasya-artham ājānāti. tat kasya hetoḥ? Tathāgata iti Subhūte ucyate na kvacid-gato kutaścid āgataḥ. tenocyate Tathāgato 'rhan samyaksaṃbuddha iti.

須菩提 若有人言 如來若來若去 若坐若臥 是人不解我所說義 何以故 如來者 無所從來 亦無所去 故名如來

"수보리여, 그리고 누구든지 '여래는 가거나, 오거나, 서거나, 앉거나, 눕는다'라고 말하는 사람은, 수보리여, 그 사람은 내 가르침의 의미를 이해하지 못한 것입니다. 왜냐하면 수보리여, 어디로 가지도 않고, 어디에서 오지도 않는 것을 여래라고 부르기 때문입니다. 그래서 여래 아라한 등정각이라고 불리는 것입니다."

여래는 연기(緣起)와 무아(無我)를 깨달은 사람이다. 무아는 모든 존재가 서로 의존하여 함께 존재한다는 연기적 자아(自我)를 의미하기 때문에 이것을 깨달은 사람에게는 나와 남, 나와 세계에 대한 분별이 없다. 나와 세계는 분리된 개체가 아니기 때문에 내가 세상에 태어나서 죽는다는 생각은 착각이다. 저 세상에서 이 세상으로 와서 다음 세상으로 간다는 생각은 허망한 분별심일 뿐이다. 여래는 이러한 분별심과 망상을 버린 분이다.

『맛지마 니까야』 **36. 「쌋짜까에서 설하신 큰 경(Mahāsaccaka-sutta)」**에서 부처님은 다음과 같이 말씀하신다.

악기웨싸나여, 누구든지 미래에 태어나서 늙어 죽는 비참한 괴로운 과보를 가져오는, 다시 존재하게 하는 더러움에 물들게 하는 번뇌(漏)들을 버리지 못한 사람을 나는 '미혹하다.'라고 이야기한다오. **악기웨싸나**여, 번뇌(漏)들이 버려지지 않은 것이 미혹한 것이라오. **악기웨싸나**여, 누구든지 미래에 태어나서 늙어 죽는 비참한 괴로운 과보를 가져오는, 다시 존재하게 하는, 더러움에 물들게 하는 번뇌들을 버리면 나는 그를 '미혹하지 않다.'라고 이야기한다오. **악기웨싸나**여, 번뇌들이 버려진 것이 미혹하지 않은 것이라오. **악기웨싸나**여, 여래에게는, 미래에 태어나서 늙어 죽는 비참한 괴로운 과보를 가져오는, 다시 존재하게 하는, 더러움에 물들게 하는 번뇌들은 제거되고, 근절되고, 단절되고, 없어진, 미래에는 발생하지 않는 법(法)들이라오.[120]

악기웨싸나여, 비유하면 꼭대기가 잘린 야자수는 다시 자라날 수 없는 것과 같다오. **악기웨싸나**여, 이와 같이 여래에게는, 미래에 태어나서 늙어 죽는 비참한 괴로운 과보를 가져오는, 다시 존재하게 하는, 더러움에 물들게 하는 번뇌들은 제거되고, 근절되고, 단절되고, 없어진, 미래에는 발생하지 않는 법들이라오.[121]

온 우주를 자신의 몸으로 삼고, 온 생명을 자신의 생명으로 보고 살아가는 삶을 여래라고 부른다. 이러한 여래의 삶은 어떤 특정한 사람의 삶이 아니라, 모든 생명이 그렇게 살고 있다. 이러한 사실을 알지 못하고 과거세에서 현세로 왔다가 죽으면 미래세로 간다는 생각을 고집하면서 살아가면 중생이라고 불리고, 깨닫고 살아가면 여래라고 불릴 뿐, 여래와 중생은 차별이 없으며, 연기하는 삶 속에서는 여래와 중생이 한생명이다. 따라서 여래를 공간 속에서 오고 가는 개별적 존재로 보아서는 안 된다.

---

120 여래에게는 미래에 번뇌가 일어나지 않는다는 의미이다.

121 이중표 역해, 『정선 맛지마 니까야 (상)』(광주: 전남대학교출판부; 2016), p. 283.

3. 세계는 원자(原子)들의 집합이 아니다

제30 일합이상분(一合理相分)

Yaś ca khalu punaḥ Subhūte kulaputro vā kuladuhitā vā yāvantas trisāhasra-mahāsāhasre lokadhātau pṛtivī-ra jāṃsi tāvatāṃ lokadhātūnām evaṃrūpaṃ maṣiṃ kuryāt yāvad evam asaṃkhyeyena vīryeṇa tad yathāpi nāma paramāṇu-saṃcayaḥ, tat kiṃ manyase Subhūte api nu bahuḥ sa paramāṇu-saṃcayo bhavet?

Subhūtir āha: evam etat Bhagavann, evam etat Sugata, bahuḥ sa paramāṇu-saṃcayo bhavet, tat kasya hetoḥ? saced Bhagavan bahuḥ paramāṇu-saṃcayo 'bhaviṣyat, na Bhagavān avakṣyat paramāṇu-saṃcaya iti. tat kasya hetoḥ? yo 'sau Bhagavan paramāṇu-saṃcayas Tathāgatena bhāṣitaḥ, a-saṃcayaḥ sa Tathāgatena bhāṣitaḥ. tenocyate paramāṇu-saṃcaya iti.

yaś ca Tathāgatena bhāṣitas trisāhasramahāsāhasro

lokadhātur iti, a-dhātuḥ sa Tathāgatena bhāṣitaḥ. tenocyate trisāhasramahāsāhasro lokadhādur iti. tat kasya hetoḥ? saced Bhagavan loka-dhātur abhaviṣyat, sa eva piṇḍa-graho ' bhaviṣyat, yaś caiva piṇḍa-grāhas Tathāgatena bhāṣitaḥ, a-grāhaḥ sa Tathāgatena bhāṣitaḥ. tenocyate piṇḍa-grāha iti. Bhagavān āha: piṇḍa-grāhaś caiva Subhūte 'vyavahāro ' nabhilāpyaḥ. na sa dharmo na-adharmaḥ, sa ca bālapṛthagjanair udgṛhītaḥ.

須菩提 若善男子 善女人 以三千大千世界碎為微塵 於意云何 是微塵衆寧為多不 甚多 世尊 何以故 若是微塵衆實有者 佛則不說是微塵衆 所以者何 佛說微塵衆 則非微塵衆 是名微塵衆 世尊 如來所說三千大千世界則非世界 是名世界 何以故 若世界實有者 則是一合相 如來說一合相 則非一合相 是名一合相 須菩提 一合相者 則是不可說 但凡夫之人貪著其事

"수보리여, 그리고 어떤 선남자나 선여인이 헤아릴 수 없이 많은 노력을 기울여 삼천대천세계의 흙먼지 수만큼의 세계를 미진취(微塵聚)가 될 때까지 가루로 만든다면, 수보리여, 어떻게 생각하나요. 그 미진취는 많지 않겠습니까?"

수보리가 말씀드렸습니다.

"그렇습니다. 세존이시여! 그렇습니다. 선서시여! 그 미진취는 많습니다. 왜냐하면, 세존이시여, 만약 (실제로) 많은 미진취가 있다면, 세존께서는 미진취라는 말씀을 하시지 않았을 것입니다. 세존이시여, 세존께서 미진취라고 말씀을 하신 것은 그것이 취(聚)가 아니라는 것을 말씀하시기 위한 것이며, 그래서 미진취라고 부르셨기 때문입니다. 그리고 여래께서 삼천대천세계라고 말씀하신 것은 여래께서 그것이 계(界)가 아니라는 것을 말씀하시기 위한 것이며, 그래서 삼천대천세계라고 부르셨습니다. 왜냐하면, 세존이시여, 만약 세계가 있다면, 그것은 '덩어리의 취합(聚合)'일 것입니다. 그런데 사실은 여래께서 '덩어리의 취합'이라는 말씀을 하신 것은 그것이 취합이 아니라는 것을 말씀하시기 위한 것이며, 그래서 '덩어리의 취합'이라고 부르셨기 때문입니다."

세존께서 말씀하셨습니다.

"수보리여, '덩어리의 취합'이란 실로 말도 되지 않기 때문에 언급할 수 없으며, 그것은 법도 아니고, 비법(非法)도 아닌데, 어리석은 범부들이 그렇게 파악하고 있을 뿐입니다."

제30 일합이상분(一合理相分)은 **제13 여법수지분**(如法受持分)의 내용을 강조하는 부분이다. 제4장의 〈2. 삼계는 중생의 마음이 만든 것이다〉에서 설명했듯이 **아비달마**불교 가운데 가장 큰 세력을 가지고 있던 설일체유부(說一切有部)에서는 극미(極微; paramānu)라는 존재를 상정하여 세계를 설명한다. 물질세계를 구성하는 최소단위의 실체인 극미는 낱개로는 존재하지 못하고 7개가 일단(一團)이 되어 존재하는데, 이것을 미취(微聚), 또는 미진취(微塵聚; paramāṇu-saṃcaya)라고 부른다. 설일체유부에서는 세계를 이와 같은 미진취가 모여서 성립되었다고 주장한다.

이것은 고전물리학의 원자론(原子論)과 유사한 이론이다. 뉴턴(Isaac

Newton)은 우주를 독립적이고, 본래적으로 존재하는 작은 입자들, 즉 남에게 의존하지 않고 존재하는 실재(實在; entity)들로 구성되어 있으며, 그것이 이차적으로 함께 모여서 우주에서 사람에 이르기까지 보다 복잡한 구조물들을 형성하고 있는 것으로 생각했다.

이 세계는 극미(極微)로 구성되어 있고, 그것들이 미진취의 형태로 함께 모여서 이 세계의 다양한 존재를 형성한다는 설일체유부의 극미론은 구조적으로 고전물리학의 원자론과 일치하고 있다. 이런 점 때문에 어떤 불교학자들은 **아비달마**불교를 '불교의 자연철학'이라고 평가하기도 했다.

그러나 설일체유부의 극미론은 부처님의 가르침이 아니고, 과학적 실재론(實在論)에 근거한 고전물리학의 원자론은 양자역학(量子力學)의 출현으로 이미 낡은 이론이 되었다. 그런데 불행하게도 우리는 아직까지 그 세계관에서 벗어나지 못하고 있다. 그렇기 때문에 불교를 공부하는 사람들에게도 극미론이 친숙하고 타당하게 느껴지고, 부처님께서 가르친 세계관은 낯설고 이해하기 어렵게 느껴진다. 그러나 이해하기 어렵다고 할지라도, 이 세계는 우리와 독립적으로 존재하지 않다는 것이 양자역학에 의해서 밝혀지고 있다. 휠러(John A. Wheeler)는 다음과 같이 말한다.

> 오늘날의 말로 보어(Niels Bhor)의 요점은 – 그리고 양자 이론의 요지는 – 단 하나의 단순한 문장으로 표현될 수 있다. '어떤 간단한 현상도 인지된(관찰된) 현상이 될 때까지는 현상이 아니다.' ……개괄적으로 말해서, 우리가 발견한 것은 양자 단계에서 자연은 변경할 수 없는 자신의 길을

가는 기계가 아니라는 것이다. 그보다는, 우리가 어떤 대답을 얻는가는 우리가 부여하는 질문, 우리가 마련한 실험, 우리가 선택한 기록하는 도구에 달려 있다. 우리는 일어날 것 같은 것을 초래하는 일에 불가피하게 개입되어 있다.[122]

과거를 모든 점에서 '이미 존재하고 있는' 것으로 생각하는 것은 잘못이다. 과거는 현재에 기록된 것들 이외에는 어떤 존재도 가지고 있지 않다. 우리의 양자 기록 장비에 현재라는 시간에 어떤 질문을 던질 것인가를 결정함으로써, 우리가 과거에 대해 말할 권리가 있는 부정할 수 없는 선택권을 우리는 가지고 있다.[123]

하이젠베르크(Werner Karl Heisenberg)가 "우리가 관찰하는 것은 자연 자체가 아니라 우리의 탐구법에 노출된 자연이다."[124]라고 이야기한 것도 같은 맥락이다. 한마디로 말해서 보고 느끼는 정신과는 완전히 독립된 물질이나 실재(實在)는 생각할 수 없다는 것이다.

일합이상분(一合理相分)에서 수보리 존자가 "만약 세계가 있다면, 그것은 '덩어리의 취합(聚合)'일 것입니다. 그런데 사실은 여래께서 '덩어리의 취합'이라는 말씀을 하신 것은 그것이 취합이 아니라는 것을 말씀하시기 위한 것이며, 그래서 '덩어리의 취합'이라고 부르셨기 때문입니다."라고 말하는 것은 극미론(極微論)이나 원자론(原子論)과 같은 실재론(實在論)에 대한 비판이다. 만약 세계가 그것을 지각하고 인

---

122 Wheeler, "Law without Law", p. 184~185. 〈빅 맨스필드, 『불교와 양자역학』, 이중표 역(광주: 전남대학교출판부; 2014), p. 296에서 재인용〉

123 위의 논문, p. 194. 〈빅 맨스필드, 『불교와 양자역학』, 이중표 역(광주: 전남대학교출판부; 2014), p. 296에서 재인용〉

124 앨런 월리스, 앞의 책, p. 87.

식하는 우리와 독립적으로 실재하는 것들로 되어 있다면, 세계는 그 독립적 실재들의 취합일 것이다. 그러나 그러한 세계는 세계의 실상이 아니기 때문에 부처님께서는 그러한 세계관을 비판하기 위하여 '덩어리의 취합'이라는 말을 사용했다는 것이다.

그렇다면 부처님께서 깨달아 우리에게 가르친 세계는 어떤 것인가? 『쌍윳따 니까야』에서는 다음과 같이 이야기한다.

> 세상 사람들에게 세계가 존재한다는 생각과 신념이 있게 하는 것, 그것을 거룩한 가르침에서는 세계라고 부른다오. …… 법우들이여, 시각활동(眼)에 의해서, 청각활동(耳), 후각활동(鼻), 미각활동(舌), 촉각활동(身), 마음(意)에 의해서 세상 사람들에게 세계가 존재한다는 생각과 신념이 있다오. 이것을 거룩한 가르침에서는 세계라고 부른다오.[125]

모든 것이 상호의존적으로 존재한다는 연기설의 입장에서는, 이 세계를 실체들이 존재하는 것으로 보지 않고, 인지구조에 의해 드러나는 것으로 본다. **일합이상분(一合理相分)**의 "'덩어리의 취합'이란 실로 말도 되지 않기 때문에 언급할 수 없으며, 그것은 법도 아니고, 비법(非法)도 아닌데, 어리석은 범부들이 그렇게 파악하고 있을 뿐이다."라는 말씀은 인지구조의 영역에서 벗어난 극미론(極微論)은 말도 되지 않는 허망한 이론이라는 것을 지적한 것이다.

이러한 불교의 세계관에 의하면, 세계는 인간과 독립적으로 실재하는 것이 아니다. 세계는 인간이 보고, 듣고, 느끼고, 생각하는 삶과

---

125 Saṃyutta Nikāya, ed. M. Leon Feer, vol. 4(London: P.T.S., 1973) p. 95의 필자 번역.

함께 있다. 모든 생물에게는 그들의 삶과 함께 그들의 세계가 있다. 불교에서 이야기하는 세계는 이렇게 생명들의 인지구조를 통해 그 구조와 함께 나타난다. 따라서 불교에서는 생명과 세계가 분리되지 않는다.

모든 존재의 근원은 삶, 즉 업(業)이다. 인간도 업의 결과(業報)이고, 세계도 업의 결과이다. 불교에서 이야기하는 중생의 세계, 즉 삼계(三界)는 업보의 세계이다. 따라서 중생의 세계는 중생의 삶에 의해서 형성되고 소멸된다. 연기설의 관점에서 보면, 인간이든 세계든, 업보(業報)만 있을 뿐 작자(作者)는 없다.

4. 모든 이론(見)을 버리는 것이 정견(正見)이다

제31 지견불생분(知見不生分)

Tat kasya hetoḥ? yo hi kaścit Subhūte evaṃ vaded: ātma-dṛṣṭis Tathāgatena bhāṣitā sattva-dṛṣṭir jīva-dṛṣṭiḥ pudgala-dṛṣṭis Tathāgatena bhāṣitā, api nu sa Subhūte samyagvadamāno vadet?

Subhūtir āha: no hīdaṃ Bhagavan no hīdaṃ Sugata, na samyag-vadamāno vadet. tat kasya hetoḥ? yā sā Bhagavann ātma-dṛṣṭis Tathāgatena bhāṣitā, a-dṛṣṭiḥ sā Tathāgatena bhāṣitā. tenocyate ātma-dṛṣṭir iti.

Bhagavān āha: evaṃ hi Subhūte bodhisattva-yāna-saṃprasthitena sarva-dharmā jñatavyā draṣṭavyā adhimoktavyāḥ. tathā ca jñātavyā draṣṭavyā adhimoktavyāḥ yathā na dharma-saṃjñā pratyupatiṣṭhe. tat kasya hetoḥ? dharma-saṃjñā dharma-saṃjñeti Subhūte a-saṃjñaiṣā Tathāgatena bhāṣitā. tenocyate dharma-saṃjñeti.

須菩提 若人言 佛說我見 人見 衆生見 壽者見 須菩提 於意云何 是人解我所說義不 世尊 是人不解如來所說義 何以故 世尊說我見 人見 衆生見 壽者見 即非我見 人見 衆生見 壽者見 是名我見 人見 衆生見 壽者見 須菩提 發阿耨多羅三藐三菩提心者 於一切法 應如是知 如是見 如是信解 不生法相 須菩提 所言法相者 如來說即非法相 是名法相

"그렇게 말하는 이유는 무엇일까요? 수보리여, 어떤 사람이 '여래는 아견(我見)을 설했고, 여래는 중생견(衆生見)·수자견(壽者見)·인견(人見)을 설했다'라고 말한다면, 수보리여, 그는 바른 말을 한 것일까요?"

수보리가 말씀드렸습니다.

"그렇지 않습니다. 세존이시여! 그렇지 않습니다. 선서시여! 그는 바른 말을 한 것이 아닙니다. 왜냐하면, 세존이시여, 세존께서 아견(我見)을 말씀하신 것은 그것이 (올바른) 견(見)이 아니라는 것을 말씀하시기 위한 것이며, 그래서 아견이라고 부르셨기 때문입니다."

세존께서 말씀하셨습니다.

"그렇습니다. 수보리여! 보살승으로 함께 나아가는 사람들은 일체의 가르침(法)들을 알아야 하고, 보아야 하고, 확신해야 합니다. 가르침이라는 관념(法想)을 일으키지 않고 알아야 하고, 보아야 하고, 확신해야 합니다. 왜냐하면, 수보리여, 여래가 가르침이라는 관념을 설한 것은 관념(想)이 아니라는 것을 이야기하기 위한 것입니다. 그래서 가르침이라는 관념이라고 부른 것입니다."

세상의 모든 철학과 종교는 나름의 독특한 인간관과 세계관이 있다. 기독교는 인간과 세계를 신의 피조물이라고 주장하고, 유물론자들은 물질적 실체들의 결합이라고 주장한다. 그렇다면 불교는 어떤 견해를 가지고 있는가? 부처님은 이런 질문을 받으면 항상 침묵했다. 왜냐하면 인간과 세계를 분별하여 이를 개념적으로 정의하고, 그 개념으로 만든 관념적 이론들은 모두가 사견(邪見)이기 때문이다. 부처님은 모든 관념의 허구성을 자각하여 이러한 사견을 버리도록 가르쳤다. 아상·인상·중생상·수자상을 버리도록 가르친 부처님이 아견(我見)·인견(人見)·중생견(衆生見)·수자견(壽者見)을 설했을 리가 없다.

제1장의 〈2. 보살의 서원(誓願)〉에서 살펴보았듯이, 부처님은 인간과 세계에 관한 모순적인 견해를 물리치고 연기를 설하셨다. 나와 세계는 상호의존하는 삶의 구조를 통해서 연기할 뿐, 시간과 공간 속에서 자아와 세계라고 할 수 있는 어떤 것도 없다는 것이다. 따라서 부처님의 가르침이라고 할 만한 어떤 것도 따로 존재하지 않음을 강조하고 있다.

제32 응화비진분(應化非眞分)

Yaś ca khalu punaḥ Subhūte bodhisattva mahāsattvo 'prameyān

asaṃkhyeyāṃl lokadhātūn saptaratna-paripūrṇāṃ kṛtvā Tathāgatebhyo 'rhadbhyaḥ samyaksambuddhebhyo dānan dadyāt, yaś ca kulaputro vā kuladuhitā vā vetaḥ prajñāpāramitāyā dharmaparyāyād antaśaś catuṣpadikām api gāthām udgṛhya dhārayed deśayed vācayet paryavāpnuyāt parebhyaś ca vistareṇa samprakāśayed, ayam eva tato nidānaṃ bahutaraṃ puṇya-skandhaṃ prasunuyād aprameyam asaṃkhyeyam. kathaṃ ca saṃprakāśayet? yathā na prakāśayet. tenocyate saṃprakāśayed iti.

tārakā timiraṃ dīpo
māyāvaśyāya budbudaṃ
supinaṃ vidyud abhraṃ ca
evaṃ draṣṭavyaṃ saṃskṛtam

idam avocad Bhagavān. āttamanāḥ sthavira Subhūtis, te ca bhikṣu-bhikṣuṇy-upāsakopāsikās te ca bodhisattvāḥ sa-deva-mānuṣa-asura- gandharvaś ca loko Bhagavato bhāṣitam abhyanandan iti.

須菩提 若有人以滿無量阿僧祇世界七寶持用布施 若有善男子 善女人 發菩薩心者 持於此經 乃至四句偈等 受持讀誦 為人演說 其福勝彼 云何為人演說 不取於相 如如不動 何以故

一切有爲法　如夢幻泡影
如露亦如電　應作如是觀

佛說是經已 長老須菩提及諸比丘 比丘尼 優婆塞 優婆夷 一切世間天 人 阿修羅 聞佛所說 皆大歡喜 信受奉行

"수보리여, 그리고 어떤 보살, 마하살이 측량할 수 없고 헤아릴 수 없는 세계를 칠보로 가득 채워서 여래 아라한 등정각(等正覺)에게 보시를 행하는 것보다, 어떤 선남자나 선여인이 이 반야바라밀다 법문에서 단지 4구게(四句偈)만이라도 파악하여 지니고, 설하고, 독송하고, 이해하여, 다른 사람을 위하여 상세하게 바르게 보여준다면, 수보리여, 그로 인하여 측량할 수 없고, 헤아릴 수 없이 더 많은 복덩어리를 얻게 됩니다. 그러면 어떻게 보여주어야 할까요? 보여줌이 없이 보여주어야 합니다. 그래야 바르게 보여준 것이라고 할 수 있습니다.

깜빡이는 별빛이나 등불과 같고,
환영(幻影)이나 이슬이나 물거품 같고,
꿈이나 번개나 구름과 같네.
유위(有爲)는 이와 같이 보아야 하네."

이것이 세존께서 하신 말씀입니다. 장로 수보리와 비구·비구니·우바새·우바이 그리고 보살들과 천신(天神)·인간·아수라·건달바를 포함하는 세간은 세존의 말씀에 만족하고 기뻐했습니다.

제32 응화비진분(應化非眞分)은 『금강경』의 결론이다. 『금강경』의 취지는 모든 논쟁과 분열을 종식하고 일체중생을 열반의 세계로 인도하는 보살의 길로 함께 나아가자는 것이다. 그러기 위해서는 논쟁과 분열을 일으키는 사견(邪見)을 없애야 한다. 사견은 관념을 실체시(實體視)함으로써 생긴 것이다. 이러한 관념의 허구성을 통찰하는 것이 반야이다. 반야로 관념(觀念)의 허구성을 깨달아 모든 분별을 끊고 일체중생과 평화롭게 사는 것이 우리가 추구해야 할 최상의 가치, 즉 최고의 복덩어리다. 그래서 『금강경』은 "반야바라밀다 법문에서 단지 4구게(四句偈)만이라도 파악하여 지니고, 설하고, 독송하고, 이해하여, 다른 사람을 위하여 상세하게 바르게 보여준다면, 그로 인하여 측량할 수 없고, 헤아릴 수 없이 더 많은 복덩어리를 얻는다." 라고 말한다. 그 4구게의 내용은 일체의 유위법(有爲法)이 환상(幻像)이라는 것이다.

유위란 관념으로 취한 법이다. 모든 관념은 꿈과 같은 것이다. 우리는 관념으로 세계를 보면서 꿈속을 헤매고 있다. 이 꿈에서 깨어나도록 가르치는 것이 불교다. 그렇기 때문에 다른 사람에게 불교를 드러내 보여준다고 하는 것은 불교라는 어떤 것을 보여주는 것이 아니다. 만약 "이것이 불교다."라고 보여준다면, 그것은 불교라는 관념을 새로 만드는 것일 뿐이다. 불교는 꿈에서 깨어나 일체법의 실상을 깨닫도록 가르칠 뿐이므로 보여줌이 없이 보여주는 것이 불교를 바르게 보여주는 것이다.

이중표

1953년 전남 화순 출생, 전남대 철학과 졸업, 동국대학교 대학원 불교학과 석사·박사, 전남대 철학과 교수·전남대 호남불교문화연구소장, 범한철학회장(역임), 불교학연구회장(역임), 저서로 『아함의 중도체계』 『불교의 이해와 실천 Ⅰ·Ⅱ』 『근본불교』 『불교란 무엇인가』 『붓다가 깨달은 연기법』. 역서로 『불교와 일반시스템론』 『불교와 양자역학』 『역주 정선 디가 니까야』 『역주 정선 맛지마 니까야(상·하)』 등 다수가 있다.

현재 근본불교연구회[네이버 카페 지혜, 와서 보라(http://cafe.naver.com/mettacafe)] 지도법사로서 서울·광주·구례에서 니까야 공부를 지도하고 있다.

니까야로 읽는 금강경

초판 1쇄 발행　2016년 11월 25일
초판 2쇄 발행　2017년 12월 20일

지은이　이중표
펴낸이　윤재승

주간　사기순
기획편집팀　사기순, 최윤영
영업관리팀　김세정
표지디자인　정현주

펴낸곳　민족사
출판등록　1980년 5월 9일 제1-149호
주소　서울 종로구 삼봉로 81 두산위브파빌리온 1131호
전화　02-732-2403, 2404
팩스　02-739-7565
홈페이지　www.minjoksa.org
페이스북　www.facebook.com/minjoksa
이메일　minjoksabook@naver.com

ISBN　978-89-98742-75-1　03220